Der C-Test: Theorie, Empirie, Anwendungen/
The C-Test: Theory, Empirical Research, Applications

Language Testing and Evaluation

Series editors: Rüdiger Grotjahn
and Günther Sigott

Volume 6

PETER LANG
Frankfurt am Main · Berlin · Bern · Bruxelles · New York · Oxford · Wien

Rüdiger Grotjahn (Hrsg./ed.)

Der C-Test: Theorie, Empirie, Anwendungen
The C-Test: Theory, Empirical Research, Applications

PETER LANG
Europäischer Verlag der Wissenschaften

Bibliographic Information published by Die Deutsche Bibliothek
Die Deutsche Bibliothek lists this publication in the Deutsche Nationalbibliografie; detailed bibliographic data is available in the internet at <http://dnb.ddb.de>.

ISSN 1612-815X
ISBN 3-631-55304-8
US-ISBN 0-8204-9924-2

© Peter Lang GmbH
Europäischer Verlag der Wissenschaften
Frankfurt am Main 2006
All rights reserved.

All parts of this publication are protected by copyright. Any utilisation outside the strict limits of the copyright law, without the permission of the publisher, is forbidden and liable to prosecution. This applies in particular to reproductions, translations, microfilming, and storage and processing in electronic retrieval systems.

Printed in Germany 1 2 3 4 5 7

www.peterlang.de

Dieses Buch ist Christine Klein-Braley,
Mutter des C-Tests, gewidmet.

I dedicate this book to Christine Klein-Braley,
mother of the C-Test.

Inhalt

Rüdiger Grotjahn
25 Jahre C-Test: Einleitung und Übersicht über den Band ix

Thomas Eckes
Rasch-Modelle zur C-Test-Skalierung 1

John M. Norris
Development and evaluation of a curriculum-based German C-test
for placement purposes 45

Ulrich Raatz, Rüdiger Grotjahn und Verena Wockenfuß
Das TESTATT-Projekt: Entwicklung von C-Tests zur Evaluation
des Fremdsprachenlernerfolgs 85

Helmut Daller and David Phelan
The C-test and TOEIC® as measures of students' progress in
intensive short courses in EFL 101

Edit H. Kontra and Judit Kormos
Strategy use and the construct of C-tests 121

Günther Sigott
How fluid is the C-Test construct? 139

Meikel Bisping
Zur Validität von Computer-C-Tests 147

Thomas Eckes und Rüdiger Grotjahn
C-Tests als Anker für TestDaF: Rasch-Analysen mit dem
kontinuierlichen Ratingskalen-Modell 167

Gerhard Jakschik und Hella Klemmert
Erste Erprobung eines Multiple Choice C-Tests 195

Verena Wockenfuß und Ulrich Raatz
Über den Zusammenhang zwischen Testleistung und Klassenstufe
bei muttersprachlichen C-Tests 211

Edina Caprez-Krompàk und Mesut Gönç
Der C-Test im Albanischen und Türkischen:
Theoretische Überlegungen und empirische Befunde 243

Grotjahn, Rüdiger (Ed.) (2006). Der C-Test: Theorie, Empirie, Anwendungen/
The C-Test: Theory, Empirical Research, Applications. Frankfurt/M.: Lang

25 Jahre C-Test:
Einleitung und Übersicht über den Band

Rüdiger Grotjahn*

1. Einleitung

Als im September 1981 Christine Klein-Braley und Ulrich Raatz erstmals das C-Test-Prinzip der internationalen Gemeinschaft der Sprachtester vorgestellt haben (vgl. Raatz & Klein-Braley, 1982), hat vermutlich niemand erwartet, dass 25 Jahre später mehr als 260 Publikationen – darunter auch mehrere Monographien – zum Thema C-Test und zu mehr als 20 Sprachen existieren (vgl. Grotjahn, erscheint). Ebenso wenig dürfte jemand geglaubt haben, dass der C-Test im Jahre 2006 in einer Vielzahl von Kontexten Anwendung finden würde, darunter so wichtige Verwendungskontexte wie der „Test Deutsch als Fremdsprache" (TestDaF) (vgl. Eckes & Grotjahn, in diesem Band; Eckes & Grotjahn, im Druck), das „Deutsche Sprachdiplom (DSD) der KMK" (vgl. Grotjahn, 2005), das universitäre Zertifizierungssystems UNIcert® (vgl. z.B. Baumeister, Dresemann, Traxel & Zahn, 2005; Traxel & Dresemann, erscheint; http://www.c-testpool.de/), die Psychologischen Dienste der Agenturen für Arbeit in Deutschland (vgl. Jakschik & Klemmert, in diesem Band) oder auch das Forschungsprojekt „Deutsch Englisch Schülerleistungen International" (DESI) (vgl. Beck & Klieme, im Druck).

Wie der vorliegende Band und eine zunehmende Zahl von Anfragen und Hinweisen zu bereits begonnenen Projekten u.a. über das C-Test-Portal http://www.c-test.de belegen, stößt der C-Test auch international zunehmend auf Interesse. So wird er z.B. als wichtiger Teil eines englischen Abschlusstests am *Department of English Applied Linguistics* der Eötvös Universität in Budapest (vgl. Kontra & Kormos, in diesem Band), als curriculum-basierter Einstufungstest für Deutsch am *Georgetown University German Department* in Washington, D. C. (vgl. Norris, in diesem Band) oder auch als Instrument zur Messung der Entwicklung der Erst- und Zweitsprache bei Kindern mit Migrationshintergrund in einem größeren Forschungsprojekt der Universität Zürich eingesetzt (vgl. Caprez-Krompàk & M. Gönç, in diesem Band).

---

* **Korrespondenzadresse:** Prof. Dr. Rüdiger Grotjahn, Ruhr-Universität Bochum, Seminar für Sprachlehrforschung, D-44780 Bochum. E-mail: ruediger.grotjahn@rub.de.

2. Der vorliegende Band

2.1. Allgemeiner Überblick

Obwohl nur noch selten ernsthaft bestritten wird, dass es sich beim C-Test um ein psychometrisch äußerst solides und zudem auch sehr ökonomisches Verfahren zur Messung von Sprachkompetenz handelt, gibt es sicherlich im Hinblick auf die Konstruktvalidität von C-Tests noch eine Reihe von zu klärenden Aspekten. Entsprechend geht es in einem ersten Schwerpunkt des Bandes um die letztendlich niemals endgültig zu beantwortende Frage der Konstruktvalidität. Das Spektrum der hierbei verwendeten Methoden reicht von qualitativen Ansätzen in Form von Lautdenk-Protokollen der bei der Lösung von C-Tests ablaufenden mentalen Prozesse, über korrelationsstatische Untersuchungen zur Übereinstimmungsvalidität mit verschiedenen Außenkriterien, bis zu experimentellen Ansätzen. Dabei wird z.T. ein weites Verständnis von Konstruktvalidität zu Grunde gelegt, das im Sinne von Messick (1989, 1996) auch die mit dem Test verbundenen Entscheidungen und Konsequenzen berücksichtigt (vgl. insb. den Beitrag von Norris, in diesem Band).

Eng verbunden mit dem ersten Schwerpunkt ist ein zweiter Schwerpunkt, in dem es um die Verwendung des C-Tests als Einstufungs- und Lernfortschrittstest in verschiedenen Kontexten geht.

Ein dritter Schwerpunkt liegt im Bereich der Methodologie und Anwendung der probabilistischen Testtheorie, die häufig auch als Item-Response-Theorie bezeichnet wird. Bisher wurden C-Test-Daten vorwiegend auf der Basis der klassischen Testtheorie analysiert, wobei in einigen Fällen auch eine Weiterentwicklung in Form des so genannten klassischen latent-additiven Testmodells von Moosbrugger & Müller (1982) eingesetzt wurde (vgl. z.B. Grotjahn, 1987; Raatz, 1985 sowie auch den Beitrag von Raatz, Grotjahn & Wockenfuß, in diesem Band). Zunehmend werden im Sprachtestbereich jedoch beim Vorliegen größerer Stichprobenumfänge auch probabilistische Modelle, und zwar insbesondere so genannte Rasch-Modelle, zur Skalierung und Testanalyse verwendet. Dieser Trend spiegelt sich auch im vorliegenden Sammelband wider: In insgesamt vier der elf Beiträge spielt die probabilistische Testtheorie eine (sehr) wichtige Rolle.

Weitere im Band behandelte spezifischere Themen betreffen die Vergleichbarkeit von Papier-und-Bleistift-C-Tests mit computerbasierten C-Tests, die Validität und Effizienz eines neuen Multiple-Choice-C-Tests sowie die sprachspezifische Adaptation des C-Test-Prinzips bei der Entwicklung von albanischen und türkischen C-Tests.

2.2. Die einzelnen Beiträge

In „Rasch-Modelle zur C-Test-Skalierung" von **T. Eckes** werden drei verschiedene probabilistische Modelle im Hinblick auf die C-Test-Skalierung zum ersten Mal systematisch im Detail verglichen, und zwar das Partial-Credit-Modell (PCM) von Masters (1982), das diskrete Ratingskalen-Modell (RSM) von Andrich (1978) und das kontinuierliche Ratingskalen-Modell (CRSM) von Müller (1987, 1999) (vgl. auch die Beiträge von Eckes und Grotjahn, Norris sowie Jakschik und Klemmert). Es handelt sich jeweils um Rasch-Modelle für *ordinale* Daten, da wegen der lokalen stochastischen Abhängigkeit der Antworten innerhalb ein und desselben Textes bei der Modellierung nicht von den binären Antworten bei den einzelnen Lücken, sondern von den Summenscores jedes Textes auszugehen ist.

Rasch-Modelle haben gegenüber der klassischen Testtheorie erhebliche psychometrische Vorzüge, wie z.B.: Unabhängigkeit der geschätzten Personen- und Itemkennwerte von der jeweiligen Personen und Itemstichprobe; Suffizienz der Schätzer der Item- und der Personenparameter im Sinne einer Ausschöpfung aller Informationen über den Parameter; item- und personenspezifische Standardfehler als Maß für die Genauigkeit der Schätzung; Möglichkeit einer detaillierten Residuenanalyse und Modellüberprüfung; effiziente Entwicklung von Ankeritems (vgl. die ausführlichen Begründungen bei Eckes, im vorliegenden Band).

Der Autor zeigt anhand einer größeren Untersuchungsstichprobe (gesamt $N = 843$) im Kontext des *Test Deutsch als Fremdsprache* (TestDaF), dass die drei Modelle – und zwar implementiert in Form des WINSTEPS-Programms (PCM und RSM) und des CRSM-Programms – zu einer weitgehend übereinstimmenden und insgesamt äußerst genauen Schätzung der Fähigkeit der Probanden und der Schwierigkeit der Texte führen. Allerdings liefert das PCM bei einigen schwach besetzten Antwortkategorien keine hinreichend verlässlichen Parameterschätzungen. Zudem zeigt sich beim PCM eine deutliche und beim RSM eine mäßige Parameterinvarianz in den untersuchten Teilgruppen. Insgesamt gesehen erweist sich das CRSM sowohl dem PCM als auch dem RSM überlegen, wobei jedoch die entsprechenden Unterschiede beim Einsatz in der Praxis in vielen Fällen vermutlich wenig bedeutsam sind (vgl. zum CRSM auch den Beitrag von Eckes & Grotjahn, in diesem Band sowie Arras, Eckes & Grotjahn, 2002).

Allerdings hat das CRSM-Programm im Gegensatz zu WINSTEPS bisher nur eine geringe Anwenderfreundlichkeit, was gegen dessen Einsatz spricht. Zu beachten ist zudem, dass nur das PCM erlaubt, C-Test-Texte mit einer unterschiedlichen Anzahl von Lücken zu skalieren. Die Itemparameterschätzungen sind dann jedoch nur sehr eingeschränkt als Schwierigkeiten interpretierbar (vgl.

hierzu auch den Beitrag von Jakschik & Klemmert, in diesem Band). Dies spricht dafür, bei ein und demselben C-Test stets die gleiche Zahl von Lücken pro Text zu verwenden (vgl. hierzu aus der Sicht der klassischen Testtheorie bereits Grotjahn, 1987). Insgesamt gesehen handelt sich bei dem vorliegenden Beitrag um eine didaktisch vorzügliche und trotzdem tief gehende Darstellung einer mathematisch anspruchsvollen Materie.

Im Beitrag "Development and evaluation of a curriculum-based German C-test for placement purposes" von **J. M. Norris** wird ausführlich die Entwicklung und Validierung eines curriculum-basierten deutschen C-Tests am *Georgetown University German Department (GUGD)* in Washington, D. C. beschrieben. Das *Developing Multiple Literacies Curriculum* des GUGD zeichnet sich durch einen innovativen, die Vermittlung von Inhalten und Sprache integrierenden genre- und aufgabenorientierten Ansatz aus. Für eine effiziente, lernerorientierte Umsetzung des vier Studienjahre umfassenden Curriculums war es nötig, Studierende schnell und zuverlässig entsprechend ihrem Sprachstand den jeweiligen Kursen eines bestimmten curricularen Niveaus zuzuordnen. Hierzu wurde eine aus einem Multiple-Choice-Leseverstehenstest, einem Multiple-Choice-Hörverstehenstest und einem C-Test mit fünf Texten à 25 Lücken bestehende Testbatterie entwickelt (*GUGD Placement Exam*), und es wurden Standards für die Einstufung definiert. Die Testbatterie sollte auf valide, reliable und ökonomische Weise die für das Curriculum zentrale Fähigkeit zur makro- und mikrostrukturellen Verarbeitung eines breiten Spektrums von Texten erfassen und faire Einstufungsentscheidungen ermöglichen. Die sich über mehrere Studienjahre erstreckenden Quer- und Längsschnittanalysen (gesamt $N = 627$) u.a. mit Hilfe des Multifacetten-Rasch-Modells im Rahmen eines umfassenden, die intendierten Ziele berücksichtigenden Validierungsprojekts ergaben u.a. folgende Befunde: a) Die auf der Basis von Expertenurteilen a priori vorgenommene Zuordnung der C-Test-Texte zu den Stufen des Curriculums erwies sich als (weitgehend) korrekt. b) Der C-Test war sehr messgenau (Cronbachs Alpha $> .9$) und erlaubte eine effiziente und valide Differenzierung zwischen den Kandidaten. c) Der C-Test zeigte substantielle Korrelationen (zwischen .77 und .86) mit dem Hör- und dem Leseverstehenstest. e) Die Resultate waren sowohl über unterschiedliche Probandengruppen als auch Zeitpunkte hinweg sehr stabil.

Die Studie von Norris ist ein vorzügliches Beispiel für eine praxisbezogene Validierungsuntersuchung eines für spezifische Bedürfnisse entwickelten Testinstruments im Rahmen eines anwendungsorientierten Evaluationsmodells – auf der Basis einer umfassenden sowohl intendierte Ziele als auch (curriculare) Konsequenzen berücksichtigenden Konzeption von Konstruktvalidität. Entsprechende Studien zu den jeweils eingesetzten Sprachtests fehlen leider bisher weitgehend an deutschen Universitäten.

U. **Raatz**, R. **Grotjahn** und V. **Wockenfuß** beschreiben in „Das TESTATT-Projekt: Entwicklung von C-Tests zur Evaluation des Fremdsprachenlernerfolgs" die Konstruktion und psychometrische Analyse einer C-Test-Batterie für die Sprachen Deutsch, Englisch, Französisch und Spanisch im Rahmen des Projekts "Tests and Attitude Scales for Residence Abroad" (TESTATT). Es handelt sich dabei um ein Nachfolgeprojekt zum "European Language Proficiency Survey" (ELPS), in dem bei über 25000 Studierenden in mehreren Ländern Europas mit Hilfe von C-Tests die allgemeine Sprachbeherrschung in der jeweiligen Fremdsprache gemessen wurde. Im ELPS und weiteren Projekten haben sich C-Tests als ökonomische Methode zur Messung des allgemeinen Sprachstandes in der gelernten Sprache, z.B. vor und nach einem Auslandsaufenthalts im Rahmen eines Fremdsprachenstudiums, vorzüglich bewährt.

Die im Rahmen des TESTATT-Projekts entwickelten Verfahren sollten so konzipiert werden, dass sie einerseits in größeren, internationalen Forschungsprojekten eingesetzt werden konnten, andererseits aber auch dem einzelnen Studierenden bei der Planung eines Auslandsaufenthalts individuelle Informationen als Entscheidungshilfe geben konnten. Fragebögen und Tests sollten zunächst in klassischer Form im Papier-Bleistift-Format mit jeweils fünf Texten à 20 Lücken und längerfristig auch als web-basierte Tests über das Internet bereitgestellt werden. Weiterhin sollten in jeder Sprache vier parallele Testformen mit unterschiedlichem Schwierigkeitsgrad entwickelt werden, die jeweils zwei Ankertexte zur Kalibrierung der Testformen gemeinsam hatten.

Die Erprobungsstichprobe bestand aus insgesamt 427 Studierenden der Universitäten Bochum, Duisburg und Portsmouth (UK). Kriterium für die Aufnahme eines Textes in die zu entwickelnde C-Test-Batterie aufgrund der Ergebnisse der Erprobung war eine hohe Reliabilität sowie ein hoher Wert im Tukey-Test auf Additivität als notwendige Bedingung für Eindimensionalität im Sinne des klassischen latent-additiven Testmodells von Moosbrugger & Müller (1982). Aus organisatorischen Gründen musste leider auf eine Erprobung des englischen C-Tests verzichtet werden.

Die im Beitrag vorgestellten Ergebnisse der statistischen Analysen der deutschen, spanischen und französischen C-Tests sind sehr positiv und lassen vermuten, dass die Tests den üblichen Gütekriterien voll entsprechen. Die Autoren machen allerdings selbst die Einschränkung, dass die Untersuchungsstichproben klein und nicht repräsentativ waren. Um verlässlichere Aussagen zu ermöglichen, bieten die Verfasser an, die entwickelten C-Tests und Fragebögen interessierten Kolleginnen und Kollegen zur weiteren Erprobung zur Verfügung zu stellen.

In "The C-test and TOEIC® as measures of students' progress in intensive short courses in EFL" untersuchen **H. Daller** und **D. Phelan**, ob ein neu entwickelter englischer C-Test (sechs Texte à 20 Lücken) zur Messung des Lernfortschritts in Intensivkursen und zugleich als partieller Ersatz für den *Test of English for International Communication* (TOEIC®) benutzt werden kann. Der TOEIC® ist ein normorientierter Test und besteht aus den Teilen Leseverstehen und Hörverstehen. Er gilt mit mehr als 2 Millionen Testadministrationen (Daten aus 2003) als der führende Englischtest für berufliche Zwecke. Korrelationsstudien deuten darauf hin, dass der TOEIC® auch zur indirekten Messung von Sprech- und Schreibfähigkeit und damit auch als Maß allgemeiner Sprachkompetenz (*general language proficiency*) im Englischen benutzt werden kann. Vor diesem Hintergrund diskutieren die Autoren relativ ausführlich die Frage, inwieweit der C-Test als Maß allgemeiner Sprachkompetenz betrachtet werden kann, und erwarten signifikante Korrelationen zwischen den C-Test- und den TOEIC®-Ergebnissen (vgl. zu diesem Aspekt auch Eckes & Grotjahn, im Druck).

Die Versuchspersonen der Studie stammen aus zwei elfwöchigen Kursen mit 240 Unterrichtsstunden und einem deutlichen Fokus auf wirtschaftlichen und landeskundlichen Aspekten (14 bzw. 18 Studierende). Inhaltlich fokussierten die Texte allgemeine und kulturelle Aspekte des Vereinigten Königreichs (UK).

Es ergaben sich u.a. folgende Resultate: a) Der nicht vorerprobte Eingangs-C-Test hatte eine Reliabilität von .84. Beim Einsatz des gleichen Tests als Abschlusstest ergab sich als Folge einer starken Homogenisierung der Leistungen eine deutlich geringere Reliabilität von $\alpha = .65$. b) Die Korrelation zwischen den C-Test-Werten am Anfang und am Ende des Kurses betrug .77. Im Fall des TOEIC® war die Retest-Reliabilität und damit die zeitliche Stabilität der Ergebnisse mit .47 (Leseverstehen) und .67 (Hörverstehen) deutlich geringer. c) Alle Korrelationen zwischen C-Test und TOEIC® lagen im Bereich von .41 bis .49, wobei die Korrelationen mit dem Leseverstehens-Subtest geringfügig höher ausfielen. Die Autoren kommen zu dem Schluss, dass der C-Test dem TOEIC® wegen seiner deutlich größeren Ökonomie als Instrument zur Vorhersage des Sprachlernerfolgs vorzuziehen sei und dass zudem der gleiche C-Test als Ein- und Ausgangstest verwendet werden könne, allerdings wegen der Tendenz zur Homogenisierung und der Möglichkeit eines Deckeneffekts nur bei einer sorgfältigen Vorerprobung.

Im Beitrag „Strategy use and the construct of C-tests" von **E. Kontra** und **J. Kormos** geht es um die zentrale Frage der Konstruktvalidität von englischen C-Tests. Am *Department of English Applied Linguistics* der Eötvös Universität in Budapest werden englische C-Tests seit den frühen 90er Jahren zusammen mit einem mündlichen Interview zur Überprüfung des Lernerfolgs am Ende des 1. Studienjahrs eingesetzt. Dabei hat sich der C-Test zwar als hoch reliabel erwiesen und auch hohe Übereinstimmungsvaliditäten mit anderen Verfahren gezeigt; ein Problem war jedoch die geringe Augenscheingültigkeit sowie die nicht hinreichend geklärte Frage der Konstruktvalidität der eingesetzten C-Tests.

Während die meisten Studien zur Konstruktvalidität von C-Tests korrelationsstatistisch oder faktoranalytisch ausgerichtet sind, ist ein besonderes Merkmal der Untersuchung von Kontra und Kormos die Verbindung von klassischer Itemanalyse und sowohl qualitativ als auch quantitativ analysierten introspektiven Daten. Die folgende Frage sollte auf diese Weise beantwortet werden: Welche Wissensbestände und Lösungsstrategien werden von den Studierenden verwendet, wenn diese einen C-Test bearbeiten? Der Fokus der Studie lag damit auf den mentalen Prozessen während der Bearbeitung eines C-Tests (vgl. für einen ähnlichen Ansatz Stemmer, 1991, 1992; Grotjahn & Stemmer, 2002).

Zu diesem Zweck wurde in einer 1. Studie ein C-Test mit fünf Texten à 20 Lücken von 144 englischen Hauptfachstudierenden an der Eötvös Universität in üblicher Weise bearbeitet. Anhand einer statistischen Analyse der insgesamt 100 Lücken wurden dann die drei Texte mit der größten Zahl zufrieden stellender Items (Lücken) ausgewählt (Kriterium: Schwierigkeiten von .3 bis .8 und Trennschärfe > .3 bei den einzelnen Lücken). In einer 2. Studie wurde 7 Monate später anhand der drei Texte mit 10 Studierenden aus der 1. Studie eine Laut-Denk-Untersuchung durchgeführt: Nach einer kurzen Trainingsphase äußerten die Studierenden ihre Gedanken beim Lösen des C-Tests entweder in ihrer Muttersprache (Ungarisch) oder in Englisch. Das laute Denken wurde aufgezeichnet und transkribiert, die Lösungsstrategien wurden identifiziert und von den beiden Autorinnen unabhängig voneinander kodiert.

Die Verfasserinnen kommen u.a. zu folgenden Schlüssen: a) Die untersuchten englischen C-Tests messen insbesondere die Kenntnis von Lexik, Satzsyntax sowie mit Einschränkungen auch Diskurskompetenz. Sie erlauben jedoch nur wenig Einblick in die morphologische Kompetenz. M.E. könnte für den letztgenannten Befund allerdings der hohe Sprachstand der untersuchten Lerner sowie Spezifika des Englischen (im Vergleich z.B. zu einer flektierenden Sprache wie dem Deutschen) verantwortlich sein. b) Der Erfolg beim Lösen des C-Tests hängt nicht nur vom Wissen darüber ab, welche Strategie jeweils anzuwenden ist, sondern auch davon, wie die Strategie zusammen mit anderen Strategien zu verwenden ist. c) Mit Hilfe einer Itemanalyse der einzelnen Lücken eines C-Tests und der Nichtberücksichtigung von wenig zufrieden stellenden Items kann die Reliabilität, Trennschärfe und Konstruktvalidität des C-Tests verbessert werden. Hier ist allerdings anzumerken, dass entsprechende Itemanalysen ohne eine Kreuzvalidierung mit größter Vorsicht zu interpretieren sind (vgl. zur Itemanalyse von C-Test-Lücken auch Jafarpur, 1999).

Insgesamt kommen die Autoren zu dem Schluss, dass der C-Test in dem untersuchten Kontext ein verlässliches Instrument zur validen Messung einer Reihe von Komponenten der Englischkompetenz relativ weit fortgeschrittener Lerner darstellt. Zugleich zeigt der Beitrag deutlich die Notwendigkeit des Einsatzes von introspektiven Methoden bei der Konstruktvalidierung von Tests (vgl. zur weiteren Begründung auch Banerjee, 2004; Green, 1998).

G. Sigott untersucht die Frage "How fluid is the C-Test construct?". Vor allem in der frühen Auseinandersetzung um die Konstruktvalidität des C-Tests wurde kritisch angemerkt, dass das Lösen von C-Tests in erster Linie eine mikrostrukturelle Verarbeitung auf der Wortebene bzw. in unmittelbarer Umgebung der C-Test-Lücken erfordere. Neuere Untersuchungen weisen jedoch darauf hin, dass unter bestimmten Bedingungen in nicht unerheblichem Maße auch Verarbeitungsprozesse auf und oberhalb der Satzebene involviert sind (vgl. z.B. Grotjahn, 2002; Klein-Braley, 1996; Sigott, 2004). So hat z.B. Sigott (2004) experimentell auf der Basis der Lösungshäufigkeiten bei zunehmend dekontextualisierten C-Test-Lücken zwischen so genannten *text-level items, lower-level items* und *multi-level items* unterschieden und festgestellt, dass weiter fortgeschrittene Lerner anscheinend tendenziell weniger auf den Makrokontext bei der C-Test-Bearbeitung zurückgreifen. In Fortführung dieser Untersuchung geht der Autor in dem vorliegenden Beitrag systematisch der Frage nach, inwieweit die Lösung von *text-level items* mit einem unterschiedlichen Grad an Kontextualisierung vom Sprachstand der Lerner abhängt.

Hierzu wurden vier von Sigott (2004) als *text-level items* identifizierte C-Test-Lücken aus vier verschiedenen Texten einmal im Satzkontext und einmal zusammen mit dem vollen Text 60 Hauptfachstudierenden an der Universität Klagenfurt (Österreich) zusammen mit dem Grammatikteil des *Oxford Placement Test* (OPT) zur Bearbeitung vorgelegt.

Die Untersuchung erbrachte u.a. folgende Ergebnisse: a) Der C-Test und der OPT sind hoch reliabel und korrelieren mit .83. b) Je fortgeschrittener ein Lerner ist (operationalisiert über die Leistungen im C-Test und im OPT), desto weniger Kontext wird für die Lösung benötigt (vgl. die ähnliche Schlussfolgerung in Grotjahn, 2002).

Der Autor interpretiert diesen Befund dahingehend, dass derselbe C-Test-Text in Abhängigkeit vom Fähigkeitsniveau der Kandidaten einen unterschiedlichen Test darstellen kann und fordert zugleich, diese von ihm als "fluid construct phenomenon" bezeichnete Erscheinung auch im Hinblick auf andere Sprachtests zu untersuchen.

In Fortführung der in Bisping & Raatz (2002) beschriebenen Untersuchung berichtet **M. Bisping** in „Zur Validität von Computer-C-Tests" von zwei neuen Vergleichsstudien zu computer-basierten und Papier-und-Bleistift-C-Tests. In diesen Studien wird zum einen die Übereinstimmungsvalidität der beiden C-Test-Formate untereinander sowie mit einer Reihe weiterer Maße in Form einer Multitrait-Multimethod-Studie verglichen. Zum anderen wird der Frage nachgegangen, ob sich die Reliabilität und Validität des Computer-C-Tests verändert, wenn man die Bearbeitungszeit deutlich herabsetzt, und ob eine verringerte Übereinstimmungsvalidität zwischen Papier&Bleistift-C-Test und Computer-C-Test gegebenenfalls durch die Berücksichtigung weiterer, mit den C-Test-Ergebnissen korrelierender Variablen im Sinne eines Suppressoreffekts ausgleichbar sei. In der 1. Studie bearbeiteten 60 deutschsprachige Studierende einen Computer-Konzentrationstest, einen Computer-C-Test (vier Texte à 25 Lücken), einen Papier&Bleistift-C-Test (sechs Texte à 20 Lücken) sowie den *Duisburg English Language Test for Advanced Students* (DELTA). Bei dem Konzentrationstest handelte es sich um eine Adaptation des auf visueller Detail-Diskrimination beruhenden d2-Tests.

Es ergaben sich u.a. folgende Ergebnisse: a) Der Computer-C-Test ist mit α = .88 hoch reliabel und korreliert mit der Papier&Bleistift-Version zu .81. b) Der Computer-C-Test korreliert mit DELTA etwas geringer und mit dem Computer-Konzentrationstest geringfügig höher als der Papier&Bleistift-C-Test. c) Die Unterschiede in der Übereinstimmungsvalidität sind nicht signifikant; die Richtung der Unterschiede entspricht jedoch den Erwartungen. d) Die Berechung der partiellen Korrelation zwischen den beiden C-Test-Versionen mit den Werten des Computer-Konzentrationstests als Suppressorvariablen führt zu keiner Veränderung der ursprünglichen Korrelation.

In der 2. Studie bearbeiteten 56 slowakische Studierende unter Kontrolle der Reihenfolge einen deutschen C-Test und einen Konzentrationstest sowohl als Papier&Bleistift- als auch als Computer-Version. Bei dem Computer-C-Test wurde zudem die Bearbeitungszeit von fünf auf drei Minuten pro Text verkürzt (vgl. zu zeitlimitierten C-Tests auch Aguado, Grotjahn & Schlak, 1996). Bei dem Konzentrationstest handelte es sich um eine Variante, in der die Kandidaten innerhalb einer Minute möglichst viele leichte Rechenaufgaben lösen mussten. Die beiden Versionen des C-Tests (in beiden Fällen fünf Texte à 25 Lücken) und des Konzentrationstests unterschieden sich jeweils in Bezug auf die Texte bzw. Aufgaben. Außerdem wurden Fragebogendaten zu den Variablen „Computerbesitz", „am Computer verbrachte Zeit" sowie „Tipphäufigkeit" erhoben.

Die Studie erbrachte insbesondere folgende Ergebnisse: a) Es ergab sich kein signifikanter Reihenfolgeeffekt und auch keine Wechselwirkung zwischen Reihenfolge und Messmethode. b) Die Daten bestätigen tendenziell die Erwartungen hinsichtlich der konvergenten und diskriminanten Validitäten im Sinne des Multitrait-Multimethod-Ansatzes. c) Der Computer-Konzentrationstest erweist sich wiederum nicht als geeigneter Suppressor. d) Die 2. Studie unterscheidet sich in den zentralen Ergebnissen nur unwesentlich von der 1. Studie.

Insgesamt kommt der Autor zu dem Schluss, dass computerisierte C-Tests nicht weniger valide als traditionelle C-Tests seien und dass auch bei computerisierten C-Tests eine Zeitlimitierung vertretbar sei.

Im Beitrag „C-Tests als Anker für TestDaF: Rasch-Analysen mit dem kontinuierlichen Ratingskalen-Modell" von **T. Eckes** und **R. Grotjahn** geht es um die Entwicklung und psychometrische Überprüfung von C-Tests als Ankertests für die Subtests Leseverstehen und Hörverstehen des *Test Deutsch als Fremdsprache* (TestDaF). Beim TestDaF handelt es sich um ein dem IELTS oder auch dem TOEFL vergleichbaren sprachlichen Zulassungstest für ein Studium an deutschen Hochschulen (vgl. http://www.testdaf.de sowie auch Grotjahn, 2004). Jedes Jahr werden weltweit TestDaF-Prüfungen mit unterschiedlichen Testsätzen, d.h. mit jeweils anderen Aufgaben durchgeführt. Durch die Verankerung sollte auf statistischem Wege sicher gestellt werden, dass die Kandidaten auch bei unterschiedlich schwierigen Tests die gleiche Einstufung ihrer Fähigkeit erfahren. Da mit den Ergebnissen im TestDaF für alle Beteiligten weitreichende Konsequenzen verbunden sind, kommt der Entwicklung eines geeigneten Ankertests große Bedeutung zu.

Ein Ankertest sollte das von den zu verankernden Tests erfasste Merkmal auf hoch objektive, reliable, stabile und valide Weise messen. Wie Arras, Eckes & Grotjahn (2002) gezeigt haben, scheint der im Kontext von TestDaF entwickelte C-Test mit vier Texten à 20 Lücken diesen Anforderungen im hohen Maße zu entsprechen. Im vorliegenden Beitrag werden die Untersuchungen von Arras, Eckes & Grotjahn (2002) weitergeführt und insbesondere folgende Analysen durchgeführt (gesamt $N = 843$): a) psychometrischer Vergleich von vier verschiedene Scoring-Methoden (differenziert u.a. anhand der Behandlung von Orthografiefehlern und inhaltlich akzeptablen, aber grammatisch falschen Ergänzungen); b) Skalierbarkeit der C-Test-Texte mit Hilfe des kontinuierlichen Ratingskalen-Modell (CRSM) von Müller (1987, 1999) (vgl. zum CRSM auch

Eckes, in diesem Band); c) Stabilität der Kennwerte des C-Tests in vier verschiedenen Personenstichproben.

Die Analysen erbrachten u.a. folgende Ergebnisse: a) Die vier Scoring-Methoden korrelierten mit Werten über .96. b) Der C-Test ist hoch reliabel, und zwar vor allem dann, wenn lediglich orthografisch richtige Originale und orthografisch richtige Varianten als korrekt gewertet werden (α zwischen .87 und .91 in den Teilstichproben). c) Die Analysen sprechen eindeutig für die Skalierbarkeit der C-Test-Texte anhand des CRSM. d) Der C-Test erlaubt eine zufrieden stellende Differenzierung zwischen den Kandidaten. e) Die Kennwerte des C-Tests sind stabil über die verschiedenen Erprobungsstichproben.

Berücksichtigt man zusätzlich die in den Untersuchungen von Eckes & Grotjahn (im Druck) festgestellten engen Beziehungen zwischen den C-Test-Scores und den Scores in den einzelnen Subtests des TestDaF, dann steht die Eignung des C-Tests als Instrument zur Verankerung der Scores in den Subtests Lese- und Hörverstehen des TestDaF außer Frage.

G. Jakschik und **H. Klemmert** beschreiben in ihrer Studie „Erste Erprobung eines Multiple Choice C-Tests" die Pilotierung eines neuen C-Test-Formats, nämlich eines Multiple-Choice-C-Tests (MC-C-Test). Seit 1994 verwenden die Psychologischen Dienste der Agenturen für Arbeit in Deutschland im Rahmen ihrer Eignungsdiagnostik für bestimmte Bildungsmaßnahmen einen selbst entwickelten C-Test – den „C-Test für erwachsene Zweitsprachler" (vgl. z.B. Jakschik, 1996). Es handelt sich dabei um einen Papier-und-Bleistift-Test im klassischen C-Test-Format mit zwei parallelen Versionen. Um diesen Test in das computergestützte Testsystem „Delta" der Bundesagentur für Arbeit (BA) zu integrieren, bedarf es einer Formatänderung, da Delta als Eingabegerät keine Tastatur, sondern lediglich eine Maus zur Verfügung stellt.

Bei der Entwicklung der Multiple-Choice-Version des C-Tests wurde folgendermaßen verfahren: Für jede Lücke der Form A des klassischen C-Tests (6 Texte à 20 Lücken) wurden eine korrekte Antwort und vier Distraktoren vorgeben. Die 480 Distraktoren wurden auf der Basis einer empirischen Fehleranalyse der Daten aus früheren C-Test-Administrationen sowie mit Hilfe vom Lexika ermittelt. Der vorliegende Beitrag beschreibt die Ergebnisse der ersten Erprobung. Eine umfassende Untersuchung ist für Ende 2005/Anfang 2006 vorgesehen.

In der Erprobung mit 188 Probanden zeigte sich eine hohe Korrelation von .90 (nach Spearman) zwischen dem klassischen C-Test (Form B) und der MC-Papier-und-Bleistift-Version auf der Basis von Form A der klassischen Version. Zudem erwiesen sich beide Versionen mit .96 und .94 als hoch reliabel. Allerdings ist der MC-C-Test erwartungsgemäß leichter. Außerdem scheint der Zusammenhang zwischen den beiden Testversionen eher nichtlinear zu sein und zudem im oberen Punktebereich enger als im unteren Bereich. Ein Grund für die Diskrepanz könnte sein, dass einige schwächere Probanden mangelnde sprachproduktive Fertigkeiten mit einer besser entwickelten Lesekompetenz (Wiedererkennen von Wörtern) in der MC-Version kompensieren. Angesichts des eher nichtlinearen Zusammenhangs ist geplant, die Rohwerte beider Versionen mit Hilfe eines so genannten Equiperzentil-Equating, d.h. auf der Basis der jeweiligen Prozentränge, ineinander zu überführen.

Weiterhin wurden Rasch-Analysen mit Hilfe des Partial-Credit-Modells (PCM) von Masters (1982) durchgeführt. Das PCM wurde deshalb gewählt, weil die Zahl der Lücken pro Text nicht konstant war, sondern zwischen 18 und 22 lag (vgl. zur Begründung auch Eckes, in diesem Band). Die Autoren weisen allerdings darauf hin, dass es besser wäre, wenn die Texte gleich lang wären, da dann die anhand des probabilistischen Modells geschätzten Textschwierigkeiten besser interpretiert werden könnten. Die PCM-Analysen ergaben folgende Ergebnisse: a) Die meisten der sechs MC-C-Test-Texte lassen sich anhand des PCM gut skalieren. Insbesondere der letzte Text zeigt allerdings eine deutliche Modellabweichung, wobei es sich allerdings um einen Positionseffekt handeln könnte. b) Modelliert man die Text-Scores der klassischen Version und der MC-Version zusammen, zeigt sich, dass sich die meisten Texte gut gemeinsam skalieren lassen. Dies kann als Hinweis darauf interpretiert werden, dass mit beiden Testversionen (weitgehend) die gleiche Fähigkeit gemessen wird. Angesichts dieser Befunde kommen die Autoren zu dem Schluss, dass die Ergebnisse der Vorerprobung sehr ermutigend seien.

In ihrem Beitrag „Über den Zusammenhang zwischen Testleistung und Klassenstufe bei muttersprachlichen C-Tests" untersuchen **V. Wockenfuß** und **U. Raatz** in einer Reihe von Querschnittanalysen die Beziehung zwischen dem Lebensalter – operationalisiert durch die Klassenstufe – und der Leistung in einem muttersprachlichen deutschen C-Test – unter Einbezug der Schulform (Hauptschule, Realschule, Gymnasium) und damit zugleich auch der sozialen Schicht als moderierender Variablen (gesamt $N = 1051$). In diesem Kontext betrachten sie auch die Übereinstimmungsvalidität zwischen C-Test-Leistung und letzter Zeugnisnote im Fach Deutsch. Sie gehen von der Annahme aus, dass die grammatikalische Kompetenz erst zu Beginn des Erwachsenenalters vollständig entwickelt ist und dass die lexikalische und die semantische Kompetenz während der Schulzeit (und darüber hinaus) kontinuierlich ansteigt. Da C-Tests als integrative Verfahren eine Vielzahl von Aspekten sprachlicher Kompetenz und Performanz erfassen, ist zu erwarten, dass die Testleistung in Abhängigkeit vom Alter so lange ansteigt, bis die Sprachkompetenz eines Erwachsenen erreicht ist.

Die von den Autoren überprüften Hypothesen beruhen auf früheren Untersuchungen, in denen sich gezeigt hatte, dass der Zusammenhang zwischen C-Test-Leistung und dem Alter zumindest annähernd linear ist, sich die Schultypen in den C-Test-Leistungen deutlich unterscheiden und zumindest bei jüngeren Schülern die muttersprachliche C-Test-Leistung relativ hoch mit der Note im muttersprachlichen Unterricht übereinstimmt.

Zur Messung der muttersprachlichen Leistung wurden zwei parallele Versionen eines deutschen C-Tests mit jeweils fünf Texten à 20 Lücken entwickelt. Es ergaben sich u.a. folgende Resultate: a) Die entwickelten C-Tests sind hinreichend parallel und hoch reliabel. b) Bereits in der 5. Klassenstufe besteht zwischen den Schultypen ein großer Unterschied in der C-Test-Leistung, der bis zur 10. Klassenstufe weitgehend konstant bleibt. So zeigen die Gymnasiasten bereits in der 5. Klassenstufe ein Leistungsniveau, das die Hauptschüler erst in der Klassenstufe 9 erreichen. c) Die Übereinstimmungsvalidität mit der Deutschnote ist am höchsten von der 5. bis zur 7. Klassenstufe und fällt danach deutlich ab. Möglicherweise messen damit muttersprachliche C-Tests bei älteren Schülern partiell etwas Anderes als bei jüngeren (vgl. hierzu auch Raatz, 2002). d) Der Zusammenhang zwischen C-Test-Leistung und Klassenstufe lässt sich formal sowohl durch ein lineare Funktion als auch durch eine Wurzelfunktion modellieren. Allerdings ist die aus einer Differentialgleichung abgeleitete Wurzelfunktion aus inhaltlichen Gründen vorzuziehen.

Abschließend diskutieren die Autoren u.a. folgende Einschränkungen: a) Die Schätzung der Parameter der beiden Funktionen beruht auf lediglich 6 Stufen der unabhängigen Variablen. b) Alter und Klassenstufe sind konfundiert, da die Schüler einer Klassenstufe aus mehreren Altersjahrgängen stammen. c) Methodologisch wäre eigentlich eine Längsschnittuntersuchung angezeigt gewesen; diese war jedoch aus mehreren Gründen nicht realisierbar. Die Autoren betonen die Notwendigkeit weitere Grundlagenstudien zur Konstruktvalidität muttersprachlicher C-Tests und geben Hinweise, wie diese zu konzipieren sind.

Der Sammelband schließt mit dem Beitrag „Der C-Test im Albanischen und Türkischen: Theoretische Überlegungen und empirische Befunde" von **E. Caprez-Krompàk** und **M. Gönç**. In der im Detail beschriebenen Studie wird zum einen das C-Test-Prinzip zum ersten Mal auf das Albanische angewendet. Zum anderen stellen die Autoren auf der Basis einer kritischen Bestandsaufnahme der bisher vorgeschlagenen Tilgungsprinzipien ein neues Tilgungsprinzip für das Türkische vor. Die vorgestellten Pilotstudien sind Teil des Projekts „Entwicklung der Erst- und Zweitsprache im interkulturellen Kontext" an der Universität Zürich, in dem die Erst- und Zweitsprachenkenntnisse bei Kindern mit Migrationshintergrund untersucht werden. Bei den Versuchspersonen der vorgestellten Teilstudien handelt es sich im Fall des Albanischen um 10 erwachsene Muttersprachler sowie um elf- und zwölfjährige Kinder aus vierten und fünften Klassen in der Schweiz ($n = 11$). Die türkischen C-Tests wurden bei erwachsenen Muttersprachlern ($n = 42$) sowie Türkisch sprechenden Kindern in der Schweiz ($n = 36$) und in der Türkei ($n = 62$) getestet.

In Bezug auf das Albanische, das zu den synthetisch-analytischen indoeuropäischen Sprachen gehört, erörtern die Autoren u.a. folgende Problemkreise: 1) Behandlung von Graphemkombinationen; 2) Problematik des Graphems <ë>; 3) Bewertung der im Albanischen zahlreichen dialektalen Varianten; 4) orthografische Abweichungen von der Hochsprache. Die durchgeführten statistischen Analysen ergeben für die Zielgruppe der Kinder mit $\alpha = .88$ eine zufrieden stellende Reliabilität bei einem mittleren Schwierigkeitsgrad. Die Autoren kommen zu dem Schluss, dass der entwickelte albanische C-Test ein geeignetes Instrument für die geplanten Untersuchungen darstellt.

In Bezug auf das Türkische als agglutinierende Sprache diskutieren die Autoren zunächst die bisher in der Literatur u.a. von Baur & Meder (1994) sowie Daller, Treffers-Daller, Ünaldı-Ceylan & Yıldız (2002) vorgestellten Tilgungsprinzipien. Dabei handelt es sich sowohl um geringfügige Modifikationen des klassischen Prinzips der Tilgung der zweiten Hälfte jedes zweiten Wortes als auch um radikalere Varianten wie fortlaufende Tilgung jedes dritten Morphems oder jeder dritten Silbe oder auch Tilgung der Mitte jedes zweiten Wortes. Die radikaleren Varianten lassen sich damit begründen, dass im Türkischen die zweite Hälfte des Wortes häufig aus mehreren Suffixen besteht, die nur sehr schwer oder auch gar nicht zu rekonstruieren sind.

Caprez-Krompàk und Gönç erweitern die Liste der radikalen Varianten um zwei Typen. Beim ersten, als explorativ bezeichneten Typ, handelt es sich um eine Mischform aus Silbentilgung und Morphemtilgung. Der zweite, als *first suffix-Prinzip* charakterisierte Typ, stellt eine Weiterentwicklung des ersten Typs dar. Die zentralen Tilgungsprinzipien lauten folgendermaßen: 1) Bei Wörtern mit mehreren Suffixen wird das erste Suffix nach der Wortwurzel gelöscht. 2) Bei einsilbigen Wörtern werden die letzten zwei Buchstaben getilgt. 3) Bei zwei- und mehrsilbigen Wörtern wird die zweite Silbe getilgt.

Sowohl das explorative als auch das *first suffix*-Prinzip führen bei Muttersprachlern zu Lösungsraten von über 95%. Bei der Zielgruppe der Türkisch sprechenden Kinder in der Schweiz ergeben sich Reliabilitäten von .94 bzw. .95 und Schwierigkeiten von 43.5 und 48.9 (explorative Methode vs. *first suffix-Prinzip*). Die AutorInnen kommen u.a. zu dem Schluss, dass das *first suffix-Prinzip* für die Konstruktion türkischer C-Tests geeignet sei und regen an, das

Prinzip anhand weiterer Texte, größerer Stichproben und anderer agglutinierender Sprachen zu erproben.

3. Ausblick

Insgesamt dokumentieren die Beiträge des Sammelbandes von Neuem die psychometrische Qualität des C-Test-Prinzips sowie die Fruchtbarkeit der Forschungen zum C-Test. Um das Erscheinen des vorliegenden Sammelbandes nicht noch weiter zu verzögern, konnten leider einige Beiträge nicht aufgenommen werden. Zudem stehen eine Reihe neuer Studien zum C-Test kurz vor dem Abschluss. Es soll deshalb Ende 2006 ein weiterer Sammelband in der gleichen Reihe erscheinen. Dieser wird auch die lange angekündigte aktualisierte C-Test-Bibliographie enthalten (Grotjahn, erscheint).

Literaturverzeichnis

Aguado, Karin, Grotjahn, Rüdiger & Schlak, Torsten. (1996). Erwerbsalter und Sprachlernerfolg: zeitlimitierte C-Tests als Instrument zur Messung prozeduralen sprachlichen Wissens. In Helmut J. Vollmer (Hrsg.), *Empirische Zugänge in der Fremdsprachenforschung: Herausforderungen und Perspektiven*. Frankfurt am Main: Lang [erscheint].

Andrich, David. (1978). A rating formulation for ordered response categories. *Psychometrika, 43*(4), 561–573.

Arras, Ulrike, Eckes, Thomas & Grotjahn, Rüdiger. (2002). C-Tests im Rahmen des „Test Deutsch als Fremdsprache" (TestDaF): Erste Forschungsergebnisse. In Rüdiger Grotjahn (Hrsg.), *Der C-Test: Theoretische Grundlagen und praktische Anwendungen* (Bd. 4, S. 175–209). Bochum: AKS-Verlag.

Banerjee, Jayanti. (2004, December). Qualitative analysis methods. In Council of Europe (Hrsg.), *Reference supplement to the preliminary pilot version of the Manual for Relating Language Examinations to the Common European Framework of Reference for Languages: Learning, Teaching, Assessment* (53 pp.). Strasbourg: Council of Europe, Language Policy Division [http://www.coe.int/lang oder http://www.coe.int/portfolio].

Baumeister, Dirk, Dresemann, Karin, Traxel, Oliver & Zahn, Rosemary. (2005). Multiple Cs: What might the C in C-Test stand for twenty-four years down the line? In Micheál Ó Dúill, Rosemary Zahn & Kristina D. C. Höppner (Hrsg.), *Zusammenarbeiten: Eine Festschrift für Bernd Voss* (S. 21–41). Bochum: AKS-Verlag.

Baur, Rupprecht S. & Meder, Gregor. (1994). C-Tests zur Ermittlung der globalen Sprachfähigkeit im Deutschen und in der Muttersprache bei ausländischen Schülern in der Bundesrepublik Deutschland. In Rüdiger Grotjahn (Hrsg.), *Der C-Test. Theoretische Grundlagen und praktische Anwendungen* (Bd. 2, S. 151–178). Bochum: Brockmeyer.

Beck, Bärbel & Klieme, Eckhard. (Hrsg.). (im Druck). *Sprachliche Kompetenzen: Konzepte und Messung*. Weinheim: Beltz.

Bisping, Meikel. (2006). Zur Validität von Computer-C-Tests. In Rüdiger Grotjahn (Hrsg.), *Der C-Test: Theorie, Empirie, Anwendungen* (S. 147–166). Frankfurt am Main: Lang.

Bisping, Meikel & Raatz, Ulrich. (2002). Sind computerisierte und Papier&Bleistift-Versionen des C-Tests äquivalent? In Rüdiger Grotjahn (Hrsg.), *Der C-Test: Theoretische Grundlagen und praktische Anwendungen* (Bd. 4, S. 131–155). Bochum: AKS-Verlag.

Caprez-Krompàk, Edina & Gönç, Mesut (2006). Der C-Test im Albanischen und Türkischen: Theoretische Überlegungen und empirische Befunde. In Rüdiger Grotjahn (Hrsg.), *Der C-Test: Theorie, Empirie, Anwendungen* (S. 243–260). Frankfurt am Main: Lang.

Daller, Helmut & Phelan, David. (2006). The C-test and TOEIC® as measures of students' progress in intensive short courses in EFL. In Rüdiger Grotjahn (Hrsg.), *Der C-Test: Theorie, Empirie, Anwendungen* (S. 101–119). Frankfurt am Main: Lang.

Daller, Helmut, Treffers-Daller, Janine, Ünaldı-Ceylan, Aylin & Yıldız, Cemal. (2002). The development of a Turkish C-Test. In James A. Coleman, Rüdiger Grotjahn & Ulrich Raatz (Hrsg.), *University language testing and the C-Test* (S. 187–199). Bochum: AKS-Verlag.

Eckes, Thomas. (2006). Rasch-Modelle zur C-Test-Skalierung. In Rüdiger Grotjahn (Hrsg.), *Der C-Test: Theorie, Empirie, Anwendungen* (S. 1–44). Frankfurt am Main: Lang.

Eckes, Thomas & Grotjahn, Rüdiger. (2006). C-Tests als Anker für TestDaF: Rasch-Analysen mit dem kontinuierlichen Ratingskalen-Modell. In Rüdiger Grotjahn (Hrsg.), *Der C-Test: Theorie, Empirie, Anwendungen* (S. 167–193). Frankfurt am Main: Lang.

Eckes, Thomas & Grotjahn, Rüdiger. (im Druck). A closer look at the construct validity of C-tests. *Language Testing, 23*(3).

Green, Alison. (1998). *Using verbal protocols in language test validation: a handbook.* Cambridge: Cambridge University Press.

Grotjahn, Rüdiger. (1987). How to construct and evaluate a C-Test: A discussion of some problems and some statistical analyses. In Rüdiger Grotjahn, Christine Klein-Braley & Douglas K. Stevenson (Hrsg.), *Taking their measure: The validity and validation of language tests* (S. 219–253). Bochum: Brockmeyer.

Grotjahn, Rüdiger. (2002). 'Scrambled' C-Tests: Eine Folgeuntersuchung. In Rüdiger Grotjahn (Hrsg.), *Der C-Test: Theoretische Grundlagen und praktische Anwendungen* (Bd. 4, S. 83–121). Bochum: AKS-Verlag.

Grotjahn, Rüdiger. (2004). TestDaF: Theoretical basis and empirical research. In Michael Milanovic & Cyril J. Weir (Hrsg.), *European language testing in a global context: Proceedings of the ALTE Barcelona Conference July 2001* (S. 189–203). Cambridge: Cambridge University Press.

Grotjahn, Rüdiger. (2005). Die Reform des Deutschen Sprachdiploms der Kultusministerkonferenz: Notwendigkeit, aktueller Stand, Perspektiven. *Begegnung, 2,* 9–11 [http://www1.dasan.de/pdf/Materialien_Begegnung_2_2005/09-11_Begegnung_2_05.pdf].

Grotjahn, Rüdiger. (erscheint). The C-Test bibliography: Version 2006. In Rüdiger Grotjahn (Hrsg.), *Der C-Test: Einblicke in die aktuelle Forschung.* Frankfurt am Main: Lang.

Grotjahn, Rüdiger & Stemmer, Brigitte. (2002). C-Tests and language processing. In James A. Coleman, Rüdiger Grotjahn & Ulrich Raatz (Hrsg.), *University language testing and the C-Test* (S. 115–130). Bochum: AKS-Verlag.

Jafarpur, Abdoljavad. (1999). Can the C-test be improved with classical item analysis? *System, 27*(1), 79–89.

Jakschik, Gerhard. (1996). Validierung des C-Tests für erwachsene Zweitsprachler. Eine Längsschnittuntersuchung bei Trägern von beruflichen Bildungsmaßnahmen. In Rüdiger Grotjahn (Hrsg.), *Der C-Test. Theoretische Grundlagen und praktische Anwendungen* (Bd. 3, S. 235–277). Bochum: Brockmeyer.

Jakschik, Gerhard & Klemmert, Hella. (2006). Erste Erprobung eines Multiple Choice C-Tests. In Rüdiger Grotjahn (Hrsg.), *Der C-Test: Theorie, Empirie, Anwendungen* (S. 195–210). Frankfurt am Main: Lang.

Klein-Braley, Christine. (1996). Towards a theory of C-Test processing. In Rüdiger Grotjahn (Hrsg.), *Der C-Test. Theoretische Grundlagen und praktische Anwendungen* (Bd. 3, S. 23–94). Bochum: Brockmeyer.

Kontra, Edit H. & Kormos, Judit. (2006). Strategy use and the construct of C-tests. In Rüdiger Grotjahn (Hrsg.), *Der C-Test: Theorie, Empirie, Anwendungen* (S. 121–138). Frankfurt am Main: Lang.
Masters, Geofferey N. (1982). A Rasch model for partial credit scoring. *Psychometrika, 47*, 149–174.
Messick, Samuel. (1989). Validity. In Robert L. Linn (Hrsg.), *Educational measurement* (3. Aufl., S. 1–103). New York: American Council on Education/Macmillan.
Messick, Samuel. (1996). Validity and washback in language testing. *Language Testing, 13*, 241–256.
Moosbrugger, Helfried & Müller, Hans. (1982). A classical latent additive test model (CLA model). *The German Journal of Psychology, 6*(2), 145–149.
Müller, Hans. (1987). A Rasch model of continuous ratings. *Psychometrika, 52*, 165–181.
Müller, Hans. (1999). *Probabilistische Testmodelle für diskrete und kontinuierliche Ratingskalen: Einführung in die Item-Response-Theorie für abgestufte und kontinuierliche Items*. Bern: Huber.
Norris, John. (2006). Development and evaluation of a curriculum-based German C-test for placement purposes. In Rüdiger Grotjahn (Hrsg.), *Der C-Test: Theorie, Empirie, Anwendungen* (S. 45–83). Frankfurt am Main: Lang.
Raatz, Ulrich. (1985). Better theory for better tests? *Language Testing, 2*, 60–75.
Raatz, Ulrich. (2002). C-Tests and intelligence. In James A. Coleman, Rüdiger Grotjahn & Ulrich Raatz (Hrsg.), *University language testing and the C-Test* (S. 169–185). Bochum: AKS-Verlag.
Raatz, Ulrich, Grotjahn, Rüdiger & Wockenfuß, Verena. (2006). Das TESTATT-Projekt: Entwicklung von C-Tests zur Evaluation des Fremdsprachenlernerfolgs. In Rüdiger Grotjahn (Hrsg.), *Der C-Test: Theorie, Empirie, Anwendungen* (S. 85–99). Frankfurt am Main: Lang.
Raatz, Ulrich & Klein-Braley, Christine. (1982). The C-test – a modification of the cloze procedure. In Terry Culhane, Christine Klein-Braley & Douglas K. Stevenson (Hrsg.), *Practice and problems in language testing IV. Proceedings of the Fourth International Language Testing Symposium of the Interuniversitäre Sprachtestgruppe held at the University of Essex, 14–17 September 1981* (S. 113–138). Colchester: University of Essex, Dept. of Language and Linguistics.
Sigott, Günther. (2004). *Towards identifying the C-Test construct*. Frankfurt am Main: Lang.
Sigott, Günther. (2006). How fluid is the C-Test construct? In Rüdiger Grotjahn (Hrsg.), *Der C-Test: Theorie, Empirie, Anwendungen* (S. 139–146). Frankfurt am Main: Lang.
Stemmer, Brigitte. (1991). *What's on a C-test taker's mind: Mental processes in C-test taking*. Bochum: Brockmeyer.
Stemmer, Brigitte. (1992). An alternative approach to C-test validation. In Rüdiger Grotjahn (Hrsg.), *Der C-Test. Theoretische Grundlagen und praktische Anwendungen* (Bd. 1, S. 97–144). Bochum: Brockmeyer.
Traxel, Oliver & Dresemann, Bettina. (erscheint). Collect, calibrate, compare: A practical approach to estimating the difficulty of C-Test items. In Rüdiger Grotjahn (Hrsg.), *Der C-Test: Einblicke in die aktuelle Forschung*. Frankfurt am Main: Lang.
Wockenfuß, Verena & Raatz, Ulrich. (2006). Über den Zusammenhang zwischen Testleistung und Klassenstufe bei muttersprachlichen C-Tests. In Rüdiger Grotjahn (Hrsg.), *Der C-Test: Theorie, Empirie, Anwendungen* (S. 211–242). Frankfurt am Main: Lang.

Grotjahn, Rüdiger (Ed.) (2006). Der C-Test: Theorie, Empirie, Anwendungen/
The C-Test: Theory, Empirical Research, Applications. Frankfurt/M.: Lang

Rasch-Modelle zur C-Test-Skalierung

Thomas Eckes[*]

The paper explores the suitability of various Rasch measurement models for the analysis of C-test data. Three different models are examined: the partial credit model (PCM; Masters, 1982), the rating scale model (RSM; Andrich, 1978), and the continuous rating scale model (CRSM; Müller, 1987, 1999). The PCM assumes that each item has a unique rating scale structure, and the RSM assumes that all items share the same rating scale structure. Whereas both of these models further assume that the rating categories used are discrete (e.g., Likert rating scales), the CRSM extends the Rasch modeling approach to the case of continuous ratings. Formally, continuous rating scales can be considered a limiting case of discrete rating scales in which the number of categories becomes infinitely large. In the study reported here, a total of 843 participants completed a C-test consisting of four texts with 20 blanks each. Mean-square fit statistics were used to differentially assess each model's validity. In addition, subgroups of participants were formed on the basis of their total C-test score and, alternatively, by means of the splitter-item technique in order to test for invariance of item parameter estimations across subgroups. Results showed that: (a) all three models yielded highly similar estimates of the item parameters, each with an extremely high degree of precision as judged by various separation statistics (e.g., sample reliability of person separation .89 to .90), (b) the partial credit analysis proved to be particularly sensitive to occasionally low frequency of observations in response categories, (c) the comparative test of item parameter estimates for subgroups of participants yielded clear evidence for low invariance of PCM estimates, medium invariance of RSM estimates, and high invariance of CRSM estimates, (d) person parameter estimates were very strongly correlated among the three models (.99 to 1.0), and each model's person parameter estimates were strongly correlated with participants' total C-test scores (.97 to .98). Overall, the CRSM outperformed the PCM as well as the RSM, and the RSM outperformed the PCM. Various implications of the Rasch measurement approach to the analysis of C-tests are discussed.

1. Item-Response-Theorie

Die Konstruktion pädagogisch-psychologischer Tests sowie die Analyse von Testdaten und ihre Verwendung in der diagnostischen Praxis haben sich in den letzten Jahrzehnten tiefgreifend verändert. Maßgeblichen Anteil daran hat die Pionierarbeit des dänischen Mathematikers Georg Rasch (1960/1980). Zu den von Rasch entwickelten probabilistischen Testmodellen gesellen sich heute viele verschiedene Ansätze, für die sich auch im deutschsprachigen Raum immer häufiger die Sammelbezeichnung **Item-Response-Theorie (IRT)** oder **Item-**

---

[*] **Korrespondenzadresse:** PD Dr. Thomas Eckes, TestDaF-Institut, Feithstr. 188, D-58084 Hagen. E-mail: thomas.eckes@testdaf.de.
Ich danke Dr. Hans Müller (Erfurt) für wertvolle Hinweise und Kommentare zu einer früheren Fassung dieses Beitrags.

Response-Modelle findet (vgl. z.B. Embretson & Reise, 2000; Rost, 2004; Steyer & Eid, 2001; Wilson, 2005).[1]

Item-Response-Modelle sind, kurz gesagt, formale Modelle des Antwortverhaltens, das Personen bei der Bearbeitung einzelner Testaufgaben (Items) zeigen. So unterschiedlich diese Modelle auch hinsichtlich der Form der theoretischen Antwortverteilung, der Anforderungen an die Dateneigenschaften und der Verfahren zur Schätzung der Modellparameter sein mögen, sie teilen Grundannahmen, die sie zusammen genommen von der **Klassischen Testtheorie** (KTT; vgl. z.B. Gulliksen, 1950; Krauth, 1996; Lord & Novick, 1968) abheben. Diese Annahmen lassen sich in den Konzepten **latente Variable**, **probabilistisches Modell** und **lokale Unabhängigkeit** bündeln (Fischer, 1974, 1983; Moosbrugger, 1997; Müller, 1999):

(1) **Latente Variable:** Die beobachtbaren (oder manifesten) Variablen sind Indikatoren latenter Variablen. Mit dem Indikatorbegriff wird zum Ausdruck gebracht, dass zwischen manifesten Variablen (z.B. ja/nein- oder richtig/falsch-Antworten bei dichotomen Items) und latenten Variablen, die der Test erfassen soll (z.B. Fähigkeit einer Person), getrennt wird (hiervon rührt auch die gelegentlich anzutreffende Bezeichnung „Latent-Trait-Modelle"; vgl. z.B. Roskam, 1996; Rost & Langeheine, 1997). Dagegen werden in der KTT beide Variablen bis auf eine Fehlergröße gleichgesetzt (nach dem Verknüpfungsaxiom: $X = T + E$; beobachteter Wert = wahrer Wert + Fehlerwert). Das heißt auch, dass in der KTT manifeste und latente Variablen auf derselben (Rohwerte-)Skala gemessen werden. Ferner ist nach der KTT der wahre Wert einer Person mit nur einem einzigen beobachteten Wert verknüpft. In IRT-Modellen wird im Unterschied hierzu stets von mehreren manifesten Variablen als Indikatoren der latenten Variablen ausgegangen.

(2) **Probabilistisches Modell:** Es besteht ein Zusammenhang zwischen den manifesten und den zu messenden latenten Variablen in Form eines probabilistischen Modells. Ein probabilistisches Modell ist dadurch definiert, dass es manifeste Variablen als Realisierungen von Zufallsvariablen auffasst und darüber hinaus für beliebige feste Werte der latenten Variablen eine bestimmte Verteilungsform der manifesten Variablen sowie bestimmte Parameter der betreffenden Verteilung spezifiziert.

(3) **Lokale Unabhängigkeit:** Für beliebige feste Werte der latenten Variablen besteht keine Abhängigkeit zwischen den manifesten Variablen. In der

---

[1] Einen ebenso knappen wie lesenswerten historischen Abriss der Entwicklung von Item-Response-Modellen geben Embretson & Reise (2000, S. 5–7). Eine detailliertere Darstellung der IRT-Entwicklungslinien findet sich in van der Linden & Hambleton (1997).

strengen Variante dieser Annahme wird postuliert, dass die Antworten jeder einzelnen Person auf die Items eines Tests stochastisch voneinander unabhängig sind. Bezogen auf einen Leistungstest heißt dies z.b. Folgendes: Die Wahrscheinlichkeit, dass eine Person ein Item löst, hängt allein von ihrer Fähigkeit und der Schwierigkeit des Items ab, nicht aber davon, ob sie andere Items bereits gelöst hat oder noch lösen wird.

Einen nicht unerheblichen Anteil an den neueren Entwicklungen haben die praktischen Anforderungen, die groß angelegte Leistungs- und Sprachprüfungen (so genannte "Large-Scale Assessments") an die Testkonstruktion und Testanalyse stellen. Diese Prüfungen sind seit Jahrzehnten im Bildungssystem der USA fest verankert und gewinnen im Zuge nationaler und internationaler Bildungs- und Schulleistungsvergleiche auch im europäischen Raum immer mehr an Gewicht (vgl. z.B. die PISA-Studien; Baumert et al., 2001; Walter, 2005). Auch weltweit eingesetzte Fremdsprachentests, wie der "Test of English as a Foreign Language" (TOEFL; siehe www.toefl.org), das "International English Language Testing System" (IELTS; siehe www.ielts.org) oder der neu entwickelte „Test Deutsch als Fremdsprache" (TestDaF); siehe www.testdaf.de; vgl. auch Eckes, 2003, 2004, 2005; Grotjahn, 2004), stützen sich bei der Entwicklung, Auswertung und psychometrischen Qualitätskontrolle in hohem Maße auf Item-Response-Modelle.

Es erscheint nur folgerichtig, wenn Hambleton, Robin & Xing (2000) Item-Response-Modellen für Testentwicklung und Testanalyse eine herausragende Rolle zuweisen: "Clearly, IRT models are central today in test development, test evaluation, and test data analysis" (S. 555). Mit leicht provokativem Unterton präsentieren Embretson & Reise (2000, Kap. 2; vgl. auch Embretson, 1996) "new rules of measurement", die sie konsequent aus der Item-Response-Theorie ableiten und den „alten", aus der psychometrischen Tradition der KTT stammenden Regeln gegenüberstellen. Nicht weniger pointiert schreibt Kubinger (1999, 2000; vgl. auch Fisher, 1994) Rasch-Modellen eine „revolutionäre Bedeutung" für die pädagogisch-psychologische Diagnostik zu.[2]

---

[2] Rost (1999) kommt zu einer eher pessimistischen Einschätzung des Einflusses von Rasch-Modellen auf die Praxis der Testkonstruktion. Doch gerade die letzten Jahre lassen national und international (wie schon erwähnt) einen deutlichen Trend in Richtung auf eine sich verstärkende Akzeptanz von Rasch-Modellen und ihren Erweiterungen erkennen. Unabhängig von der aktuellen oder künftigen Durchsetzungskraft auf dem „Testmarkt" ist natürlich festzuhalten, dass Rasch-Modelle von immenser Bedeutung für die pädagogisch-psychologische Diagnostik sind.

2. Eigenschaften von Rasch-Modellen

Worin liegen nun aber die postulierten theoretisch wie praktisch attraktiven Eigenschaften von Item-Response-Modellen, insbesondere von Rasch-Modellen? Die im vorliegenden Kontext relevanten psychometrischen Vorzüge von Rasch-Modellen sind nachfolgend in fünf Punkten zusammengefasst (vgl. für ausführlichere Darstellungen z.B. Embretson & Reise, 2000; Henning, 1987; Rost, 2004). Den ersten beiden Punkten kommt dabei eine grundlegende, methodologische Bedeutung zu.

(1) **Invarianz der Parameter:** Gilt das Rasch-Modell in der untersuchten Population von Personen bzw. Items, dann kann die Differenz zweier Personenparameter unabhängig davon bestimmt werden, welche Items für den Vergleich herangezogen werden und welche Fähigkeiten die anderen getesteten Personen haben. Umgekehrt kann bei Modellgültigkeit die Differenz zweier Itemparameter unabhängig davon bestimmt werden, welche Personen untersucht werden und welche Schwierigkeiten die anderen Testitems aufweisen. Im Unterschied hierzu sind Item- und Teststatistiken, die auf der Grundlage der KTT berechnet werden, stets nur in Relation zur betrachteten Stichprobe interpretierbar. Anders ausgedrückt, in KTT-Analysen ist die gemessene Itemschwierigkeit abhängig von der Verteilung der Fähigkeitsausprägungen der getesteten Personen und die gemessene Fähigkeit von Personen ist abhängig von der Verteilung der Itemschwierigkeiten. Die Invarianzeigenschaft der Parameterwerte im Rasch-Modell (auch als Stichprobenunabhängigkeit bezeichnet) ermöglicht dagegen **spezifisch objektive** Vergleiche zwischen Personenparametern und analog zwischen Itemparametern ("test-free person measures" bzw. "sample-free item measures"; vgl. Wright & Masters, 1982, S. 5). Parameterinvarianz bildet zugleich die Grundlage für die Überprüfung der Modellgeltung: Ist die Gültigkeit des Rasch-Modells gegeben, dann müssen z.B. die Schätzungen der Itemparameter in verschiedenen Teilstichproben von untersuchten Personen in statistischem Sinne gleich sein.

(2) **Suffizienz:** Gilt das Rasch-Modell, dann schöpft der Testwert (Testsummenwert, Testscore), in der Regel ermittelt als die Anzahl der gelösten Items, die gesamte Information aus, die ein Antwortmuster über die Ausprägung der latenten Personenvariablen enthält. Mit anderen Worten, für die Schätzung des Personenparameters wird keine andere als die mit dem Testwert gegebene Information benötigt (vorausgesetzt, alle Personen bearbeiten die gleichen Items; vgl. Müller, 2000). Entsprechendes gilt für alle anderen Modellparameter, also z.B. für den Itemparameter. Ist dagegen das Rasch-

Modell zu verwerfen, dann ist der Testwert keine suffiziente (erschöpfende) Statistik für den Personenparameter. Kubinger (1996, 1999, 2000) hat wiederholt darauf aufmerksam gemacht, dass Testwerte, definiert über die Anzahl gelöster Items, nur dann die empirischen Verhaltens- bzw. Leistungsrelationen adäquat abbilden, d.h. **verrechnungsfair** sind, wenn das Rasch-Modell gilt. Verrechnungsfairness setzt die Gültigkeit des Rasch-Modells notwendig voraus. Testwerte sind z.b. dann nicht verrechnungsfair, wenn leichte Items leistungsschwächere Personen gegenüber leistungsstärkeren Personen bevorteilen.

(3) **Item- und personenspezifische Standardfehler:** Rasch-Modelle liefern für jede einzelne Parameterschätzung einen eigenen (standardisierten) Fehlerwert als Maß für die **Genauigkeit** der Schätzung. Dieser Standardfehler sinkt z.b. bei steigender Anzahl von Beobachtungen, die in die Parameterschätzung eingehen, und steigt z.B. bei Parameterschätzungen, die sich am unteren oder oberen Spektrum des Fähigkeitskontinuums bewegen. Damit ist es möglich, item- oder personenspezifische Konfidenzintervalle zu konstruieren, zwischen deren unterer und oberer Grenze die wahre Schwierigkeit eines Items (bzw. die wahre Fähigkeit einer Person) mit gegebener Wahrscheinlichkeit liegt. Ebenso lassen sich Unterschiede zwischen je zwei Parameterwerten unter Verwendung der zugehörigen Standardfehler auf statistische Signifikanz testen. Reliabilitätsschätzungen im Rahmen der KTT sind im Gegensatz hierzu stets nur als globale Maße zu verstehen, d.h., für alle untersuchten Personen wird dieselbe Größe des Standardfehlers angenommen.

(4) **Residuenanalyse:** Die Analyse von Tests auf der Basis von IRT-Modellen erlaubt stets einen quantitativen Vergleich zwischen den beobachteten Antworten und denjenigen Antworten, die aufgrund des jeweiligen Modells erwartet werden. Geringe Abweichungen zwischen beobachteten und erwarteten Antworten, d.h. kleine (standardisierte) **Residuen**, geben einen Hinweis darauf, dass die Daten gut anhand des Modells vorhergesagt werden können. Große Werte der Residuen lassen auf eine unzureichende Passung zwischen Modell und Daten schließen. Residuen werden in der Regel über Personen bzw. Items zusammengefasst und in Form von **Fit-Statistiken** je separat ausgewiesen (vgl. Wright & Masters, 1982, Kap. 5). Allgemein gesprochen erlaubt es eine Residuenanalyse, die psychometrische Qualität der Testdaten bzw. die Validität der Modellannahmen genau zu untersuchen. Auf diesem Wege lassen sich auch Ausreißer, z.B. Personen mit grob abweichenden

Antwortmustern (etwa infolge missverstandener Instruktionen oder ausgeprägter Ratetendenzen) identifizieren.

(5) **Ankerfunktionalität:** IRT-Modelle unterstützen in effizienter Weise die Entwicklung und Anwendung von **Ankertests** bzw. **Ankeritems**. Ein Ankertest (oder eine Sammlung von Ankeritems) dient generell dazu, die Messergebnisse zweier verschiedener Testformen so zu adjustieren, dass die resultierenden Testwerte direkt miteinander vergleichbar sind. Mit anderen Worten, die Prozedur der Verankerung stellt auf statistischem Wege sicher, dass Unterschiede in der Schwierigkeit der beiden Testformen bei der Fähigkeitsschätzung nicht ins Gewicht fallen (Kolen & Brennan, 2004; Petersen, Kolen & Hoover, 1989; Wright & Stone, 1979). Personen, die eine hohe Fähigkeit besitzen, sollten nach Durchführung einer Verankerung bei einem relativ schwierigen Test die gleiche Einstufung ihrer Fähigkeit erfahren wie bei einem relativ leichten Test. Eckes & Grotjahn (2006) untersuchten den C-Test in seiner Funktion als Ankertest im Rahmen von TestDaF. Die durch Verankerung sichergestellte Kalibrierung der Schwierigkeiten unterschiedlicher Items auf einer gemeinsamen Skala erlaubt auch den sukzessiven Aufbau einer Itembank sowie den Einsatz der entsprechend skalierten Items im Rahmen computergestützter adaptiver Testverfahren (vgl. z.B. Henning, 1987, Kap. 9).

Schon diese fünf skizzierten Eigenschaften machen deutlich, dass Rasch-Modelle ein außerordentlich mächtiges Instrument der Testkonstruktion und Testanalyse sind. Weitere, speziellere Eigenschaften kommen in den nachfolgenden Abschnitten zur Sprache.

3. Ziel der Arbeit

Hauptziel der vorliegenden Arbeit ist es, drei verschiedene Rasch-Modelle im Hinblick auf ihre Eignung für eine differenzierte Analyse von C-Tests zu untersuchen. Es handelt sich um das **Partial-Credit-Modell** (Masters, 1982), das **diskrete Ratingskalen-Modell** (Andrich, 1978) und das **kontinuierliche Ratingskalen-Modell** (Müller, 1987, 1999).[3] Alle drei Modelle basieren auf dem dichotomen logistischen Testmodell von Rasch (1960/1980); sie verallgemeinern oder erweitern es in je spezifischer Weise.

---

[3] Weitere IRT-Modelle, die prinzipiell für eine C-Test-Skalierung in Frage kommen, werden z.B. von Embretson & Reise (2000, Kap. 5), Rost (2004, S. 215–225) und Thissen, Nelson, Rosa & McLeod (2001) behandelt.

In einer Reihe von statistischen Geltungskontrollen sollen die Modelle einander gegenübergestellt werden. Während das kontinuierliche Ratingskalen-Modell schon in anderen Arbeiten im Kontext von C-Tests Verwendung fand (Arras, Eckes & Grotjahn, 2002; Eckes & Grotjahn, 2006), sind (nach Kenntnis des Verfassers) sowohl das Partial-Credit-Modell als auch das diskrete Ratingskalen-Modell in der C-Test-Forschung noch nicht eingesetzt worden. Besonderes Augenmerk liegt daher auf dem Abschneiden dieser beiden Modelle in Relation zum bereits erprobten kontinuierlichen Ratingskalen-Modell.

Zunächst sei allerdings die eingangs besprochene Annahme der lokalen Unabhängigkeit im Hinblick auf die besonderen Anforderungen, die das Antwortformat von C-Test-Items an testanalytische Modelle und Prozeduren stellt, diskutiert.

4. Rasch-Modelle zur Analyse von C-Tests

4.1. Das Problem der lokalen Abhängigkeit

In der Einleitung wurde betont, dass die Anwendung von Item-Response-Modellen die Annahme lokaler Unabhängigkeit von Items eines Tests impliziert. Dabei ist allerdings zu beachten, dass diese Annahme auch solchen Testmodellen zugrunde liegt, die der KTT folgen; hier findet sie sich formalisiert als die Annahme paarweise unkorrelierter Fehlerwerte und wahrer Werte. Lokale Unabhängigkeit hat also für jegliche Form psychometrischer Testanalyse grundlegende Bedeutung (vgl. Rost, 1999, S. 143).

Wie verhält es sich nun mit der Annahme lokaler Unabhängigkeit im Falle von C-Tests? Für einen C-Test werden in der Regel mehrere kurze, aus etwa 60 bis 80 Wörtern bestehende Texte unterschiedlicher Thematik ausgewählt. Nach dem klassischen Tilgungsprinzip wird, beginnend mit dem zweiten Wort des zweiten Satzes, in jedem Text bei jedem zweiten Wort die zweite Hälfte getilgt. Wörter mit einem einzigen Buchstaben und Eigennamen sind hiervon ausgenommen. Am Ende eines Textes verbleibt ein kurzes unversehrtes Textstück als Kontext für die Lösungsfindung. Für jede exakte (oder auch jede akzeptable) Rekonstruktion des Originalworts wird ein Punkt vergeben (vgl. Grotjahn, 1995, 2002). Zur Illustration finden sich im Anhang zwei C-Test-Texte mit jeweils 20 Lücken. Diese Beispieltexte sind formal in der gleichen Weise aufgebaut wie die Texte des weiter unten beschriebenen (siehe Abschnitt 5.2) und mittels der drei Rasch-Modelle analysierten C-Tests.

Es ist offenkundig, dass die Aufgabenstellung eines C-Tests (d.h. korrekte Rekonstruktion der Originalwörter anhand der gegebenen Textinformation) zwangsläufig ein hohes Maß an lokaler Abhängigkeit zwischen den Lücken nach sich zieht. Sowohl vorausgegangene Lösungen als auch der Blick auf nachfolgende Teile eines Textes nehmen erheblichen Einfluss auf die Wahrscheinlichkeit der korrekten Ergänzung der einzelnen Lücken.

Um das Problem der lokalen Abhängigkeit der Lücken eines C-Test-Textes zu lösen, ist der Text als Ganzes, d.h. als eine Art **Superitem** oder **Testlet** aufzufassen und entsprechend zu analysieren (Wainer & Kiely, 1987; Yen, 1993). Das heißt, ein C-Test-Text ist zu verstehen als ein Item mit $m + 1$ Itemwerten, wobei m die Anzahl der Lücken des Textes ist. Im vorliegenden Fall von Texten mit je 20 Lücken kann also ein C-Test-Item 21 verschiedene Werte (d.h. Werte im Intervall zwischen 0 und 20) annehmen.

4.2. Das Partial-Credit-Modell

Das Partial-Credit-Modell (PCM; Masters, 1982; auch „ordinales Rasch-Modell" genannt; vgl. Rost, 2004) wurde ursprünglich zur Analyse von Testitems entwickelt, die mehrere Lösungsschritte enthalten und eine entsprechend **abgestufte Punktevergabe** ermöglichen. Es handelt sich also um Items, die teilweise korrekte Antworten erlauben. Die Anzahl der pro Item erreichbaren Punkte kann dabei von Item zu Item unterschiedlich sein. Ein typisches Beispiel sind Aufgaben aus einem Mathematiktest, für deren Bearbeitung abhängig von der Anzahl der im Laufe des Lösungsprozesses bewältigten Teilschritte zwischen 0 und 2 (oder 3 oder noch mehr) Punkte vergeben werden. Das PCM ist aber auch auf mehrstufige Ratingskalen anwendbar, wie sie häufig in Einstellungs- oder Persönlichkeitsfragebogen zu finden sind (z.B. mit den Stufen „lehne sehr ab", „lehne ab", „unentschieden", „stimme zu" und „stimme sehr zu"; vgl. Masters & Wright, 1997). Im vorliegenden Anwendungsfall ist zu prüfen, inwieweit sich das PCM zur Analyse von C-Test-Daten eignet.

Das PCM ist eine Verallgemeinerung des dichotomen logistischen Testmodells von Rasch (1960/1980). Wie der Name schon sagt, ist dieses probabilistische Basismodell für die Analyse von Items konzipiert, die nur einen von zwei Werten annehmen können (0/1, falsch/richtig, nicht gelöst/gelöst). Da sich anhand des dichotomen Rasch-Modells zentrale Begriffe bequem einführen lassen, sei es im Folgenden etwas näher betrachtet.

Im **dichotomen Rasch-Modell** wird die Wahrscheinlichkeit, dass eine Person v Item i richtig beantwortet, d.h. $p(x_{vi} = 1)$, wie folgt ausgedrückt:

$$p(x_{vi} = 1) = \frac{\exp(\theta_v - \beta_i)}{1 + \exp(\theta_v - \beta_i)}.$$

Die hierbei verwendeten Symbole haben folgende Bedeutung: x_{vi} = Antwort von Person v auf Item i, θ_v = Fähigkeit von Person v (Personenparameter), β_i = Schwierigkeit von Item i (Schwierigkeitsparameter); „exp" bezeichnet die Exponentialfunktion.

Danach hängt die Wahrscheinlichkeit, dass eine Person v ein Item i richtig beantwortet, nur von der Differenz aus der Fähigkeit θ_v der Person und der Schwierigkeit β_i des Items ab. Ist die Fähigkeit θ_v genauso groß wie die Schwierigkeit β_i, dann resultiert eine Lösungswahrscheinlichkeit von 0.5 (es gilt exp(0) = 1); ist die Personenfähigkeit größer als die Itemschwierigkeit, dann ist die Wahrscheinlichkeit einer Lösung des Items größer 0.5, im umgekehrten Fall kleiner als 0.5.

Wird die Wahrscheinlichkeit einer richtigen Antwort durch ihre Gegenwahrscheinlichkeit dividiert, erhält man den sog. Wettquotienten (auch "odds-ratio" genannt):

$$\frac{p(x_{vi}=1)}{p(x_{vi}=0)} = \exp(\theta_v - \beta_i).$$

Logarithmieren des Wettquotienten ergibt

$$\ln\left(\frac{p(x_{vi}=1)}{p(x_{vi}=0)}\right) = \theta_v - \beta_i.$$

Der logarithmierte Wettquotient wird **Logit** genannt („ln" steht für den natürlichen Logarithmus). Danach ist der Logit eine lineare Funktion der Personenfähigkeit θ_v und der Itemschwierigkeit β_i.

In der logarithmischen Darstellung wird deutlich, dass die beiden Modellparameter θ_v und β_i auf einer gemeinsamen linearen Skala, d.h. auf der **Logitskala**, kalibriert werden. Dies ist eine auch für praktische Anwendungen bedeutsame Eigenschaft aller Rasch-Modelle. Die allgemeine Beziehung zwischen der Lösungswahrscheinlichkeit und der Ausprägung der latenten Variablen wird in diesen Modellen durch eine S-förmige **logistische Funktion** beschrieben.

Nun zum Partial-Credit-Modell. Wie schon erwähnt, kommt dieses Modell in Frage, wenn polytome Items, d.h. Items mit mehr als zwei gestuften Antwortkategorien, analysiert werden sollen. Die Grundidee des PCM besteht darin, das Rasch-Modell für dichotome Items auf jedes Paar von benachbarten Antwortkategorien innerhalb einer geordneten Folge von Antwortalternativen anzuwenden (z.B. auf das Kategorienpaar „stimme zu" und „stimme sehr zu" bei einer fünfstufigen Antwortskala).

Das PCM ist wie folgt definiert. Gegeben sei ein polytomes Item i, das die Werte $k = 0, \ldots, m_i$ annimmt (mit $n_i = m_i + 1$ Antwortkategorien). Wird $\beta_{i0} = 0$ gesetzt, dann ergibt sich die Wahrscheinlichkeit, dass eine Person v bei Item i den Wert k erhält, d.h. $p(x_{vi} = k)$, zu

$$p(x_{vi} = k) = \frac{\exp\left[k\theta_v - \sum_{j=0}^{k} \beta_{ij}\right]}{\sum_{r=0}^{m_i} \exp\left[r\theta_v - \sum_{j=0}^{r} \beta_{ij}\right]}.$$

Mit β_{ij} ($j = 1, \ldots, m_i$) wird der **Schwellenparameter** der j-ten Kategorie von Item i bezeichnet. Dieser Parameter definiert die Lokation der betreffenden Schwelle auf dem latenten Kontinuum. Anders ausgedrückt, der Parameterwert β_{ij} gibt denjenigen Punkt auf dem Fähigkeitskontinuum wieder, an dem der Übergang von einer Antwortkategorie zur nächsten stattfindet.

Im Zusammenhang mit Leistungstests ergibt sich für den Schwellenparameter die folgende inhaltliche Interpretation: Je höher bei einem Item i der Wert des Parameters β_{ij} für eine Kategorie j, desto schwieriger ist es für eine Person v, eine Bewertung in dieser Kategorie zu erhalten, relativ zu einer Bewertung in Kategorie $j - 1$; oder anders ausgedrückt: je höher der β_{ij}-Wert, desto schwieriger der Übergang bzw. desto höher die Schwelle.

4.3. Das diskrete Ratingskalen-Modell

Das diskrete Ratingskalen-Modell (RSM; Andrich, 1978) kann als Spezialfall des Partial-Credit-Modells dargestellt werden. Es setzt zunächst voraus, dass alle analysierten Items das gleiche Antwortformat (bzw. zumindest die gleiche Anzahl von Antwortkategorien) besitzen, wie es etwa bei Ratingskalen häufig der Fall ist. Für alle derartigen Items eines Tests wird im Unterschied zum PCM eine gemeinsame Menge von Schwellenparametern geschätzt. Mit anderen Worten, den Antwortkategorien werden Schwellenparameter zugewiesen, die bis auf Unterschiede in den Itemschwierigkeiten (d.h. bis auf die unterschiedlichen Lokationen der Items auf dem latenten Kontinuum) über alle Items identisch sind. Dagegen werden im PCM die Schwellenparameter der Antwortkategorien für jedes Item neu bestimmt. Das RSM ist damit das gegenüber dem PCM restriktivere Modell.

Formal ausgedrückt werden im RSM die aus dem PCM bekannten Schwellenparameter β_{ij} in zwei Komponenten zerlegt: In den Schwierigkeitsparameter β_i, der die Lokation des Items i auf dem latenten Kontinuum definiert, und den

Schwellenparameter τ_j, d.h. $\beta_{ij} = \beta_i + \tau_j$. Unterschiede zwischen den Items bestehen danach allein hinsichtlich ihrer Schwierigkeit, nicht aber hinsichtlich der Schwierigkeit der Übergänge zwischen den einzelnen Antwortkategorien. Setzt man $\tau_0 = 0$, so ist die Wahrscheinlichkeit, dass eine Person v bei Item i den Wert k erhält (mit Werten $k = 0, \ldots, m$), d.h. $p(x_{vi} = k)$, im RSM wie folgt definiert:

$$p(x_{vi} = k) = \frac{\exp\left[k(\theta_v - \beta_i) - \sum_{j=0}^{k} \tau_j\right]}{\sum_{r=0}^{m} \exp\left[r(\theta_v - \beta_i) - \sum_{j=0}^{r} \tau_j\right]}.$$

Wird bei der Konstruktion eines C-Tests das klassische Prinzip befolgt (d.h. mehrere Texte mit gleicher Anzahl von Lücken pro Text), dann ist die Anzahl der Antwortkategorien, wie schon weiter oben ausgeführt, pro Text bzw. Superitem gleich, d.h. $n = m + 1$ (n ist die Anzahl der Antwortkategorien, m ist die Anzahl der Lücken). Die Voraussetzung eines für alle Items identischen Antwortformats ist in diesem Fall gegeben.

4.4. Das kontinuierliche Ratingskalen-Modell

Das kontinuierliche Ratingskalen-Modell (CRSM; Müller, 1987, 1999) stellt eine Erweiterung des diskreten Ratingskalen-Modells von Andrich (1978, 1982) dar. **Kontinuierliche Skalen** liegen z.B. dann vor, wenn Personen ihr Urteil auf grafischen Ratingskalen ausdrücken, die weder Unterbrechungen noch Einteilungen aufweisen. Neben Papier-und-Bleistift-Formen der Darbietung kontinuierlicher Ratingskalen rücken computergestützte Anwendungen immer mehr in den Vordergrund. Personen können ihre Antworten z.B. bequem mittels Joystick, Maus oder Touch-Screen abgeben, ohne diskrete Antwortkategorien verwenden zu müssen.

In formaler Hinsicht können kontinuierliche Ratingskalen als Grenzfall diskreter Ratingskalen aufgefasst werden, bei denen die Anzahl der Antwortkategorien unendlich groß wird. Im Folgenden wird unter einer kontinuierlichen Ratingskala ein abgeschlossenes Intervall [a, b] auf der reellen Zahlengeraden mit Mittelpunkt $c = (a + b)/2$ und Länge $d = b - a$ verstanden (Müller 1987, 1999). Die Endpunkte der Skala mögen stets durch $c \pm d/2$ ausgedrückt werden; sie seien verbal verankert (z.B. „extrem negativ" und „extrem positiv"). Zur Abgabe ihres Urteils sei es einer Person erlaubt, jeden beliebigen Punkt auf der Skala zu markieren.

Wenn die Anzahl der möglichen Antwortkategorien gegen unendlich geht, entsteht eine stetige Zufallsvariable X, die jeden Wert innerhalb des Intervalls mit der unteren Grenze $c - d/2$ und der oberen Grenze $c + d/2$ annehmen kann. Führt man für die Differenz zwischen Personenparameter θ_v und Itemparameter β_i den Lokationsparameter μ_{vi} ein, d.h. $\mu_{vi} = \theta_v - \beta_i$, und vernachlässigt aus Gründen der Übersichtlichkeit die Indizierung, dann ergibt sich die Wahrscheinlichkeit einer Antwort innerhalb eines gegebenen Streckenintervalls [a, b] zu

$$p(a \leq X \leq b) = \frac{1}{\gamma} \int_a^b \exp[x\mu + x(2c-x)\lambda] \, dx,$$

wobei

$$\gamma = \int_{c-d/2}^{c+d/2} \exp[t\mu + t(2c-t)\lambda] \, dt.$$

Es resultiert für die Wahrscheinlichkeitsdichte der Zufallsvariablen X:

$$f(x) = \frac{1}{\gamma} \exp[x\mu + x(2c-x)\lambda].$$

Mit den letzten drei Gleichungen ist der kontinuierliche Fall des Ratingskalen-Modells definiert (Müller, 1987, S. 170).

Im CRSM steht λ für den **Dispersionsparameter**. Das heißt, Item i wird auf der latenten Merkmalsdimension durch ein sog. Schwellenintervall von $\beta_i - \lambda d$ bis $\beta_i + \lambda d$ repräsentiert. Bei Gültigkeit des CRSM folgt die Antwortverteilung einer doppelt gestutzten Normalverteilung mit den Stutzungspunkten $c - d/2$ und $c + d/2$ (Müller, 1999, S. 107).

Aus der obigen Darstellung des Modells ist ersichtlich, dass die Form der Antwortverteilung (oder genauer: die Dichtefunktion) bei kontinuierlichen Skalen bzw. Items nicht nur von der Differenz zwischen Personenparameter und Itemparameter, sondern auch vom Dispersionsparameter bestimmt wird. Der Dispersionsparameter gibt (vereinfacht gesprochen) an, inwieweit die Schwellenwerte entlang der kontinuierlichen Ratingskala monoton steigen.

Benutzen Personen ein kontinuierliches Item tatsächlich als ein solches, dann nimmt der Dispersionsparameter Werte größer 0 an; dies wäre der **reguläre** Fall des Modells. Benutzen sie es dagegen eher als ein dichotomes Item, dann tendiert der Dispersionsparameter gegen 0; damit läge ein **degenerierter** Fall vor. Negative Werte des Dispersionsparameters schließlich zeigen eine klare Modellverletzung an; hier wäre von einem **irregulären** Fall zu sprechen (Müller,

1999, S. 98). Eine Verletzung der Modellannahmen könnte z.B. auf die ausgeprägte Tendenz von Personen zurückgehen, extreme Antworten zu geben. Im Falle einer Anwendung des CRSM auf Daten aus einem C-Test mit 20 Lücken hat die Testskala den Mittelpunkt $c = 10$ und die Länge $d = 21$. Diese Skala ist zwar nicht echt-kontinuierlich, da sie in 21 diskrete Punkte unterteilt ist, sie kann aber näherungsweise im Sinne einer kontinuierlichen Skala interpretiert werden. Arras, Eckes & Grotjahn (2002) sowie Eckes & Grotjahn (2006) haben das CRSM auf derartige quasi-kontinuierliche C-Test-Skalen bereits mit Erfolg, d.h. mit dem Nachweis der Modellgültigkeit, angewendet.

Mit der Frage, wie die Gültigkeit der drei hier behandelten Rasch-Modelle im Hinblick auf die Analyse von C-Test-Daten untersucht werden kann, befasst sich der nachfolgende Abschnitt.

4.5. Kontrolle der Modellgeltung

Für eine Kontrolle der Modellgeltung, die systematische Vergleiche zwischen dem PCM, dem RSM und dem CRSM erlaubt, kommen mehrere Methoden in Betracht (vgl. Hambleton, 1989; Müller, 1999; Rost, 2004). Eine erste Methode prüft die Gültigkeit des jeweiligen Modells anhand der **Reproduzierbarkeit** der Daten.

Eine IRT-Analyse liefert zu jeder Person und zu jedem Item einen Messwert (d.h. einen Wert auf der Logitskala), einen Standardfehler (d.h. Information über die Genauigkeit des Messwerts) und verschiedene Fitwerte (d.h. Information darüber, wie gut die Daten den Erwartungen des Messmodells entsprechen). Das Ausmaß der Abweichungen der beobachteten von den erwarteten Daten wird durch **standardisierte Residuen** ausgedrückt. Die standardisierten Residuen lassen sich wie folgt darstellen (Wright & Masters, 1982):

$$z_{vi} = \frac{(x_{vi} - e_{vi})}{\left[\sum_{k=0}^{m}(k - e_{vi})^2 p_{vik}\right]^{1/2}},$$

wobei

$$e_{vi} = \sum_{k=0}^{m} k p_{vik}$$

den aufgrund des jeweils betrachteten Modells erwarteten Wert für Person v bei Item i bezeichnet.

Die standardisierten Residuen lassen sich über Personen und Items hinweg zusammenfassen, um die Modellgeltung in allen Teilen des Messmodells zu kontrollieren. In der Regel geschieht dies mittels zweier **Mean-Square-Fit-Statistiken** (Wright & Masters, 1982, S. 99), einer ungewichteten Statistik (auch „Outfit" genannt) und einer gewichteten Statistik (auch „Infit" genannt). Die **Outfit-Statistik** wird folgendermaßen berechnet (hier exemplarisch für eine Person v):

$$\text{Outfit}_v = \frac{\sum_{i=1}^{I} z_{vi}^2}{I},$$

wobei I die Anzahl der Items bzw. Texte ist.

Die Definition der entsprechenden **Infit-Statistik** lautet:

$$\text{Infit}_v = \frac{\sum_{i=1}^{I} w_{vi} z_{vi}^2}{\sum_{i=1}^{I} w_{vi}},$$

wobei die Gewichte

$$w_{vi} = \sum_{k=0}^{m} (k - e_{vi})^2 p_{vik}$$

proportional zur Varianz der quadrierten Residuen sind; diese Varianz ist größer bei Personen, für die ein Wert in einer extremen Antwortkategorie eher unwahrscheinlich ist.

Die Outfit-Statistik ("Outfit" steht für "outlier-sensitive fit") erfasst primär, inwieweit eine Person gelegentliche unerwartet hohe oder niedrige Itemwerte erhält. Dagegen besitzt die Infit-Statistik ("Infit" steht für "inlier-sensitive" oder auch "information-weighted fit") eine größere Empfindlichkeit im Falle unerwarteter Werte, die sich im mittleren Skalenbereich bewegen.

Infit- und Outfit-Statistik haben einen Erwartungswert von 1; sie können Werte im Bereich zwischen 0 und $+\infty$ annehmen (Linacre, 2003; Wright & Masters, 1982). Werte deutlich größer 1 verweisen darauf, dass die Daten anhand des Modells nicht gut vorhersagbar sind, nur schlecht mit den Modellannahmen übereinstimmen ("underfit") bzw. mehr Variation aufweisen, als es den Erwartungen des Modells entspricht. Allgemein liegt bei einem Wert von $1 + x$ die

Variation um $100x$% höher als erwartet. Umgekehrt indizieren Werte deutlich kleiner 1, dass ein relativ hohes Maß an Vorhersagbarkeit oder Redundanz vorliegt, die Daten „zu gut" auf das Modell passen ("overfit") bzw. weniger Variation zeigen als vorhergesagt. Bei einem Wert von $1 - x$ liegt die Variation um $100x$% niedriger als erwartet (vgl. auch Bond & Fox, 2001, S. 176–179).

Linacre (2002b; vgl. auch Wright & Linacre, 1994) hat grobe Richtwerte für die Interpretation von Mean-Square-Statistiken vorgeschlagen. Danach sind Infit- bzw. Outfit-Werte im Intervall zwischen 0.5 und 1.5 messmethodisch akzeptabel.[4] Liegen die Werte der Fit-Statistiken deutlich außerhalb dieser Intervallgrenzen, dann kann dies auch darauf zurückzuführen sein, dass der Test nicht eindimensional ist. Da die verwendeten Rasch-Modelle **eindimensionale** Modelle sind, d.h. nur eine einzige Dimension messen, ist in der Residuenanalyse zugleich eine Prüfung der Eindimensionalität eines gegebenen Tests zu sehen.

Eine andere Methode der Modellgeltungskontrolle zielt auf die Überprüfung einzelner Modellannahmen. Hier steht die Überprüfung der Annahme invarianter Parameterwerte an erster Stelle. Dazu werden die (jeweils zuvor zentrierten) Schätzungen der Itemparameter β_i für systematisch gebildete **Teilgruppen** von Personen in einem grafischen Modelltest einander gegenübergestellt. Die Teilgruppenbildung kann sich am Median der Testwerte orientieren, um z.B. leistungsstärkere von leistungsschwächeren Personen zu trennen, oder auch im Rahmen der sog. **Splitter-Item-Technik** am Median der Werteverteilung eines geeignet ausgewählten Items. Dieses Splitter-Item wird dann allerdings von der weiteren Analyse ausgeschlossen.

Gilt das geprüfte Modell, dann sollten die Itemschwierigkeiten für die beiden gebildeten Teilgruppen nur unwesentlich voneinander abweichen. Trägt man die jeweiligen Parameterschätzungen in einem Streudiagramm ab (die Schätzungen der einen Teilgruppe auf der Abszisse, die der anderen auf der Ordinate), dann sollten die Werte auf oder in vernachlässigbar geringer Entfernung zur Winkelhalbierenden liegen (Fischer, 1974, S. 281–285; Wright & Masters, 1982, S. 115f.).

Schließlich kann auf der Grundlage der Standardfehler ein **Signifikanztest**, und zwar ein approximativer t-Test für die Differenz zwischen je zwei Itemparametern, durchgeführt werden. Die standardisierte Differenz zweier unabhängiger Parameterschätzungen hat die folgende Form (Wright & Masters, 1982, S. 115):

---

[4] Je nach Fragestellung oder Verwendungszusammenhang der Untersuchungsergebnisse können die Intervalle auch breiter oder enger definiert werden (vgl. Bond & Fox, 2001, S. 176–179).

$$t = \frac{\beta_{i1} - \beta_{i2}}{(SE_{i1}^2 + SE_{i2}^2)^{1/2}},$$

wobei β_{i1} und β_{i2} die Schwierigkeitsschätzungen für Item i in Teilgruppe 1 bzw. 2 und SE_1 und SE_2 die jeweils mit diesen Schätzungen verknüpften Standardfehler sind. Die Prüfstatistik hat einen Erwartungswert von 0 und asymptotisch eine Varianz von 1. Konventionell werden Werte größer +2.00 oder kleiner −2.00 als statistisch signifikant betrachtet.

5. Methode

5.1. Untersuchungsstichprobe

Insgesamt bearbeiteten 843 Personen (im Folgenden auch Probanden oder kurz Pbn) ein und denselben C-Test in vier unabhängigen Erprobungsprüfungen. Diese Prüfungen erfolgten im Rahmen der psychometrischen Qualitätskontrolle von Aufgaben bzw. Items für den Test Deutsch als Fremdsprache (TestDaF). Im Einzelnen handelte es sich um die Prüfungen E005 ($N = 144$; Oktober 2001), E006 ($N = 226$), E007 ($N = 235$) und E008 ($N = 238$; jeweils März 2002).

Alle Pbn gehörten zur TestDaF-Zielgruppe, d.h., es waren Studierende, die entweder bereits in Deutschland studienvorbereitende Deutschkurse besuchten oder – noch im Heimatland – einen Studienaufenthalt in Deutschland planten. Die Erprobungsprüfungen wurden an lizenzierten TestDaF-Testzentren im In- und Ausland durchgeführt.

An E005 hatten sich fünf inländische Testzentren und sieben ausländische Testzentren aus ganz unterschiedlichen Teilen der Welt (in den Ländern Frankreich, Kasachstan, Kolumbien, Lettland, Russland, Spanien und Südafrika) beteiligt. Die Beteiligung an E006 war ähnlich weit gestreut: vier inländische Testzentren und sieben ausländische Testzentren (in Bulgarien (2), Kasachstan, Kirgisistan, Kolumbien (2) und Mongolei). Die Prüfung E007 wurde an drei inländischen Testzentren und acht ausländischen Testzentren (in Polen, Rumänien, Russland (5) und Spanien) abgenommen. Schließlich verteilten sich die Pbn der Prüfung E008 auf drei inländische Testzentren und sechs ausländische Testzentren (in Bulgarien, Niederlande, Russland (2), Südkorea und Zypern).

5.2. Der C-Test

Der hier untersuchte C-Test bestand aus vier Texten mit jeweils 20 Lücken. Die einzelnen Texte betrafen (wie auch die vier Subtests des TestDaF) den akademischen Kontext und waren nach aufsteigender Schwierigkeit geordnet. Für diese Anordnung wurden die Schwierigkeitsschätzungen aus einer früheren Analyse

(Arras, Eckes & Grotjahn, 2002, S. 197) herangezogen. Zur Bearbeitung standen pro Text fünf Minuten zur Verfügung.

Die Texte folgten dem oben beschriebenen klassischen Tilgungsprinzip, d.h., beginnend mit dem zweiten Satz wurde die zweite Hälfte jedes zweiten Wortes getilgt. Am Ende jedes Textes verblieb ein unversehrter (Teil)-Satz. Von der Tilgung ausgenommen waren Eigennamen und Abkürzungen.

Der Ablauf der Erprobungsprüfungen war folgender. Zunächst hatten die Pbn den TestDaF-Subtest „Leseverstehen" (Dauer ca. 60 min) zu absolvieren. Danach bearbeiteten die Pbn kurze Lückentexte (ca. 10 min) und den C-Test (ca. 20 min). Auf den C-Test folgte der zweite TestDaF-Subtest „Hörverstehen" (ca. 40 min). In etwas mehr als der Hälfte der Testzentren hatten die Pbn in der zweiten Hälfte der Prüfungen auch noch die beiden Subtests „Schriftlicher Ausdruck" (ca. 60 min) und „Mündlicher Ausdruck" (ca. 30 min) zu durchlaufen.

Die unmittelbar nach dem Testteil Leseverstehen zur Bearbeitung vorgelegten Lückentexte umfassten insgesamt 15 dichotome Grammatik- bzw. Lexik-Items. Diese hatten im Vorfeld früherer TestDaF-Prüfungen wiederholt zur Herstellung der Vergleichbarkeit von Testscores aus verschiedenen Testsätzen gedient. Mit anderen Worten, die Items der Lückentexte waren als Ankeraufgaben im Sinne des "common-item equating" (Henning, 1987; Kolen & Brennan, 2004; Wright & Stone, 1979) verwendet worden. Vorrangiges Ziel der zusätzlichen Durchführung des C-Tests in diesen vier Erprobungsprüfungen war es, die inzwischen etwas veralteten Lückentexte durch die neu entwickelten C-Test-Texte bei künftigen Prüfungen zu ersetzen (vgl. ausführlicher hierzu Eckes & Grotjahn, 2006).

Bei allen Testdurchführungen blieben die Reihenfolge der Texte innerhalb des C-Tests wie auch die Position des C-Tests innerhalb des TestDaF, d.h. Vorgabe im unmittelbaren Anschluss an den Leseverstehenstest, konstant.

Das Scoring der C-Test-Leistungen erfolgte in der Weise, dass nur orthografisch richtige Originale und orthografisch richtige (akzeptable) Varianten als „korrekt" gewertet wurden, d.h., nur diesen Antworten wurde ein Punkt zuerkannt. Andere Scoring-Varianten, wie z.B. jene, die auch orthografisch falsche Ergänzungen als korrekt gelten lassen, haben sich in eingehenden Untersuchungen als weniger geeignet erwiesen (vgl. Eckes & Grotjahn, 2006).

6. Ergebnisse

6.1. Summarische Rasch-Statistiken

Einen Überblick über die Ergebnisse der C-Test-Skalierung mittels der drei Rasch-Modelle gibt Tabelle 1.[5]

Tabelle 1: Summarische Rasch-Statistiken für das Partial-Credit-Modell, das diskrete Ratingskalen-Modell und das kontinuierliche Ratingskalen-Modell

Rasch-Statistik	PCM		RSM		CRSM	
	Pbn	Texte	Pbn	Texte	Pbn	Texte
Logit						
M	0.36	0.00	0.45	0.00	0.42	0.00
SD	1.00	0.39	0.94	0.45	0.71	0.37
Standardfehler						
M	0.27	0.02	0.26	0.02	0.23	0.02
SD	0.07	0.00	0.06	0.00	–	–
Infit						
M	0.98	0.99	0.96	0.98	–	–
SD	0.97	0.03	0.97	0.08	–	–
Outfit						
M	0.98	0.98	0.96	0.96	0.76	0.76
SD	0.97	0.04	0.97	0.06	0.79	0.05
Separationsstatistiken						
Separationsindex	3.01	21.76	2.95	25.38	2.85	18.80
Klassenseparation	4.35	29.35	4.27	34.17	4.13	25.40
Separationsreliabilität	0.90	1.00	0.90	1.00	0.89	1.00

Anmerkung: PCM = Partial-Credit-Modell. RSM = diskretes Ratingskalen-Modell. CRSM = kontinuierliches Ratingskalen-Modell. Striche in der CRSM-Spalte geben an, dass die betreffenden Statistiken vom CRSM-Programm nicht berechnet werden.

---

[5] Alle Berechnungen auf der Grundlage des PCM bzw. des RSM wurden mittels des Programms WINSTEPS (Version 3.37; Linacre, 2002a) durchgeführt. Für Berechnungen auf der Grundlage des CRSM wurde auf das gleichnamige Programm (Version 1.3; vgl. Müller, 1999, S. 177) zurückgegriffen.

Jedes der drei Modelle kalibriert Pbn und Texte auf einer gemeinsamen linearen Skala, d.h. der Logitskala. Daher sind die in Tabelle 1 zu den Pbn und Texten aufgeführten Werte der summarischen Statistiken direkt miteinander vergleichbar. Die ersten beiden Statistiken beziehen sich auf die Logits der Personenfähigkeiten bzw. Itemschwierigkeiten und geben die jeweiligen Mittelwerte und Standardabweichungen an. Dabei ist zu beachten, dass die Itemschwierigkeiten zentriert wurden, um den Nullpunkt der Skala festzulegen. Ferner wurde (wie im CRSM-Manual empfohlen) zur Parameterschätzung nach dem CRSM die Länge der Ratingskala mit $d = 21$ (d.h. $d =$ Anzahl der diskreten Kategorien) festgelegt, um einen direkten Vergleich zwischen den CRSM-Ergebnissen einerseits und den Ergebnissen nach den diskreten Testmodellen PCM und RSM andererseits zu ermöglichen. Die numerische Größenordnung der CRSM-Parameterwerte ist damit allerdings eine andere als in den Arbeiten von Arras, Eckes & Grotjahn (2002) und Eckes & Grotjahn (2006).

Die mittleren Logitwerte für die Pbn liegen bei allen drei Modellen auf einem ähnlichen Niveau. Entsprechendes lässt sich über die zweite Rasch-Statistik von Tabelle 1, den Standardfehler, sagen. Als Maß der Genauigkeit der Parameterschätzungen liefert diese Statistik wichtige Hinweise darauf, wie verlässlich die Schätzungen der einzelnen Personen bzw. Itemparameter im Durchschnitt sind. Die nach dem CRSM geschätzten Parameter sind mit einem etwas geringeren Fehler behaftet als die Schätzungen nach den anderen Modellen.

Die beiden nächsten Statistiken, Infit und Outfit, beziehen sich (wie oben ausführlicher dargestellt) auf das Ausmaß, in dem die Daten vom jeweiligen Modell vorhergesagt werden bzw. mit den Annahmen des jeweiligen Modells übereinstimmen. Da es sich bei den in Tabelle 1 angegebenen Werten um Durchschnittswerte handelt, sollten Infit und Outfit nahe bei ihrem statistischen Erwartungswert von 1.0 liegen. Das ist bei den beiden diskreten Modellen der Fall, nicht aber beim CRSM. Hier liegt das Outfit-Mittel unter dem Erwartungswert (Infit-Werte werden vom CRSM-Programm nicht berechnet). Mit anderen Worten, im Durchschnitt ist die Varianz in den C-Test-Daten (bei Pbn wie Texten) um 24% geringer als nach dem CRSM zu erwarten wäre. Dieser Umstand könnte darauf zurückzuführen sein, dass das Modell kontinuierliche Daten annimmt, tatsächlich aber nur diskrete Daten vorliegen.[6]

---

[6] Eine andere Ursache für die beobachteten Abweichungen mag in den zur Parameterschätzung verwendeten Algorithmen liegen. Während das CRSM-Programm nach der bedingten Maximum-Likelihood-Methode vorgeht, kommt bei WINSTEPS die unbedingte Maximum-Likelihood-Methode zum Einsatz (vgl. Linacre, 2002a, S. 17; Müller, 1999, S. 119–127; Wright & Masters, 1982, S. 72–77, 85–89).

Die letzten drei Statistiken liefern Informationen über die Differenzierungsfähigkeit des C-Tests hinsichtlich der Fähigkeit der Pbn bzw. der Schwierigkeit der Texte. Der Separationsindex ist ein Maß für die Streubreite der Logitwerte (personen- oder itembezogen) relativ zu ihrer Genauigkeit. Im Hinblick auf die Pbn gibt der Separationsindex an, wie verlässlich zwischen ihnen anhand der Fähigkeitsmaße unterschieden werden kann. Werden die Texte betrachtet, so gibt dieser Index den Grad ihrer Unterscheidbarkeit anhand der Schwierigkeitsmaße an. Wie kaum anders zu erwarten, gelingt nach allen drei Modellen die Differenzierung zwischen den Texten sehr viel besser als die zwischen den Pbn.

Ein vergleichsweise anschaulicher Index ist die Klassenseparation. Dieser Index wird auf der Basis des Separationsindex berechnet und gibt die Anzahl der statistisch reliabel unterscheidbaren Klassen von Pbn bzw. Texten an. Ein Wert von 4.35, wie er für die Pbn nach dem PCM resultiert, besagt danach, dass sich die Stichprobe von Pbn in etwas mehr als 4 statistisch signifikant voneinander getrennte Klassen einteilen lässt. Die nach den beiden übrigen Modellen ermittelten Werte der Klassenseparation lassen den gleichen Schluss zu. Im Falle der Texte nimmt die Klassenseparation Werte zwischen 25 (nach dem CRSM) und 34 (nach dem RSM) an. Damit wird ausgedrückt, dass die C-Test-Texte gemessen an der Genauigkeit ihrer Schwierigkeitsmaße extrem klar voneinander separiert sind; es könnten über 20 weitere Texte dem C-Test hinzugefügt werden, ohne dass es zu Einbußen an Differenzierungsfähigkeit zwischen ihnen käme.

Der Index der Separationsreliabilität erfasst (analog zur klassischen Testreliabilität) die Genauigkeit, mit der die Fähigkeits- bzw. Schwierigkeitsmaße voneinander unterschieden werden können. Für die Fähigkeitsmaße liegen die Reliabilitätswerte nach allen drei Modellen auf einem fast identischen, sehr hohen Niveau. Im Hinblick auf die Texte ist die Reliabilität derart hoch, dass zwei Dezimalstellen nicht ausreichen, um die empirisch an sich nicht realisierbare maximale Reliabilität von 1.0 zu unterschreiten.

Insgesamt geben die in Tabelle 1 wiedergegebenen Werte der Rasch-Statistiken erste Hinweise darauf, dass es anhand des hier betrachteten C-Tests auf sehr hohem Niveau der Genauigkeit möglich ist, Pbn hinsichtlich ihrer Fähigkeit und Texte hinsichtlich ihrer Schwierigkeit zu messen. Die Unterschiede zwischen den Rasch-Modellen sind dabei vernachlässigbar gering. Als einzige Ausnahme ist die gegenüber der Erwartung des CRSM reduzierte Varianz in den C-Test-Daten zu erwähnen. Aber selbst hierbei bewegen sich die standardisierten Residuen im Durchschnitt deutlich oberhalb der unteren kritischen Grenze von 0.5.

6.2. Skalierung der C-Test-Texte

Eine differenzierte Darstellung der Ergebnisse zur Skalierung der vier C-Test-Texte nach den drei Rasch-Modellen gibt Tabelle 2.

Tabelle 2: Schätzungen der Itemparameter nach drei verschiedenen Rasch-Modellen

Text	Score	β	SE	Infit	Outfit	Adj. λ
Partial-Credit-Modell						
Text 1	12575	−0.56	0.02	1.01	1.05	—
Text 2	10593	−0.07	0.02	0.99	0.95	—
Text 3	9837	0.11	0.02	1.02	0.99	—
Text 4	8521	0.52	0.02	0.94	0.94	—
Diskretes Ratingskalen-Modell						
Text 1	12575	−0.69	0.02	1.04	1.02	—
Text 2	10593	−0.04	0.02	1.06	1.00	—
Text 3	9837	0.18	0.02	0.98	0.96	—
Text 4	8521	0.55	0.02	0.86	0.87	—
Kontinuierliches Ratingskalen-Modell						
Text 1	12575	−0.49	0.02	—	0.79	1.55
Text 2	10593	−0.03	0.02	—	0.78	1.39
Text 3	9837	0.12	0.02	—	0.77	1.57
Text 4	8521	0.41	0.02	—	0.69	1.81

Anmerkung: *SE* = Standardfehler. Adj. λ = adjustierter Dispersionsparameter (liefert eine grobe Schätzung des itemspezifischen Parameters; vgl. Göbel, Müller & Moosbrugger, 1999). Die Infit-Statistik wird vom CRSM-Programm nicht berechnet. Das PCM und das RSM liefern modellgemäß keine (adjustierten) λ-Werte.

In der zweiten Spalte ist der jeweilige beobachtete Summenwert (über alle 843 Pbn) angegeben. Die Werte des Itemparameters β (Spalte 3) zeigen die erwartete bzw. angestrebte Abstufung der Textschwierigkeiten: Text 1 ist der leichteste, Text 2 der zweitleichteste usw.[7] Im Vergleich der drei Rasch-Modelle

---

[7] Im Falle des PCM wurden die β-Werte durch Mittelung der jeweiligen Schwellenparameter berechnet.

sind die Schätzungen dieses Parameters in hohem Maße ähnlich; zudem sind die Werte des Standardfehlers (*SE*) identisch und sehr niedrig. Die nach dem PCM und dem RSM ermittelten Fit-Statistiken verweisen eindeutig auf Modellkonformität: Es gibt nur geringfügige Abweichungen vom Erwartungswert 1.0. Modellkonformität lässt sich auch für das CRSM konstatieren, da die adjustierten λ-Werte alle über 0 liegen, d.h., es ist der reguläre Fall des Modells gegeben.[8] Zudem sind die adjustierten λ-Werte etwa gleich groß, sodass die Modellannahme eines für alle Items konstanten Dispersionsparameters aufrechterhalten werden kann (der nichtadjustierte, itemunabhängige Parameterwert beläuft sich auf 1.57; *SE* = 0.16).

Wie schon weiter oben erwähnt, liefern die hier verwendeten Rasch-Modelle eine gemeinsame Skalierung von Pbn und Texten auf der Logitskala. Das Programm WINSTEPS (Linacre, 2002a) erzeugt eine grafische Darstellung der nach dem PCM bzw. RSM resultierenden gemeinsamen Verteilung von Parameterwerten (das Programm zum CRSM verzichtet auf eine solche Darstellung). Diese Verteilung ist für das PCM in der linken Hälfte und für das RSM in der rechten Hälfte von Abbildung 1 wiedergegeben (ein Sternchen steht für 6 Pbn, ein Punkt für 1 bis 5 Pbn).

Es ist anhand dieser Darstellung gut zu erkennen, dass der C-Test (wie schon die Separationsstatistiken gezeigt haben) eine hohe Differenzierungsfähigkeit besitzt: Die Texte sind für die meisten Pbn weder zu leicht noch zu schwer. Zu leichte Texte wären relativ zu den Fähigkeitsschätzungen entlang der Logitskala nach unten verschoben; zu schwere Texte wären entsprechend nach oben verschoben. Wäre im oberen Abschnitt des Leistungsspektrums eine noch genauere Unterscheidung gewünscht, so käme nach den Ergebnissen dieser Skalierung am ehesten die Hinzunahme von Texten in Betracht, die etwas schwieriger als Text 4 sind. Sowohl die Parameterschätzungen nach dem PCM als auch jene nach dem RSM legen dies nahe.

Ganz allgemein liefert ein Text (oder ein Item) am meisten Information über die Fähigkeit einer Person, wenn die Differenz aus Schwierigkeitsschätzung und Fähigkeitsschätzung (in Logits) gleich Null ist, d.h., wenn der Text hinsichtlich seiner Schwierigkeit zur Ausprägung der Personenfähigkeit „passt". Im Fall von dichotomen Items entspricht dies einer Lösungswahrscheinlichkeit von 50% (siehe Abschnitt 4.2).

---

[8] Es handelt sich um λ-Werte, die mit $d = 21$ multipliziert wurden; damit lässt sich auf einfache Weise die Breite der Schwellenintervalle bestimmen (die Breite beträgt allgemein $2\lambda d$).

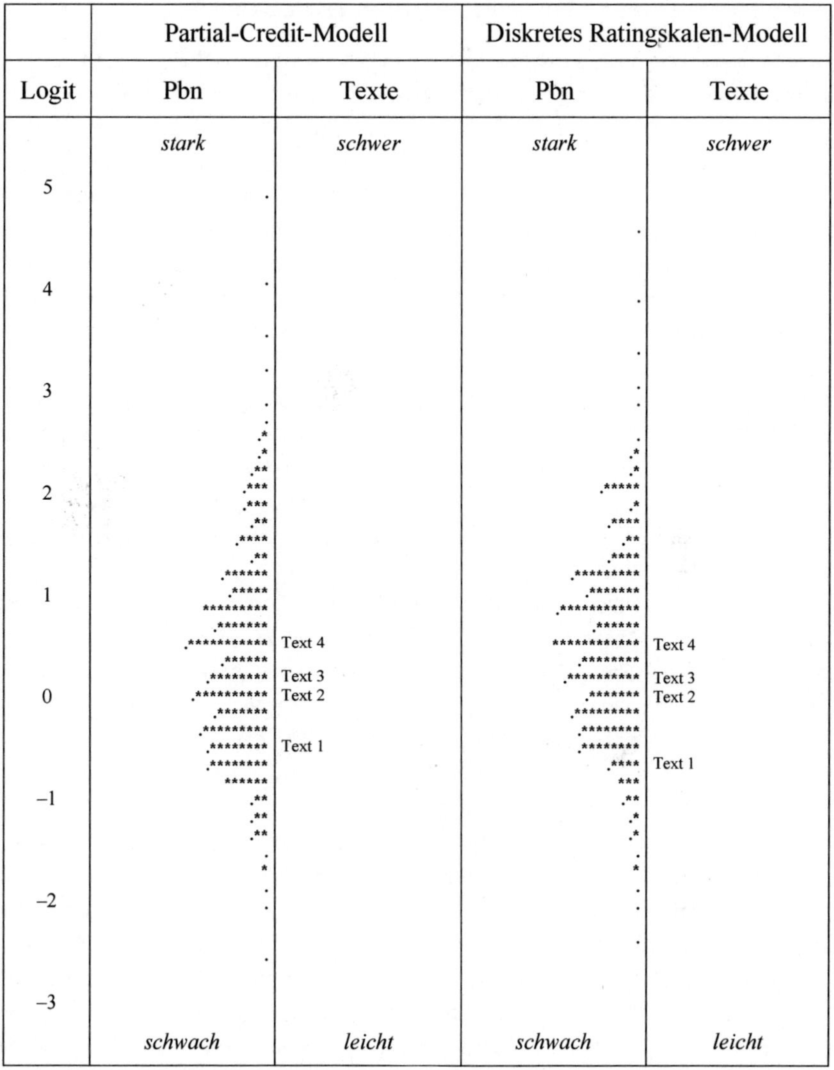

Logit	Partial-Credit-Modell		Diskretes Ratingskalen-Modell	
	Pbn	Texte	Pbn	Texte
	stark	*schwer*	*stark*	*schwer*
5	.		.	
4	.		.	
3	.		.	
2	.* .* .** .*** .*** .** .**** .**		.* .***** .* .**** .** .****	
1	.***** .***** ********** .****** .*********** .******		.********* .******* .*********** .******	
0	.********* .******** .********** .******* .******** .******** .******** ******	Text 4 Text 3 Text 2 Text 1	.*********** .******* .********** .****** .******** .******** .**** ***	Text 4 Text 3 Text 2 Text 1
−1	.** .** .**		.** .* .*	
−2	* . .		* . .	
−3	*schwach*	*leicht*	*schwach*	*leicht*

Abbildung 1: Gemeinsame Darstellung von Fähigkeiten der Pbn und Schwierigkeiten der Texte nach dem Partial-Credit-Modell und dem diskreten Ratingskalen-Modell, jeweils ausgedrückt in Einheiten der Logitskala (in Spalten 2 und 4 steht ein Sternchen für 6 Pbn, ein Punkt für 1 bis 5 Pbn).

6.3. Struktur des C-Tests im Partial-Credit-Modell

Wie weiter oben ausgeführt, liefert das PCM itemspezifische Schätzungen der Schwellenparameter, d.h., für jede Schwelle wird bei jedem Item ein neuer Parameter bestimmt. Da bei einem C-Test mit einer höheren Punktzahl pro Item eine größere Ausprägung der Fähigkeit verbunden sein sollte, wäre bei einer vollkommen modellkonformen Anordnung der Schwellenparameter entlang des latenten Kontinuums zu erwarten, dass die Parameterwerte von einer Antwortkategorie (bzw. Punktzahl) zur nächsten größer werden.

Die Tabellen 3 bis 6 fassen die Ergebnisse zu den itemspezifischen Schätzungen der Schwellenparameter nach dem PCM für die C-Test-Texte 1 bis 4 zusammen.

In der ersten Spalte sind die aufgetretenen Punktzahlen oder Itemwerte aufgelistet. Die zweite Spalte gibt die Auftretenshäufigkeit der einzelnen Itemwerte wieder. So sind z.B. bei Text 1 die Itemwerte 0 und 1 überhaupt nicht vorgekommen, der Itemwert mit der größten Auftretenshäufigkeit (d.h. der Modalwert) ist 17. Bei Text 4 dagegen ist der Itemwert 0 immerhin 12mal beobachtet worden, der Modalwert beträgt 10.

Der beobachtete Durchschnitt in Spalte 3 ist definiert als der Durchschnitt der Person- und Item-Maße (Logitwerte), anhand derer das PCM die in den einzelnen Kategorien beobachteten Antworten vorhersagt. Diese durchschnittlichen Maße sollten von einer Kategorie zur nächsten ansteigen. Verletzungen dieser Modellerwartung sind in der Spalte mit einem Sternchen markiert. Es ist zu erkennen, dass der erste Text 2, der zweite Text 1, der dritte Text 4 und der vierte Text 0 Verletzungen dieser Erwartung aufweisen.

Infit und Outfit sind die mit den Antworten in jeder Kategorie verbundenen Fit-Statistiken. Die Werte beider Statistiken liegen über alle vier Texte hinweg fast ausnahmslos innerhalb der Grenzen von 0.5 und 1.5. Von den Ausnahmen betroffen sind überwiegend jene Kategorien, die eine geringe Antworthäufigkeit aufweisen und daher keine stabile Schätzgrundlage bieten (z.B. Kategorie 2 in Text 3 mit einer Häufigkeit von 5 und den mit Abstand höchsten Infit- und Outfit-Werten). Dies verweist auf ein grundsätzlicheres Problem des PCM: Wenn bestimmte Antwortkategorien bei einem Item nur relativ selten auftreten, sind die darauf basierenden Parameterschätzungen nicht hinreichend verlässlich. Die Diskussion greift diesen Punkt wieder auf.

In der sechsten Spalte sind die Parameterwerte für die Schwellen angegeben. Da es zur niedrigsten Antwortkategorie keinen Übergang gibt, fehlt entsprechend die Parameterschätzung. Für Text 1 ergibt sich z.B. ein Schwellenparameter von –2.59, d.h., genau an dieser Stelle auf dem latenten Kontinuum liegt der Übergang von Kategorie 2 zu Kategorie 3. Folgen alle Kategorienübergänge in perfekter Weise den Modellannahmen, dann steigen die Parameterwerte von einer Kategorie zur nächsten monoton an. Verletzungen dieser Erwartung sind in der Spalte für den Schwellenparameter mit einem Sternchen markiert. Daraus ist ersichtlich, dass sich im Falle von Text 1 die Schwellen zwischen Kategorien 7 und 8, 9 und 10, 12 und 13 sowie 14 und 15 anders verhalten als erwartet. Bei Text 2 sind hiervon sechs Schwellen, bei Text 3 sieben und bei Text 4 wieder sechs Schwellen betroffen.

Tabelle 3: Partial-Credit-Analyse der kategorialen Struktur von Text 1

Itemwert	Häufigkeit	beob. Durchschnitt	Infit	Outfit	Schwellenparameter
2	1	−1.67	0.95	0.95	—
3	4	−1.92*	0.59	0.60	−2.59
4	5	−1.38	1.33	1.38	−1.26
5	7	−1.36	0.84	0.78	−1.21
6	9	−1.30	0.61	0.56	−0.97
7	10	−1.03	1.06	1.05	−0.68
8	14	−0.74	1.59	1.97	−0.77*
9	20	−0.87*	0.67	0.62	−0.66
10	33	−0.71	0.83	0.74	−0.68*
11	45	−0.53	1.00	0.95	−0.36
12	46	−0.35	1.16	1.06	0.06
13	64	−0.26	1.20	1.39	−0.11*
14	60	−0.12	0.75	0.84	0.46
15	80	0.07	1.08	0.86	0.31*
16	96	0.50	1.11	1.29	0.66
17	126	0.86	0.71	1.00	0.85
18	111	1.01	1.29	1.20	1.60
19	75	1.42	1.11	1.09	2.28
20	37	2.23	0.95	0.95	3.09

Anmerkung: Sternchen (*) zeigen eine Verletzung der Monotonieforderung an.

Tabelle 4: Partial-Credit-Analyse der kategorialen Struktur von Text 2

Itemwert	Häufigkeit	beob. Durchschnitt	Infit	Outfit	Schwellenparameter
0	8	−1.44	1.75	1.57	—
1	12	−1.37	1.17	1.12	−1.82
2	6	−1.05	2.07	2.15	−0.56
3	8	−1.24*	0.83	0.92	−1.40*
4	15	−1.00	0.83	0.81	−1.61*
5	14	−0.78	1.52	1.59	−0.79*
6	23	−0.75	0.85	0.78	−1.24*
7	21	−0.74	1.04	0.93	−0.54
8	35	−0.63	0.93	0.85	−1.03*
9	48	−0.41	0.87	0.91	−0.72*
10	59	−0.18	1.25	1.26	−0.48
11	72	−0.10	0.95	1.00	−0.33
12	64	0.00	0.95	0.87	0.16
13	69	0.19	0.85	0.79	0.16
14	63	0.53	0.63	0.71	0.53
15	74	0.65	0.99	0.84	0.50
16	75	1.00	0.89	0.86	0.89
17	71	1.28	0.95	0.94	1.24
18	60	1.63	1.02	1.04	1.67
19	28	2.14	0.66	0.81	2.62
20	18	2.51	0.79	0.92	2.74

Anmerkung: Sternchen (*) zeigen eine Verletzung der Monotonieforderung an.

Tabelle 5: Partial-Credit-Analyse der kategorialen Struktur von Text 3

Itemwert	Häufigkeit	beob. Durchschnitt	Infit	Outfit	Schwellenparameter
0	8	−1.49	1.58	1.62	—
1	8	−1.43	0.88	0.87	−1.62
2	5	−0.73	3.55	4.17	−0.98
3	9	−1.10*	0.78	0.74	−1.87*
4	14	−1.12*	0.80	0.92	−1.57*
5	30	−0.77	1.17	1.20	−1.75*
6	36	−0.80*	0.67	0.62	−1.04*
7	40	−0.55	0.79	0.77	−0.84
8	32	−0.44	0.71	0.68	−0.38
9	57	−0.27	0.93	0.92	−1.04*
10	77	−0.09	0.79	0.81	−0.61
11	76	0.11	1.16	1.16	−0.11
12	74	0.26	0.81	0.75	0.10
13	80	0.45	1.24	1.10	0.21
14	58	0.78	1.14	1.06	0.83
15	70	0.98	0.73	0.72	0.56*
16	58	1.28	1.33	1.17	1.20
17	48	1.56	1.15	1.13	1.49
18	26	1.89	0.58	0.62	2.21
19	27	2.37	1.20	1.13	1.87*
20	10	2.34*	1.62	1.43	3.33

Anmerkung: Sternchen (*) zeigen eine Verletzung der Monotonieforderung an.

Tabelle 6: Partial-Credit-Analyse der kategorialen Struktur von Text 4

Itemwert	Häufigkeit	beob. Durchschnitt	Infit	Outfit	Schwellenparameter
0	12	−1.51	0.80	0.87	—
1	9	−1.31	0.79	0.81	−1.57
2	20	−1.09	0.72	0.71	−2.46*
3	23	−0.96	0.94	1.00	−1.62*
4	22	−0.85	0.45	0.41	−1.29
5	41	−0.60	0.80	0.75	−1.81*
6	54	−0.41	1.11	1.13	−1.33
7	60	−0.26	0.94	0.95	−1.02
8	53	−0.19	0.86	0.85	−0.64
9	61	0.05	0.99	1.02	−0.73*
10	86	0.22	0.87	0.87	−0.74*
11	75	0.37	1.06	1.00	−0.05
12	71	0.62	0.89	0.87	0.08
13	68	0.98	1.08	1.02	0.29
14	53	1.17	0.90	0.92	0.74
15	45	1.33	1.29	1.27	0.91
16	28	1.63	1.03	1.02	1.49
17	26	2.04	0.73	0.79	1.34*
18	21	2.11	1.21	1.11	1.74
19	13	2.47	1.40	1.28	2.34
20	2	4.19	0.25	0.62	4.33

Anmerkung: Sternchen (*) zeigen eine Verletzung der Monotonieforderung an.

6.4. Struktur des C-Tests im diskreten Ratingskalen-Modell

Das RSM stützt sich auf die Annahme einer für alle Items eines Tests identischen kategorialen Struktur, d.h., die Items unterscheiden sich allein in ihrer allgemeinen Schwierigkeit, nicht aber in den Abständen zwischen den einzelnen Schwellen. Schwierigere Items sind entlang des latenten Kontinuums nach oben, leichtere Items nach unten verschoben, die jeweiligen Schwellenabstände jedoch bleiben hiervon unberührt. Die Schwellenabstände sind gegenüber dieser Translation invariant.

Tabelle 7 fasst die Ergebnisse der RSM-Analyse zur kategorialen Struktur des C-Tests zusammen.

Die Häufigkeiten der Itemwerte in Tabelle 7 ergeben sich einfach aus der Addition der Häufigkeiten der Itemwerte über alle vier Texte in den Tabellen 3 bis 6. Allzu niedrige Kategoriehäufigkeiten, die noch die Parameterschätzungen nach dem PCM stark beeinflusst haben, sind daher kaum ein Problem für die vorliegende Anwendung des RSM.

Die Werte des beobachteten Durchschnitts steigen monoton von der niedrigsten Kategorie bis zur höchsten Kategorie an. Infit- und Outfit-Werte liegen insgesamt sehr nahe am Erwartungswert von 1.0. Lediglich die Fitwerte für die Kategorien 0 und 2 übersteigen den oberen Grenzwert von 1.5. Die Parameterwerte für die Schwellen zeigen an vier Stellen eine Abweichung von der Annahme eines monotonen Anstiegs. Allerdings fallen diese Abweichungen vergleichsweise niedrig aus.

Tabelle 7: Analyse der kategorialen Struktur des C-Tests nach dem diskreten Ratingskalen-Modell

Itemwert	Häufigkeit	beob. Durchschnitt	Infit	Outfit	Schwellenparameter
0	28	−1.75	1.72	1.58	—
1	29	−1.54	1.41	1.38	−1.78
2	32	−1.31	1.76	1.79	−1.63
3	44	−1.31	0.94	1.01	−1.64*
4	56	−1.10	0.98	1.02	−1.38
5	92	−0.86	1.17	1.15	−1.46*
6	122	−0.76	0.92	0.91	−1.09
7	131	−0.58	0.92	0.90	−0.72
8	134	−0.44	1.00	1.03	−0.52
9	186	−0.26	0.90	0.89	−0.66*
10	255	−0.07	0.91	0.89	−0.48
11	268	0.09	1.03	0.99	−0.03
12	255	0.26	0.90	0.82	0.25
13	281	0.46	1.06	1.03	0.29
14	234	0.69	0.80	0.80	0.76
15	269	0.85	0.92	0.82	0.65*
16	257	1.17	0.98	1.00	1.06
17	271	1.49	0.77	0.87	1.21
18	218	1.69	0.96	0.97	1.76
19	143	2.09	0.96	0.97	2.31
20	67	2.67	0.95	0.98	3.10

Anmerkung: Sternchen (*) zeigen eine Verletzung der Monotonieforderung an.

6.5. Prüfung der Parameterinvarianz

Eine zentrale Annahme von Rasch-Modellen besagt, dass die Parameterwerte für beliebige Teilgruppen, die aus einer modellkonformen Population stammen, bis auf Zufallsschwankungen identisch sind. Wie im Abschnitt zur Kontrolle der Modellgeltung ausgeführt, gibt es eine Reihe von Möglichkeiten, diese Annahme zu überprüfen. Eine erste ist der grafische Modelltest, anhand dessen die Parameterwerte für zwei Teilgruppen von Pbn in einem bivariaten Streudiagramm einander gegenübergestellt werden.

Als ein erster Zugang zu dieser Art von Modellprüfung wurde die Gesamtgruppe von 843 Pbn am Median der Gesamtleistung im C-Test in etwa zwei gleich große Gruppen geteilt. Der Median lag bei 51 Punkten, sodass alle Pbn mit einer niedrigeren Gesamtpunktzahl der einen Teilgruppe zugewiesen wurden (leistungsschwache Gruppe, $N = 412$); alle Pbn mit einer Gesamtpunktzahl von mindestens 51 bildeten die andere Teilgruppe (leistungsstarke Gruppe, $N = 431$).

Abbildungen 2 bis 4 geben die resultierenden Diagramme wieder. Dabei sind die Schätzungen der Schwierigkeitsparameter innerhalb der leistungsschwachen Gruppe auf der Abszisse, die entsprechenden Schätzungen innerhalb der leistungsstarken Gruppe auf der Ordinate abgetragen.

Die Texte sind in den Abbildungen mit „T1" bis „T4" bezeichnet. Ist ein Text-Kürzel unterstrichen, dann sind die jeweiligen Parameterschätzungen signifikant verschieden voneinander (vgl. auch Tab. 8). So ist leicht zu erkennen, dass die Parameterwerte für die beiden Teilgruppen im Falle des PCM deutlich voneinander abweichen: Die Punkte liegen weit von der Winkelhalbierenden entfernt. Dies betrifft insbesondere Text 4. Ein klar höheres Maß an Übereinstimmung liegt im Falle des RSM vor. Eine nochmals verbesserte Übereinstimmung resultiert für die Parameterschätzungen nach dem CRSM.

In Tabelle 8 sind die für beide Teilgruppen berechneten Logits (d.h. die Schwierigkeitsschätzungen für die einzelnen Texte in Einheiten der Logitskala) zusammen mit ihren jeweiligen Standardfehlern aufgeführt.

Der approximative t-Test unterstreicht den visuellen Eindruck von Abbildungen 2 bis 4: Die gruppenspezifischen Schätzungen nach dem PCM unterscheiden sich für alle vier Texte signifikant voneinander. Im Falle des RSM betrifft dies noch drei der vier Texte. Nur bei Anwendung des CRSM sind die Schätzwerte bei keinem einzigen Text überzufällig verschieden.

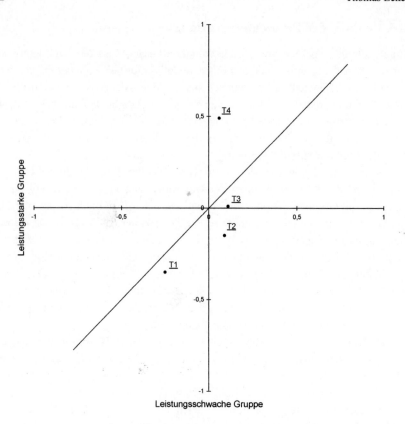

Abbildung 2: Grafischer Modelltest für das Partial-Credit-Modell

Rasch-Modelle zur C-Test-Skalierung

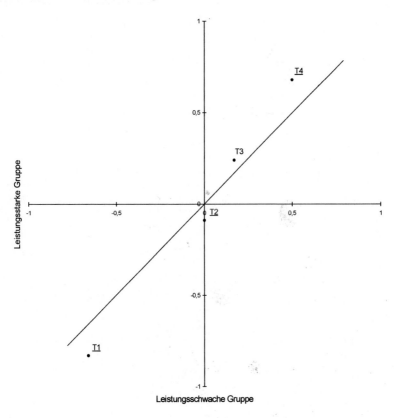

Abbildung 3: Grafischer Modelltest für das diskrete Ratingskalen-Modell

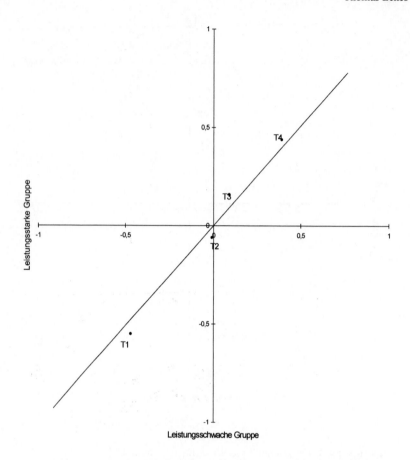

Abbildung 4: Grafischer Modelltest für das kontinuierliche Ratingskalen-Modell

Tabelle 8: Vergleich der Schätzungen der Itemparameter (Logits) für zwei Teilgruppen von Pbn mit niedriger bzw. hoher Gesamtleistung im C-Test

C-Test-Text	PCM		RSM		CRSM	
	niedrig	hoch	niedrig	hoch	niedrig	hoch
Text 1						
Logit	$-.25_a$	$-.35_b$	$-.66_a$	$-.83_b$	$-.47_a$	$-.55_a$
SE	.02	.04	.02	.04	.03	.04
Text 2						
Logit	$.09_a$	$-.15_b$	$.00_a$	$-.09_b$	$-.01_a$	$-.06_a$
SE	.02	.03	.02	.03	.02	.03
Text 3						
Logit	$.11_a$	$.01_b$	$.17_a$	$.24_a$	$.09_a$	$.16_a$
SE	.02	.03	.02	.03	.02	.03
Text 4						
Logit	$.06_a$	$.49_b$	$.50_a$	$.68_b$	$.39_a$	$.44_a$
SE	.02	.03	.02	.03	.03	.03

Anmerkung: PCM = Partial-Credit-Modell. RSM = diskretes Ratingskalen-Modell. CRSM = kontinuierliches Ratingskalen-Modell. Innerhalb eines Modells sind für einen gegebenen Text die Logits mit ungleichem Subskript statistisch signifikant verschieden voneinander ($p < .05$).

Die Bildung von Teilgruppen auf der Grundlage der Gesamtleistung von Pbn in einem gegebenen Test mit anschließendem Vergleich der separat ermittelten Parameterwerte liefert noch keine ausreichende Basis zur abschließenden Beurteilung der Güte eines Rasch-Modells. So ist etwa kritisiert worden, dass derartige Tests zu wenig sensitiv gegenüber substanziellen Modellabweichungen sind (Stelzl, 1979). Einem Vorschlag von Molenaar (1983) folgend wurde daher als ein weiterer Zugang zur Modellgeltungskontrolle die Splitter-Item-Technik gewählt. Da aber der hier betrachtete C-Test nur vier Items enthält und diese Technik impliziert, dass die Parameterschätzungen lediglich für die restlichen drei Items miteinander verglichen werden können, sind die nachfolgend berichteten Ergebnisse zu diesem Modelltest mit der nötigen Vorsicht zu interpretieren.

Als Splitter-Item wurde wegen seiner günstigen psychometrischen Qualität (vgl. Tab. 2) Text 2 ausgewählt. Der Median der Punkteverteilung für dieses Item belief sich auf 13. Wie zuvor wurden Pbn mit einem niedrigeren Punktwert der einen Teilgruppe ($N = 385$) und Pbn mit einem Punktwert von 13 oder höher der anderen Teilgruppe ($N = 458$) zugewiesen. Die nach den drei Rasch-Modellen für beide Teilgruppen geschätzten Parameter der Texte 1, 3 und 4 sind in Tabelle 9 dargestellt.

Tabelle 9: Vergleich der Schätzungen der Itemparameter (Logits) für zwei Teilgruppen von Pbn mit niedriger bzw. hoher Leistung in Text 2

C-Test-Text	PCM		RSM		CRSM	
	niedrig	hoch	niedrig	hoch	niedrig	hoch
Text 1						
Logit	$-.40_a$	$-.24_b$	$-.74_a$	$-.91_b$	$-.47_a$	$-.54_a$
SE	.03	.03	.03	.03	.03	.04
Text 3						
Logit	$.07_a$	$-.06_b$	$.16_a$	$.24_a$	$.08_a$	$.14_a$
SE	.03	.03	.03	.03	.02	.03
Text 4						
Logit	$.32_a$	$.30_a$	$.58_a$	$.67_b$	$.40_a$	$.40_a$
SE	.03	.03	.03	.03	.03	.03

Anmerkung: PCM = Partial-Credit-Modell. RSM = diskretes Ratingskalen-Modell. CRSM = kontinuierliches Ratingskalen-Modell. Innerhalb eines Modells sind für einen gegebenen Text die Logits mit ungleichem Subskript statistisch signifikant verschieden voneinander ($p < .05$).

Die Ergebnisse dieses zweiten Tests der Invarianzannahme stimmen fast vollkommen mit denen des ersten Tests überein (auf eine grafische Darstellung wird daher verzichtet). Wieder sind nur die nach dem CRSM geschätzten Itemparameter für beide Gruppen bis auf Zufallsschwankungen gleich. Und wieder erweisen sich die nach dem RSM geschätzten Parameter für die Texte 1 und 4 als überzufällig verschieden. Die einzige Abweichung vom Ergebnis des ersten Modelltests besteht darin, dass nunmehr zwischen den beiden PCM-Parameterschätzungen für Text 4 keine signifikante Differenz besteht.

6.6. Parameterschätzung und C-Test-Scores

Zum Schluss dieser Rasch-Analysen sei ein Blick auf die korrelativen Zusammenhänge zwischen den Schätzungen für die Personenparameter einerseits und den C-Test-Scores, d.h. den Testrohwerten, andererseits geworfen. Tabelle 10 enthält die entsprechenden Produkt-Moment-Korrelationen.

Tabelle 10: Korrelationen zwischen Schätzungen der Personenparameter und C-Test-Scores

	PCM	RSM	CRSM	C-Test-Score	M	SD
PCM	—	.998	.989	.971	0.36	1.00
RSM		—	.994	.981	0.45	0.94
CRSM			—	.974	0.42	0.70
Score				—	49.26	14.58

Anmerkung: PCM = Partial-Credit-Modell. RSM = diskretes Ratingskalen-Modell. CRSM = kontinuierliches Ratingskalen-Modell. Alle Korrelationen sind statistisch hochsignifikant ($p < .001$).

Obwohl die vergleichende Betrachtung der drei Rasch-Modelle mittels Modelltests im Detail erhebliche Unterschiede ans Licht gebracht hat, liegen die Korrelationen zwischen den jeweiligen Parameterschätzungen auf einem insgesamt äußerst hohen Niveau. Die höchste Einzelkorrelation besteht zwischen den Schätzungen nach dem PCM und dem RSM, was natürlich insofern nicht überrascht, als das RSM aus dem PCM unter der Annahme identischer Schwellenabstände ableitbar ist. Eher schon überraschend hoch sind die Korrelationen zwischen den CRSM-Schätzungen und den Schätzungen nach den beiden diskreten Rasch-Modellen PCM und RSM. Geringfügig niedriger fallen die Korrelationen zwischen den Parameterschätzungen und den C-Test-Scores aus. Mit Werten zwischen .97 und .98 erreichen diese Korrelationen allerdings eine Größenordnung, die nicht untypisch ist, sofern sorgfältig konstruierte Messinstrumente, wie es beim vorliegenden C-Test der Fall ist, zum Einsatz kommen (vgl. z.B. Embretson & Reise, 2000; Molenaar, 1997).

7. Zusammenfassung und Diskussion

C-Tests werden inzwischen in weit mehr als 20 Sprachen angeboten und haben in den letzten Jahren eine starke Ausweitung ihrer Einsatzgebiete erfahren, z.B. als Platzierungstests an Universitäten und anderen Bildungseinrichtungen, als Auswahlinstrument an Arbeitsämtern oder als Deutschleistungstest für Schulkinder der dritten und vierten Klassen, um nur einige zu nennen (vgl. für eine ausführliche Darstellung Grotjahn, Klein-Braley & Raatz, 2002). Nach neueren Forschungsergebnissen (Eckes & Grotjahn, im Druck) können C-Tests zudem als valide, eindimensionale Messinstrumente zu Erfassung der allgemeinen Sprachkompetenz gelten.

Vor dem Hintergrund ihres gewachsenen sprachdiagnostischen Stellenwerts und der zunehmenden Relevanz für die angewandte Forschung erscheint es dringlich, C-Tests auf eine methodisch tragfähige Basis zu stellen und neue Perspektiven für ihre psychometrische Analyse zu eröffnen. Die vorliegende Arbeit verfolgte das Ziel, mit der vergleichenden Analyse eines C-Tests durch drei verschiedene Item-Response-Modelle hierzu einen Beitrag zu leisten.

Die zur Analyse von C-Test-Daten eingesetzten Item-Response-Modelle gehörten zur Klasse der Rasch-Modelle. Ein zuvor sorgfältig konstruierter, im Kontext von mehreren TestDaF-Erprobungen entwickelter C-Test mit vier Texten, die jeweils 20 Lücken enthielten, wurde anhand des Partial-Credit-Modells (PCM; Masters, 1982), des diskreten Ratingskalen-Modells (RSM; Andrich, 1978) und des kontinuierlichen Ratingskalen-Modells (CRSM; Müller, 1987, 1999) analysiert. Die Ergebnisse lieferten Aufschluss darüber, wie gut die einzelnen Modelle für eine Auswertung von C-Test-Daten geeignet sind. Die Hauptergebnisse können in folgenden Punkten zusammengefasst werden.

(1) Die drei Modelle kamen bei der Analyse der Daten aus der Gesamtgruppe ($N = 843$) zu Schätzungen der Itemparameter, die auch in ihrer numerischen Höhe sehr gut übereinstimmten. Die Genauigkeit dieser Schätzungen lag auf einem konstant hohen Niveau. Im Hinblick auf die Pbn erreichte z.B. die Separationsreliabilität als globales Maß der Messgenauigkeit auf der Basis der diskreten Rasch-Modelle einen Wert von .90 und auf der Basis des kontinuierlichen Modells einen Wert von .89; hinsichtlich der Items lag die Reliabilität durchgängig bei 1.0.

(2) Die Partial-Credit-Analyse der kategorialen Struktur der vier C-Test-Texte lieferte Hinweise auf eine verringerte Schätzgenauigkeit bei nur schwach besetzten Antwortkategorien. Ferner ergaben sich bei allen Texten Abweichungen von der Modellerwartung monoton steigender Schwellenparameter. Dies dürfte aber bei einer typischen C-Test-Anwendung kaum ins Gewicht fallen, da die einzelnen, textspezifischen Schwellenparameter kaum je von Interesse sind. Auch bei der RSM-Analyse zeigten sich Modellabweichungen hinsichtlich der Ordnung der Schwellenparameter, aber diese Abweichungen bewegten sich auf einem deutlich niedrigeren Niveau als bei der Analyse nach dem PCM.

(3) Die Überprüfung der Modellannahme invarianter Parameterwerte lieferte klare Belege für eine geringe Invarianz der Schätzungen nach dem PCM, eine mäßige Invarianz nach dem RSM und eine hohe Invarianz nach dem CRSM. Sowohl die separate Ermittlung der Itemparameter für leistungsschwache und leistungsstarke Teilgruppen von Pbn als auch die Anwendung der Splitter-Item-Technik zur Kontrolle der Parameterinvarianz ließen keinen Zweifel daran, dass das CRSM beim Test dieser zentralen Annahme von Rasch-Modellen am besten abschnitt.

(4) Auch wenn die Modellgeltungskontrollen statistisch bedeutsame Unterschiede zwischen den drei Modellen aufzeigten, bewegten sich doch die Korrelationen zwischen den jeweiligen Schätzungen der Personenparameter einerseits und die Korrelationen zwischen diesen Schätzungen und den C-Test-Scores andererseits auf einem sehr hohen Niveau. Besondere Beachtung verdient hierbei die Korrelation von je .99 zwischen den Parameterschätzungen nach dem kontinuierlichen Rasch-Modell CRSM und den beiden diskreten Rasch-Modellen PCM und RSM. Aber auch die Korrelationen in der Größenordnung von .97 zwischen den geschätzten Fähigkeitsmaßen und der erzielten Anzahl von Punkten im C-Test sind bemerkenswert.

Die im letzten Punkt angesprochenen Korrelationen legen folgende Schlussfolgerungen nahe: (a) Die theoretische Verwandtschaft zwischen den drei Modellen ist so hoch, dass die nachgewiesenen Verletzungen der statistischen Modellannahmen (insbesondere die der Parameterinvarianz) bei der Schätzung der Personenparameter so gut wie nicht ins Gewicht fallen. Dies kann natürlich auch als ein Hinweis auf die Robustheit der untersuchten Modelle, vor allem des PCM und des RSM, im Hinblick auf Modellabweichungen interpretiert werden (vgl. Molenaar, 1997). (b) Der zu Vergleichszwecken herangezogene C-Test war von so hoher psychometrischer Qualität (vgl. Eckes & Grotjahn, 2006), dass die lokalen Modellabweichungen keinen substanziellen Einfluss auf die Parameterschätzungen nehmen konnten.

Als zentrales Ergebnis bleibt festzuhalten, dass nach den vorliegenden Erkenntnissen das CRSM sowohl dem PCM als auch dem RSM bei der Analyse von C-Tests überlegen ist. Abweichungen von den Annahmen des CRSM konnten – im Unterschied zu den beiden anderen Modellen – in keinem einzigen Fall beobachtet werden. Dabei ist zu berücksichtigen, dass die Daten nur quasi-kontinuierlich waren und insofern die Wahrscheinlichkeit von Modellverletzungen grundsätzlich als erhöht zu betrachten war.

Im Vergleich der beiden diskreten Rasch-Modelle ist nach den vorliegenden Ergebnissen dem RSM klar der Vorzug vor dem PCM zu geben. Das zentrale

Problem des PCM liegt in seiner „Überparametrisierung", d.h. darin, dass zusätzlich zu Item- und Personenparametern kategoriespezifische Schwellenparameter bestimmt werden. Hieraus folgen ein Schätzproblem und ein Interpretationsproblem: (a) Nur wenn die Anzahl der Pbn ausreichend hoch ist, können die Antworthäufigkeiten pro Kategorie bzw. Punktzahl die Grundlage für stabile Schätzungen der Schwellenparameter liefern. Die in der Regel große Anzahl von Kategorien bzw. Lücken eines C-Tests (zwischen 20 und 30) steht dem aber entgegen. (b) Die Schwellenparameter lassen sich im Falle von C-Tests nicht im gleichen Sinne wie bei üblichen Ratingskalen interpretieren, da die Schwellen selber nicht zu konkret dargebotenen Kategoriengrenzen gehören, d.h., die Position einer Lücke in einem gegebenen Text ist nicht a priori einer (postulierten) Schwierigkeitsstufe zugeordnet.

Allerdings ist zu beachten, dass das PCM als einziges der verglichenen Modelle C-Test-Texte mit unterschiedlicher Anzahl von Lücken zu skalieren erlaubt. Das RSM wie auch das CRSM setzen voraus, dass die zu analysierenden Texte alle die gleiche Lückenzahl aufweisen. Angesichts der hier aufgezeigten psychometrischen Vorzüge der letzten beiden Modelle erscheint es daher ratsam, C-Test-Texte mit unterschiedlicher Lückenzahl, falls möglich, so zu verlängern oder zu kürzen, dass die gleiche Anzahl von Lücken pro Text resultiert (vgl. auch Wright, 1998).

Ein Wermutstropfen in der positiven Gesamteinschätzung der Ergebnisse zum CRSM ist die (zumindest gegenwärtig) geringe Anwenderfreundlichkeit des Programms zur Implementierung dieses Modells. Während WINSTEPS (Linacre, 2002a) das PCM und das RSM mit einer Fülle von Eingabe- und Ausgabe-Optionen anzuwenden erlaubt, gibt sich das CRSM-Programm in dieser Hinsicht ausgesprochen spartanisch.

Schließlich sind die vorliegenden Ergebnisse ein Beleg für das große testanalytische Potenzial von Item-Response-Modellen. Die in der Einleitung angesprochenen allgemeinen Vorzüge wie auch die im Zuge der Ergebnisdarstellung aufgezeigten praktisch relevanten Eigenschaften von Rasch-Modellen lassen sich auch und gerade für die Analyse von C-Tests Gewinn bringend nutzen. Kalibrierung von Personen und C-Test-Texten auf einer gemeinsamen linearen Skala, Angaben zur Präzision der Schätzung von Personen- und Itemparametern, Berechnung von Fit-Statistiken, Durchführung von Residuenanalysen und Prüfung der Eindimensionalität, um nur einige Facetten der Modellanwendung zu nennen, eröffnen detaillierte Einblicke in die psychometrische Qualität von C-Tests, die nicht nur theoretische, sondern auch weitreichende praktische Bedeutung für den verantwortungsvollen Umgang mit C-Test-Daten haben dürften.

Literaturverzeichnis

Andrich, David. (1978). A rating formulation for ordered response categories. *Psychometrika*, 43, 561–573.
Andrich, David. (1982). An extension of the Rasch model for ratings providing both location and dispersion parameters. *Psychometrika*, 47, 105–113.
Arras, Ulrike, Eckes, Thomas & Grotjahn, Rüdiger. (2002). C-Tests im Rahmen des „Test Deutsch als Fremdsprache" (TestDaF): Erste Forschungsergebnisse. In Rüdiger Grotjahn (Hrsg.), *Der C-Test: Theoretische Grundlagen und praktische Anwendungen* (Bd. 4, S. 175–209). Bochum: AKS-Verlag.
Baumert, Jürgen, Klieme, Eckhard, Neubrand, Michael, Prenzel, Manfred, Schiefele, Ulrich, Schneider, Wolfgang, Stanat, Petra, Tillmann, Klaus-Jürgen & Weiß, Manfred (Hrsg.). (2001). *PISA 2000: Basiskompetenzen von Schülerinnen und Schülern im internationalen Vergleich*. Opladen: Leske + Budrich.
Bond, Trevor G. & Fox, Christine M. (2001). *Applying the Rasch model: Fundamental measurement in the human sciences*. Mahwah, NJ: Erlbaum.
Eckes, Thomas. (2003). Qualitätssicherung beim TestDaF: Konzepte, Methoden, Ergebnisse. *Fremdsprachen und Hochschule*, 69, 43–68.
Eckes, Thomas. (2004). Beurteilerübereinstimmung und Beurteilerstrenge: Eine Multifacetten-Rasch-Analyse von Leistungsbeurteilungen im „Test Deutsch als Fremdsprache" (TestDaF). *Diagnostica*, 50, 65–77.
Eckes, Thomas. (2005, Mai). *Assuring the quality of TestDaF examinations*. Vortrag gehalten auf der 2. Internationalen Konferenz der ALTE (Association of Language Testers in Europe), Berlin.
Eckes, Thomas & Grotjahn, Rüdiger. (2006). C-Tests als Anker für TestDaF: Rasch-Analysen mit dem kontinuierlichen Ratingskalen-Modell. In Rüdiger Grotjahn (Hrsg.), *Der C-Test: Theorie, Empirie, Anwendungen* (S. 167–193). Frankfurt/M.: Lang.
Eckes, Thomas & Grotjahn, Rüdiger. (im Druck). A closer look at the construct validity of C-tests. *Language Testing*.
Embretson, Susan E. (1996). The new rules of measurement. *Psychological Assessment*, 8, 341–349.
Embretson, Susan E. & Reise, Steven P. (2000). *Item response theory for psychologists*. Mahwah, NJ: Erlbaum.
Fischer, Gerhard H. (1974). *Einführung in die Theorie psychologischer Tests: Grundlagen und Anwendungen*. Bern: Huber.
Fischer, Gerhard H. (1983). Neuere Testtheorie. In Hubert Feger & Jürgen Bredenkamp (Hrsg.), *Messen und Testen* (S. 604–692). Göttingen: Hogrefe.
Fisher, William P. (1994). The Rasch debate: Validity and revolution in educational measurement. In Mark Wilson (Hrsg.), *Objective measurement: Theory into practice* (Bd. 2, S. 36–72). Norwood, NJ: Ablex.
Göbel, Silke, Müller, Hans & Moosbrugger, Helfried. (1999). *Überprüfung einer NEO-FFI-Version mit kontinuierlichen Items*. Poster präsentiert auf der 4. Tagung der Fachgruppe Methoden, Universität Leipzig.
Grotjahn, Rüdiger. (1995). Der C-Test: State of the Art. *Zeitschrift für Fremdsprachenforschung*, 6(2), 37–60.
Grotjahn, Rüdiger. (2002). Konstruktion und Einsatz von C-Tests: Ein Leitfaden für die Praxis. In Rüdiger Grotjahn (Hrsg.), *Der C-Test: Theoretische Grundlagen und praktische Anwendungen* (Bd. 4, S. 211–225). Bochum: AKS-Verlag.
Grotjahn, Rüdiger. (2004). TestDaF: Theoretical basis and empirical research. In Michael Milanovic & Cyril J. Weir (Hrsg.), *European language testing in a global context: Pro-*

ceedings of the *ALTE Barcelona Conference July 2001* (S. 189–203). Cambridge, UK: Cambridge University Press.
Grotjahn, Rüdiger, Klein-Braley, Christine & Raatz, Ulrich (2002). C-Tests: An overview. In James A. Coleman, Rüdiger Grotjahn & Ulrich Raatz (Hrsg.), *University language testing and the C-Test* (S. 93–114). Bochum: AKS-Verlag.
Gulliksen, Harold. (1950). *Theory of mental tests*. New York: Wiley.
Hambleton, Ronald K. (1989). Principles and selected applications of item response theory. In Robert L. Linn (Hrsg.), *Educational measurement* (3. Aufl., S. 147–200). New York: Macmillan.
Hambleton, Ronald K., Robin, Frederic & Xing, Dehui. (2000). Item response models for the analysis of educational and psychological test data. In Howard E. A. Tinsley & Steven D. Brown (Hrsg.), *Handbook of applied multivariate statistics and mathematical modeling* (S. 553–581). San Diego, CA: Academic Press.
Henning, Grant. (1987). *A guide to language testing: Development, evaluation, research*. Boston, MA: Heinle & Heinle.
Kolen, Michael J. & Brennan, Robert L. (2004). *Test equating, scaling, and linking: Methods and practices* (2. Aufl.). New York: Springer-Verlag.
Krauth, Joachim. (1996). Klassische Testtheorie. In Kurt Pawlik (Hrsg.), *Grundlagen und Methoden der Differentiellen Psychologie* (S. 647–671). Göttingen: Hogrefe.
Kubinger, Klaus D. (1996). *Einführung in die Psychologische Diagnostik*. Weinheim: Psychologie Verlags Union.
Kubinger, Klaus D. (1999). Testtheorie: Probabilistische Modelle. In Reinhold S. Jäger & Franz Petermann (Hrsg.), *Psychologische Diagnostik: Ein Lehrbuch* (4. Aufl., S. 322–334). Weinheim: Psychologie Verlags Union.
Kubinger, Klaus D. (2000). Replik auf Jürgen Rost „Was ist aus dem Rasch-Modell geworden?": Und für die Psychologische Diagnostik hat es doch revolutionäre Bedeutung. *Psychologische Rundschau, 51*, 33–34.
Linacre, John M. (2002a). *A user's guide to WINSTEPS-MINISTEP: Rasch-model computer programs*. Chicago: MESA-Press.
Linacre, John M. (2002b). What do infit and outfit, mean-square and standardized mean? *Rasch Measurement Transactions, 16*(2), 878.
Linacre, John M. (2003). Size vs. significance: Standardized chi-square fit statistic. *Rasch Measurement Transactions, 17*(1), 918.
Lord, Frederick M. & Novick, Melvin R. (1968). *Statistical theories of mental test scores*. Reading, MA: Addison-Wesley.
Masters, Geofferey N. (1982). A Rasch model for partial credit scoring. *Psychometrika, 47*, 149–174.
Masters, Geofferey N. & Wright, Benjamin D. (1997). The partial credit model. In Wim J. van der Linden & Ronald K. Hambleton (Hrsg.), *Handbook of modern item response theory* (S. 101–121). New York: Springer-Verlag.
Molenaar, Ivo W. (1983). Some improved diagnostics for failure of the Rasch model. *Psychometrika, 48*, 49–72.
Molenaar, Ivo W. (1997). Lenient or strict application of IRT with an eye on practical consequences. In Jürgen Rost & Rolf Langeheine (Hrsg.), *Applications of latent trait and latent class models in the social sciences* (S. 38–49). Münster: Waxmann.
Moosbrugger, Helfried. (1997). Item-Response-Theorie (IRT). In Manfred Amelang & Werner Zielinski, *Psychologische Diagnostik und Intervention* (2. Aufl., S. 65–89). Berlin: Springer-Verlag.
Müller, Hans. (1987). A Rasch model for continuous ratings. *Psychometrika, 52*, 165–181.

Müller, Hans. (1999). *Probabilistische Testmodelle für diskrete und kontinuierliche Ratingskalen: Einführung in die Item-Response-Theorie für abgestufte und kontinuierliche Items.* Bern: Huber.
Müller, Hans. (2000). Summenscore und Trennschärfe beim Rasch-Modell. *Psychologische Rundschau, 51*, 34–35.
Petersen, Nancy S., Kolen, Michael J. & Hoover, H. D. (1989). Scaling, norming, and equating. In Robert L. Linn (Hrsg.), *Educational measurement* (3. Aufl., S. 221–262). New York: Macmillan.
Rasch, Georg. (1980). *Probabilistic models for some intelligence and attainment tests.* Chicago: University of Chicago Press. (Original erschienen 1960)
Roskam, Edward E. (1996). Latent-Trait-Modelle. In Edgar Erdfelder, Rainer Mausfeld, Thorsten Meiser & Georg Rudinger (Hrsg.), *Handbuch Quantitative Methoden* (S. 431–458). Weinheim: Psychologie Verlags Union.
Rost, Jürgen. (1999). Was ist aus dem Rasch-Modell geworden? *Psychologische Rundschau, 50*, 140–156.
Rost, Jürgen. (2004). *Lehrbuch Testtheorie, Testkonstruktion* (2. Aufl.). Bern: Huber.
Rost, Jürgen & Langeheine, Rolf. (Hrsg.). (1997). *Applications of latent trait and latent class models in the social sciences.* Münster: Waxmann.
Stelzl, Ingeborg. (1979). Ist der Modelltest des Rasch-Modells geeignet, Homogenitätshypothesen zu prüfen? Ein Bericht über Simulationsstudien mit inhomogenen Daten. *Zeitschrift für Experimentelle und Angewandte Psychologie, 26*, 652–672.
Steyer, Rolf & Eid, Michael. (2001). *Messen und Testen* (2. Aufl.). Berlin: Springer-Verlag.
Thissen, David, Nelson, Lauren, Rosa, Kathleen & McLeod, Lori D. (2001). Item response theory for items scored in more than two categories. In David Thissen & Howard Wainer (Hrsg.), *Test scoring* (S. 141–186). Mahwah, NJ: Erlbaum.
van der Linden, Wim J. & Hambleton, Ronald K. (1997). Item response theory: Brief history, common models, and extensions. In Wim J. van der Linden & Ronald K. Hambleton (Hrsg.), *Handbook of modern item response theory* (S. 1–28). New York: Springer-Verlag.
Wainer, Howard & Kiely, Gerard L. (1987). Item clusters and computerized adaptive testing: A case for testlets. *Journal of Educational Measurement, 24*, 185–201.
Walter, Oliver. (2005). *Kompetenzmessung in den PISA-Studien: Simulationen zur Schätzung von Verteilungsparametern und Reliabilitäten.* Lengerich: Pabst.
Wilson, Mark. (2005). *Constructing measures: An item response modeling approach.* Mahwah, NJ: Erlbaum.
Wright, Benjamin D. (1998). Model selection: Rating scale or partial credit? *Rasch Measurement Transactions, 12*(3), 641–642.
Wright, Benjamin D. & Linacre, John M. (1994). Reasonable mean-square fit values. *Rasch Measurement Transactions, 8*(3), 370.
Wright, Benjamin D. & Masters, Geofferey N. (1982). *Rating scale analysis.* Chicago: MESA Press.
Wright, Benjamin D. & Stone, Mark H. (1979). *Best test design.* Chicago: MESA Press.
Yen, Wendy M. (1993). Scaling performance assessments: Strategies for managing local item dependence. *Journal of Educational Measurement, 30*, 187–214.

Anhang: Zwei exemplarische C-Test-Texte

Text 1: Buchtipp

Von den heutigen Führungskräften und denen, die auf dem Weg dorthin sind, erwarten Unternehmen mehr als nur reines Fachwissen. Zum heut_____ Handwerkszeug d_____ Führungskräfte zäh_____ auch d_____ sogenannten sozi_____ Kompetenzen w_____ Teamarbeit, Konfliktb_____ oder konstr_____ Kritik. D_____ neue Ti_____ „Soziale Kompetenzen" v_____ Rudolf Donnert bef_____ sich ge_____ mit die_____ Bereich. Anh_____ von Übu_____, Praxisbeispielen u_____ Checklisten erh_____ man wert_____ Tipps z_____ Erlernen dieser Faktoren. Außerdem kann man überprüfen, wo Defizite liegen.

Text 2: Die Europäische Union

Die Europäische Union gewinnt immer mehr an Bedeutung. Schon e_____ Blick i_____ die Zei_____ beweist e_____: Die Eini_____ Europas i_____ seit d_____ 90er Jah_____ von ei_____ Randthema z_____ einem wich_____ und zugl_____ heftig umstri_____ Gegenstand politi_____ Auseinandersetzungen gewo_____. Nunmehr h_____ sich d_____ EU v_____ einem wirtsch_____ orientierten Zusammens_____ zu einer handlungsfähigen Vereinigung mit einem gewählten Parlament entwickelt.

*Grotjahn, Rüdiger (Ed.) (2006). Der C-Test: Theorie, Empirie, Anwendungen/
The C-Test: Theory, Empirical Research, Applications. Frankfurt/M.: Lang*

Development and evaluation of a curriculum-based German C-test for placement purposes

John M. Norris*

This chapter reports on the development of a C-test for placing students into the four sequenced years of an innovative, advanced-literacy-oriented college German curriculum in the US. C-test texts were selected to represent the textual processing expectations of each curricular level, such that a wide range of student ability levels could be tested within minimal available time. The effectiveness and accuracy of the C-test instrument resulting from this curriculum-based text-selection approach were evaluated through several studies. Findings indicated that the C-test and its constituent texts provided reliable estimates of students' abilities which led to effective distinctions across the full range of curricular levels into which students were to be placed.

0. Introduction

Higher education in the US, and elsewhere, is witnessing an intensive increase in demands for assessment practices which support student learning, both in response to public accountability concerns and in recognition of the critical role that assessment should play within truly learner-centered education (Messick, 1999; Shavelson & Huang, 2003). In college foreign language (FL) programs, a major role for assessment is to determine the language abilities that students bring with them, as they enter the institution, and to place them into language courses which best meet their learning needs (Wall, Clapham, & Alderson, 1994). While FL programs in the US have implemented placement assessment in a variety of ways (Eldridge, 1999), they do so most frequently through the use of generic, program-external procedures such as commercial language proficiency and placement tests (e.g., the *Advanced Placement* exams and the *SAT II* subject tests from the College Board; see also, Brigham Young University, 1999; Center for Advanced Research on Language Acquisition, 2003), or placement may be based on indicators such as years of previous language study or simply learner self-selection. However, as college FL curriculum and instruction practices evolve to better address the actual needs of unique and varied learner populations (Byrnes, 1998), the expectations of the FL discipline and professional communities, and insights from research into instructed second lan-

---

* **Address for correspondence:** Prof. John M. Norris, Department of Second Language Studies, University of Hawai'i at Manoa, 1890 East-West Rd., Honolulu, HI 96822, USA. email: jnorris@hawaii.edu

guage acquisition and effective adult language education, such generic approaches to placement prove increasingly inadequate for locating students within curricula which may have very little to do with the ways in which language knowledge and ability are being assessed.

This chapter reports on the development and evaluation of a curriculum-based C-test in response to such localized placement decision-making demands within one unique college German program. Like other reduced redundancy language tests (Klein-Braley, 1997), C-tests have been developed and researched over the past several decades as indicators of general language proficiency among literate populations of learners, and findings repeatedly have shown consistent measurement qualities and strong relationships with other indicators of proficiency (e.g., Grotjahn, 1992b). At the same time, C-tests have been criticized for the lack of an underlying construct theory, for over-interpretation as indicators of global L2 proficiency, for bias against certain (e.g., emerging literate) learner populations, and for the inability to distinguish among advanced L2 users (e.g., Freese, 1994; Huhta, 1996). Of course, such criticisms have much more to do with intended test use, rather than with the C-test approach per se, as Grotjahn (1996) has clearly articulated:

> "There is no once and for all, fixed construct validity for the C-test. Rather, there is the C-test principle [...] whereby the construct validity of each individual test must be separately demonstrated for each specific intended use with each population." (p. 96, my translation)

Accordingly, the current study sought to extend and explore the development and use of a C-test for the particular purpose of placing college students into a well-articulated undergraduate German FL curriculum. Key to this effort was the direct linkage of C-test development, and in particular the selection of C-test texts, to explicit language ability expectations found within the sequential levels of the curriculum. Subsequently, validity evaluation of C-test use explored the extent to which this curriculum-based approach would produce an accurate measurement tool and would enable effective distinctions to be made among learners across all levels of the multi-year program.

1. Curricular context and intended test use

The Georgetown University German Department (GUGD) features one of the most innovative college undergraduate foreign language programs in the US. It provides German instruction to several hundred students annually, including language majors, minors, and other interested students, all of whom expect to acquire (to varying degrees) literate L2 communication abilities which will directly serve their needs. In order to better address the background, character, and academic/professional orientations of these highly motivated learners, the GUGD recently engaged in a comprehensive, multi-year program renewal project which resulted in the *Developing Multiple Literacies* undergraduate curriculum (Byrnes, 1998, 2002; Byrnes & Kord, 2001; Pfeiffer, 2002).

This curriculum is unique in several respects. First, it fully integrates content instruction with language acquisition from the very beginning (first year, first semester) through to the end (fourth and fifth years) of the undergraduate sequence. Unlike most college FL programs in the US (e.g., Barnes, Klee, & Wakefield, 1990; Stokes, 2002), the curriculum does not distinguish between 'lower-division' (typically, the first two years of language instruction) and 'upper-division' (typically, literary/cultural content instruction) courses, or between 'language program instructors' and other faculty. All courses throughout all years are planned and sequenced according to the advanced German literacy objectives that characterize the learners' needs, and all faculty regularly teach at all curricular levels. Second, while the program fosters L2 development in the four modalities (listening, reading, writing, and speaking), instruction is driven by a discourse and genre focus (rather than a skills focus) that engages students in literate, adult communication from the start. Thus, students learn to process and produce an expanding array of texts (oral and written) for a variety of communicative purposes, with each curricular level addressing increasing sophistication and complexity of language use in conjunction with an increasing breadth of textual genres. Finally, in lieu of commercial German language textbooks, instruction is driven by instructor-created materials, learning/performance tasks, and pedagogical approaches, all developed in-house around the "multiple literacies" focus, so as to maximize the acquisition of language form embedded within meaningful content (for extensive details, see Georgetown University German Department, 2003).

Table 1 outlines the sequential structure of the *Developing Multiple Literacies* curriculum, which consists of five hierarchically related levels. A total of six hours of language instruction comprises each of the first three curricular levels; these six hours may be completed either in two, non-intensive 16-week semesters (3 hours per week), or in one intensive semester (6 hours per week). Note that expected student learning outcomes for one intensive semester are identical to those for two non-intensive semesters within a given level. Following the first 18 hours of instruction, the sequence culminates in the required "Text in Context" course at the beginning of level IV. This course (4 hours per week) requires one semester to complete, and it synthesizes and expands considerably upon the L2 and textual processing abilities introduced during the first three curricular levels. Following completion of "Text in Context", students may enroll in a variety of additional level IV and V courses, depending on their individual goals, each of which fosters continued L2 acquisition in the context of literary, cultural, and other content areas.

Table 1: Sequenced curricular levels in the GUGD

Curricular level	Courses	Credit hours	Abbreviation
I. Experiencing the German-speaking world	Introductory German 1	3	1.1
	Introductory German 2	3	1.2
	Intensive Basic German	6	1.Int
II. Contemporary Germany	Intermediate German 1	3	2.1
	Intermediate German 2	3	2.2
	Intensive Intermediate German	6	2.Int
III. Stories and Histories	Advanced German 1	3	3.1
	Advanced German 2	3	3.2
	Intensive Advanced German	6	3.Int
IV. Text in Context	Text in Context	4	4
	(other subsequent courses)	(3 each)	–
V.	(post-sequenced courses)	(3 each)	–

In conjunction with the *Developing Multiple Literacies* curriculum project, a host of assessment development efforts were also undertaken in order to meet evolving demands for information about student knowledge and abilities, student learning, instructional and curricular effectiveness, etc. (e.g., Byrnes, 2002; Norris, 2004; Norris & Pfeiffer, 2004). A key, immediate concern expressed by faculty and instructors addressed the need to accurately locate incoming students, of broadly varying German language learning and use backgrounds, within the curricular levels most appropriate to their instructional needs. The existing placement exam had been developed many years prior, and it did not reflect the language, content, and literacy focus of the new curriculum, nor could it be articulated with the sequential curricular levels. In response to this assessment priority, GUGD constituents participated in several workshops with the test developer in order to specify the exact intended uses for a new, curriculum-based placement exam (as they did for all other assessment purposes). Following Norris (2000), they specified an assessment procedure which would: (a) provide GUGD faculty decision makers with (b) a trustworthy estimate of incoming students' German language knowledge and abilities vis-à-vis the expectations of the curriculum, such that (c) students could be placed into the curricular level within which their language learning experiences would be acknowledged and their needs would best be met and (d) instructors and students alike would benefit from a classroom setting in which learners with similar needs could be effectively and efficiently instructed (see details in Norris, 2004).

This specification of intended test use (SITU) provided a mandate for test development as well as a basis for eventual validity evaluation of test use. However, in addition to the SITU, departmental constituents also outlined several factors which constrained the administration and use of the placement exam. First, institutional requirements called for language placement exams to be offered in a single sitting during the week prior to each fall semester and for exams to be of no more than two hours duration. Second, students' placement exam scores needed to be available within a very short time (a few hours) following administration of the exam, in order to facilitate decisions regarding students' transfer credit requests and to enable immediate placement decisions for all incoming students, such that results could be disseminated on the same day as the exam. Third, the placement exam would need to be easily transported and consistently administered by external parties for the purpose of placing students from other institutions into the Georgetown German study abroad program (also based on the new curriculum). Finally, departmental constituents expressed the desire that the exam be developed with eventual migration to a computer-based format in mind, in order to reduce sources of inconsistency in administration, scoring, and decision making, and to facilitate the reporting of placement recommendations to incoming students. These constraints clearly delimited the kinds of test instruments and procedures which might be developed to meet placement testing purposes within the GUGD.

2. Development of a curriculum-based C-test

In order to meet the demands of the SITU within the constraints of the assessment setting, the test developer and departmental constituents proceeded to review a range of assessment types precedented for placement testing in language programs, including: (a) both written and oral performance assessments (e.g., Fulcher, 1997; McNamara, 1996); (b) selected-response tests of vocabulary, collocation, and grammatical knowledge (e.g., Brown, 1989; Schmitt, 1999); (c) integrated-skills tests based on target language use tasks (e.g., Norton, 2000; van den Branden, DePauw, & Gysen, 2002); and (d) self-assessments of 'can-do' language use statements (e.g., Heilenman, 1991). While available evidence supported the potential contribution of each of these alternatives to placement decision-making, departmental constituents agreed in the end on the development of a listening comprehension test (LCT), a reading comprehension test

(RCT), and a C-test, in conjunction with a language experiences self-report, as the assessment types which best addressed the SITU within test administration constraints.

Several features of these assessment types, and especially the C-test, spoke in favor of their use within the unique GUGD program. First, it was clear that short-cut estimates of language knowledge/ability would be required in order to gather sufficient information across a broad ability spectrum (encompassing four years of college language instruction) within a limited amount of testing time. While spoken and written performance assessments might have best represented the kinds of learning fostered by the curriculum (Byrnes, 2002), the elicitation and scoring of curriculum-relevant performance tasks would have exceeded considerably the time available for testing and decision making. By contrast, a very wide range of examinee ability levels could be elicited and scored within a short amount of time on both the comprehension tests and the C-test, and the entire process could be eventually computerized. Second, departmental constituents agreed that students' abilities to process a variety of texts provided the most direct indication of differences between curricular levels I-IV, given the explicit discourse and genre focus of the *Developing Multiple Literacies* curriculum. Specific texts representing students' processing abilities at each of the curricular levels could therefore be sampled into the three tests, with the LCT and RCT providing an indication of students' comprehension of textual meaning in both the aural and written modalities. In addition to such discourse-level comprehension, the C-test would also call upon textual micro-processing abilities, including knowledge of lexical, syntactic, and morphological features of German (Grotjahn, 1996). These three test types, then, could be linked directly to a key feature of the curricular learning trajectory, the ability to process texts, and they were thus predicted to provide a good indication of where, within that trajectory, incoming students most appropriately fit. Finally, the previous success of comprehension tests (e.g., Brown & Hudson, 2002; Lynch, 1996) and C-tests (e.g., Bolten, 1992; Jakschik, 1994) for placement purposes in language programs spoke in favor of their potential utility in the GUGD context. In addition, the widespread use of C-tests for language placement testing of international students in German universities provided a degree of authenticity to their implementation in the GUGD.

After consensus was achieved among departmental constituents to operationalize placement testing in the form of these three sub-tests, assessment development proceeded based on key textual processing expectations of the curriculum.[1]

---

[1] Cori Crane, a Georgetown German doctoral student at the time, provided considerable assistance in developing the GUGD Placement Exam.

Three phases in the development of the curriculum-based C-test are outlined briefly below: (a) text selection; (b) text and test preparation; and (c) pilot-testing and standards setting.

2.1. Text selection

The key problem in developing a C-test for placement decision-making was the selection of a series of individual texts that would adequately represent the range of textual processing abilities related to the sequenced GUGD curricular levels. Typically, when C-tests have been used as indicators of 'global L2 competence' (e.g., Connelly, 1997) or 'general language proficiency' (Klein-Braley, 1997), texts have been selected to represent authentic or random samples of the general types of language that L2 users will be faced with, and their difficulty has been estimated intuitively by test developers (Baur & Meder, 1994; Bolten, 1992; Grotjahn, 1992a; Grotjahn, Klein-Braley, & Raatz, 1992; Klein-Braley, 1997). However, in these contexts, researchers have also frequently observed a truncated range of scores and a lack of variance among intermediate and advanced learners (e.g., Grotjahn, 1987, 1992a, 1992b; Huhta, 1996; Köberl & Sigott, 1994). Clearly, in order for a C-test to provide information which leads to trustworthy distinctions among L2 learners across multiple levels of ability, it would have to elicit a wide range of scores and enable reliable distinctions among learners across this entire score range, and these scores would need to be directly related to the curricular levels into which students were to be placed.

Within the GUGD, it was decided that C-test texts should be purposefully selected to represent the junctures within the sequenced curriculum where placement decisions needed to be made (i.e., the transition points from level I to II, II to III, and III to IV, in Table 1). Thus, rather than random selection of and intuitive distinctions among C-test texts, the curriculum theory underlying the *Developing Multiple Literacies* program was tapped in order to motivate the identification and selection of texts which would be most likely to differentiate among GUGD students in relevant ways. Local curricular expertise was sought for the text selection process from within the group of instructors and faculty who had participated in the program development project. A single expert was recruited to represent each curricular level (from I-IV), following the criteria of (a) in-depth understanding of the curricular expectations associated with the level as well as (b) substantial experience in teaching courses at both semesters of that level. This group of curricular level experts proceeded through several steps in order to select the C-test texts.

First, level experts each identified at least three written texts which they found representative of the kinds of texts that learners at their given level should largely be able to understand and process by the end of that level (i.e., experts envisioned students successfully completing the second semester of nonintensive study within the given level, such as 1.2, 2.2, etc.). The Level IV expert identified texts that were representative of the kinds of texts that students in the "Text in Context" course should be able to process by the end of that course. Texts at all levels were selected from a variety of materials related to the content focus of each (newspapers, magazines, novels, travel guides, fairy tales, etc.), and they were left intact (at this point). Overly technical, bizarre, or infrequent texts were avoided (i.e., texts that students would be unlikely to encounter in the level, even if the language demands seemed appropriate). In addition, texts were avoided if they featured extensive use of proper nouns with which students might not be familiar (e.g., place names). Finally, experts selected only narrative, descriptive, expository, or related texts in the form of a single paragraph of between 75 and 100 words, the meaning of which could be clearly understood without additional supporting material.

Level experts and the test developer then met to narrow down the overall text pool for initial pilot testing. In the meeting, participants reviewed the texts level by level, working from the level I texts upwards. For each proposed text, participants decided whether it seemed appropriate as a representative text for the end of the given level; in other words, participants asked themselves whether they agreed that students completing the second semester of the given level would largely be able to understand and process the text in question while students at lower curricular levels (or beginners, in the case of level I) would be considerably less able to do so. In addition, from among the candidate texts, each participant decided which one or two texts seemed the most appropriate/representative for each level. Through group discussion about the candidate texts and the favored texts, participants selected seven texts for the pilot C-test, including one text representing level I, and two texts each for levels II-IV. While more pilot texts would have been preferable (Grotjahn, 1987), available pilot-testing time was limited and the level experts expressed considerable confidence that an operational curriculum-based C-test could be constructed from among this pool.

2.2. Text and test preparation

Texts were prepared following the standard C-test development recommendations (Grotjahn, 1987), with a few accommodations to the GUGD context. For each text, the first one or two sentences (and the final sentence) were left intact, in order to provide sufficient semantic context. Beginning with the second word of the second or third sentence, the second half of each second word was deleted (replacing the letters with a single blank, _____), until 25 deletions had been made. For words with odd numbers of letters, the second half of the word plus one letter was deleted. For compound words, only the second half of the second word in the compound was deleted (e.g., Wirtschaftssys_____, not Wirtscha_____), following Grotjahn (1987); however, this policy was not applied to simple prepositional compounds. Numbers and dates written numerically were not mutilated, nor were acronyms. While these deletion rules were followed as closely as possible, care was also taken during review by the level expert team that deletions reasonably reflected the level of processing difficulty that each text was intended to represent. In several circumstances (e.g., repeated deletion of the same two- or three-letter word in a single text), slight adjustments in the text (adding or removing a word) seemed to result in a more accurate reflection of the curricular expectation of the corresponding level.

Given the unfamiliar nature of the C-test for US students, written instructions were provided at the beginning of the C-test. Instructions: (a) explained the kind of responses expected from examinees; (b) provided a clear example in basic German that would be understood by all examinees; (c) clarified the number of letters expected in responses (half or half+one); (d) explained the exception for compound words; (e) emphasized the role played by spelling; (f) enumerated how many texts there were to complete; and (g) indicated how much time examinees had to complete all of the texts (five minutes per text). Texts were arranged in order of difficulty (beginning with the level I text) and labeled "Text 1" through "Text 7". A relatively large font size was employed in printing test forms, and sufficient blank-space was provided for examinees to write out full responses to all words (around 9 underscored spaces seemed sufficient). All item response blanks were kept uniform in length. Although examinees were instructed that each response required a specific number of letters, it was hoped that by providing a single underscored blank (instead of individual blanks per letter) students would concentrate on what response made the most sense, rather than on letter counting.

2.3. Pilot-testing and standards setting

In order to investigate the appropriateness of the C-test texts, reduce the test to a total of five texts, and establish initial cut-score standards for placement decision-making, the seven-text C-test was pilot-tested with GUGD study abroad program students during the summer semester prior to initial operational use (details are reported in Norris, 2004). Students represented the first four curricular levels, and they completed the pilot exam at the end of a semester of study abroad instruction. In addition, a group of L1 German graduate students completed the pilot C-test, in order to check for any problematic texts or items. Following pilot-testing, performance data were analyzed for test score reliability and text difficulty characteristics, and five of the texts were found to have high correlations with total test scores (using a many-facet equivalent to the point-biserial correlation), good item fit and low error statistics, and appropriate spread in difficulties covering the range of examinees across the four curricular levels. The remaining two texts were eliminated, the first based on low item-total correlations and higher error rates, and the second because all examinees (including the most advanced) scored very low and the text thus did not contribute additional score information for decision-making. Total test scores based on the final set of five texts (including one each from levels I, III, and IV, and two from level II) exhibited high reliability estimates and otherwise acceptable measurement characteristics.

Initial cut-score standards were set based on the performances of study abroad students at each of the curricular levels. The average score of each group of students at the end of the semester of instruction was adopted as the cut-score for decisions between major curricular levels (three decisions total: level I/level II, level II/level III, level III/level IV). In addition, the midpoint between each level decision score was adopted as the cut-score for decisions about which semester of non-intensive instruction would constitute the most appropriate placement (e.g. 1.1 versus 1.2, 2.1 versus 2.2). Finally, error estimates were included with these initial standards, such that decision makers would be able to adjust their decisions appropriately (in conjunction with information from the other portions of the placement exam).

3. Evaluation of the accuracy and effectiveness of C-test use for placement purposes

3.1. Theoretical considerations

Following development, pilot-testing, and standards setting efforts, the GUGD Placement Exam was put into operational use at the beginning of the Fall 1999 semester, and it has been administered on an annual basis ever since. During the first two years of placement testing, considerable attention was focused on **validity evaluation** of the use of the exam, and particularly on evaluation of the C-test. The purpose of these validity evaluation efforts was to provide test developers and users with concrete information in response to specific questions about the extent to which the GUGD C-test was accomplishing what it was intended to accomplish. Of course, a number of approaches have been championed for the validation of language tests (e.g., Bachman, 1990; Bachman &

Palmer, 1996; Chapelle, 1999) and other educational assessments (e.g., AERA, APA, NCME, 1999; Popham, 2000), including: (a) the "trinitarian doctrine" of demonstrating criterion-related, content, and construct validities (Guion, 1980); (b) scientific hypothesis testing and multi-trait, multi-method investigations for illuminating psychometric construct validity (Campbell & Fiske, 1959; Cronbach & Meehl, 1955; Bachman & Palmer, 1981); and (c) comprehensive validation of evidence and consequences for test use based on a unified notion of construct validity (Messick, 1980, 1989). However, as detailed in Norris (2004) and elsewhere (Brennan, 2001; Kane, 2001; Moss, 1992; Shepard, 1993), these mainstream approaches to test validation offer virtually no guidance to assessment practitioners faced with tasks such as: (a) identifying and prioritizing which features of a test and its use are most in need of investigation; (b) selecting the methods that will most effectively and efficiently answer validity questions; (c) determining how much evidence is required for judgments regarding the validity of test use; and (d) enabling the use of validation findings by various constituents for decision-making, test revision, and other practical purposes.

In response to such demands, and following a line of work initiated by Cronbach (1969) and elaborated more recently by Shepard (1993) and Kane (2001), program evaluation methods were employed within the GUGD to identify priority questions about the local use of the C-test, to motivate the research methods most appropriate for investigating these questions, and to enable decisions and improvements to be made by the primary intended users of the C-test. Specifically, a utilization-focused evaluation model (Patton, 1997) helped guide the validity evaluation process such that it produced information about the C-test that was directly applicable to the needs of the GUGD assessment constituents. Rather than prioritizing received psychometric notions of construct validity and associated methods, this adaptive approach enabled the actual test users to prioritize questions in conjunction with each phase of test use as the C-test was developed, implemented, revised, and finally assumed an institutionalized role within the GUGD program. Thus, rather than a single investigation of test validity, a series of studies was undertaken in order to evaluate, in meaningful ways, the validity of test use (these studies are reported in Norris, 2004).

The outcomes of several of these studies may prove particularly relevant and generalizeable to the concerns of others seeking to develop and use C-tests for purposes similar to those in the GUGD. In the following, I summarize two studies which focused on questions regarding (a) the accuracy of the C-test as a tool for measuring a wide range of student abilities, and (b) the effectiveness of the C-test as a means for distinguishing among students across the range of GUGD curricular levels. Findings from these particular studies will hopefully provide insights into the extent to which the curriculum-based approach to C-test development described above may prove appropriate for meeting placement purposes within other similar language education contexts.

3.2. Data collection

The measurement accuracy and effectiveness of the C-test instrument were investigated using several sources of evidence gathered in conjunction with the initial operational use of the GUGD Placement Exam. C-test performance data from the 1999 and 2000 placement exam administrations provided an initial body of evidence for investigating various measurement qualities of test scores and the five texts which comprised the C-test. These data were collected under standard exam administration conditions from students who registered for placement testing into the German language program at Georgetown prior to each fall semester.

Additional data were collected during the Fall 1999 semester, in order to facilitate interpretations regarding the effectiveness of the C-test at distinguishing between students across the first four curricular levels of the GUGD program. Instructors of courses at each curricular level administered the C-test during the first week of classes to all students in their sections who had not enrolled via the placement exam ("non-placed" students), and during the final week of classes for the 16-week semester to all "placed" as well as "non-placed" students. The C-test was administered following identical procedures used for the placement exam administration, thereby maintaining equivalent performance conditions such as time on task and instructions to examinees. For the semester-beginning administration, students were informed that their test scores would be used for calibrating the placement exam, and that they should therefore perform as well as they could, but they were not informed that they would complete the C-test a second time at the end of the semester. For the semester-end administration, students were informed that a final administration of the C-test was needed in order to investigate their language development over the course of a semester of instruction.

Combined with placement exam scores for students who had enrolled in GUGD courses at levels 1 through 4, these additional test administrations were intended to produce a full complement of C-test data for both placed and non-placed students at the beginning and end of one instructional semester across all levels of the GUGD curriculum. The effectiveness of the C-test score as a predictor variable could then be evaluated on the basis of the single most important (and, arguably, the only meaningful) criterion variable for its use as a placement decision-making tool, namely the GUGD curricular levels structure. Thus, cross-sectional comparisons between students' C-test scores would enable interpretations about the effectiveness of the C-test instrument at informing distinctions between proximate levels. In addition, pre-post-test data around an intervening semester of instruction would enable interpretations about the sensitivity of the instrument to learners' curriculum-related language development over a semester of either non-intensive or intensive instruction.

Several constraints limited the number and representativeness of students from whom C-test scores were collected during the pre-post-semester intervention study. First, instructors of curricular level 1 (first year) students argued that administering the C-test to beginning language learners might have a detrimental effect on their motivation and that the results would most likely show very low scores anyway, owing to the fact that these students had very little language learning experience. As such, the C-test was not administered at the beginning of the semester to students in the first-year first-semester course sections (1.1), nor in the first-year intensive course sections (1.Int). However, C-test scores were collected from both groups at the end of the semester, and several students who had completed the C-test during the placement exam did enroll in level 1.1 courses, thereby providing at least some data for investigating abilities and longitudinal change at this level. Second, the first-year second-semester course (1.2) was not offered during Fall 1999; therefore, no C-test score data were collected at the beginning or the end of the semester for this curricular level. Furthermore, other "off-sequence" second-semester course sections for both the second and third years of instruction (2.2 and 3.2) experienced relatively low enrollments, resulting in considerably fewer C-test scores being collected for these curricular levels in comparison with the "on-sequence" first-semester levels (2.1, 3.1, 4). Third, as a result of variable class attendance, only a subset of the total enrolled student population completed both the semester-begin and semester-end C-tests.

Despite these unavoidable constraints, C-test performance data were collected from a substantial number of students at both the beginning and end of the Fall 1999 semester, as well as on the 1999 and 2000 placement exam administrations (as shown in Table 2 below). Each C-test performance was scored by a GUGD faculty member, using an exact-response scoring system and C-test key, during several scoring sessions at the conclusion of each C-test administration. Subsequently, all C-tests were re-scored by the test developer in order to ensure the accuracy of scores for all examinees (detailed analysis and discussion of scoring accuracy can be found in Norris, 2004).

3.3. Summary and discussion of key findings

Several descriptive, graphical, and inferential techniques were employed in the analysis of these data. Of particular utility for interpretations about the measurement accuracy of the C-test were descriptive statistics, reliability analyses, and multi-faceted Rasch model analyses using FACETS (Linacre, 1998). Key to understanding the effectiveness of the C-test for distinguishing among students across the GUGD curricular levels were correlational analyses, graphic displays, and comparisons among average C-test scores and 95% confidence intervals. In the following, results from selected analyses are presented, and key findings are summarized and discussed; complete results and discussion can be found in Norris (2004).

3.3.1. Measurement accuracy of the GUGD C-test and texts

Two necessary conditions for continued use of the C-test for placement purposes were that it elicit a wide range of scores from examinees across the four years of the GUGD curriculum and that individual examinee ability levels reflected in these scores be reliably distinguishable. In order to investigate these conditions, descriptive statistics and reliability estimates were calculated for C-test scores from the five distinct population samples of students shown in Table 2, each of which represented a considerable range of German language ability levels. Table 2 provides descriptive statistics, Cronbach alpha (α) reliability estimates (treating each of the five texts as a polytomous item), and standard errors of measurement (SEM) for the five distinct sets of C-test scores.

Table 2: Descriptive statistics and reliability estimates for distinct C-test administrations

Statistic	Distinct Population Samples				
	Placement Exam Fall 1999	Non-Pl. Students Semester-Begin	Non-Pl. Students Semester-End	All Students Semester-End	Placement Exam Fall 2000
N	102	95	145	193	92
k	125	125	125	125	125
Mean	77.05	71.86	70.21	74.30	77.99
S	26.43	21.15	24.98	24.87	22.34
Min	16	16	7	7	19
Max	125	121	119	119	124
α	0.96	0.94	0.95	0.95	0.95
SEM	±5.29	±5.18	±5.59	±5.56	±5.47

Descriptive statistics confirmed that the C-test instrument effectively elicited a wide range of scores corresponding to the broad ability differences within each of these student population samples. Mean scores for each administration fell slightly higher than the midpoint of the 125-item test, reflecting the larger proportion of advanced students who completed the various administrations. Minimum and maximum scores extended across nearly the entire available scoring range, and consistently large standard deviations (between 21 and 27 score points) indicated considerable variability within both placed and non-placed student scores and at both the beginning and the end of a semester of instruction, as expected in light of the range of abilities represented within each sample. Furthermore, very high Cronbach alpha reliability estimates for all five sets of scores revealed that this observed variability was associated with consistent differences among individual examinees, whose scores could also be trusted on each C-test administration within approximately 5.5 score points (one SEM). In sum, based on findings from these initial administrations of the C-test to a variety of both incoming and continuing GUGD students at different points over a semester, the C-test instrument was interpreted to consistently elicit a wide range of scores and to distinguish reliably among individual students representing the first four years of the curriculum.

Several additional analyses provided insights into the extent to which the underlying structure of the C-test was functioning as intended in eliciting these overall observed reliable differences among students. The curriculum-based selection techniques described above posited that individual texts representing processing abilities at each of the four curricular levels would prove differentially difficult for students, and that these differences would provide a consistent source of variance for distinguishing among them. Tables 3 and 4 display descriptive statistics for each of the five C-test texts from performances by students on the Fall 1999 and Fall 2000 placement exam administrations. Note that for these and following analyses in the current section, only findings from the two placement exam administrations are presented due to space limitations; analyses for the pre-post C-test administrations reflected virtually identical patterns.

Table 3: Descriptive statistics for C-test texts on Fall 1999 GUGD Placement Exam

Statistic	Text 1	Text 2	Text 3	Text 4	Text 5
Mean	19.30	16.11	16.05	13.93	11.66
S	4.49	5.55	5.07	6.40	6.71
Min	5	2	4	0	0
Max	25	25	25	25	25

Table 4: Descriptive statistics for C-test texts on Fall 2000 GUGD Placement Exam

Statistic	Text 1	Text 2	Text 3	Text 4	Text 5
Mean	19.37	17.09	16.39	13.93	11.21
S	4.14	4.69	4.50	5.51	5.66
Min	4	2	6	2	1
Max	25	25	25	25	24

It is clear in Tables 3 and 4 that students who completed the placement exam C-test performed with decreasing average scores from the first through the fifth texts, as predicted. Furthermore, students performed at remarkably similar average score levels for each text on the two distinct C-test administrations, suggesting considerable stability of the test structure at eliciting performances related to curricular-level ability differences. Finally, average scores on texts 2 and 3 proved to be very similar to each other on both placement exam administrations, supporting the assumption that these two texts reflected the processing difficulties of the same level (2) in the GUGD curriculum (as described above).

While overall average scores on each text provided some support for the presumed underlying structure of the C-test, it was also necessary to examine independently the performances of students placed into distinct curricular levels in order to understand the extent to which each text was eliciting predicted differences in performance at each placement level. Thus, it was assumed that groups of students placed into progressively higher curricular levels would: (a) perform with higher accuracy on all five texts than students at the preceding curricular level; and (b) perform with decreasing accuracy from text 1 through text 5, with the exception of texts 2 and 3, where similar average scores were expected. Figures 1 and 2 show the patterns of average performance accuracy on each C-test text by students placed into the four curricular levels. Assumption (a) was clearly supported on both placement exam C-test administrations, with increasing average scores on each text at each increasing curricular level, the only exception being equally low average scores on text 5 (the most difficult) from the students placed into curricular levels 1.1 and 1.2 during Fall 1999 (note that no students were placed into level 1.1 in Fall 2000).

Development and evaluation of a curriculum based German C-test

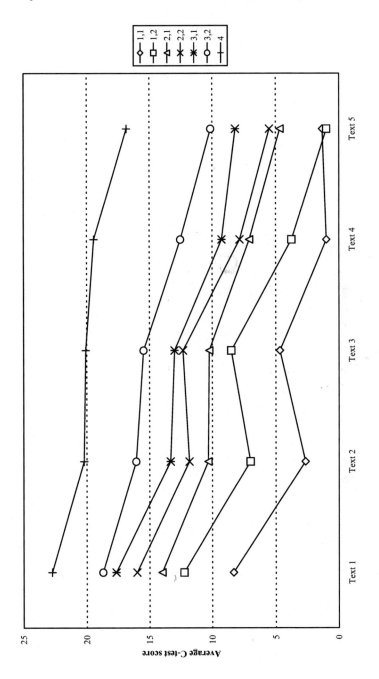

Figure 1: Average performance on five C-test texts by curricular level groups (Fall 1999)

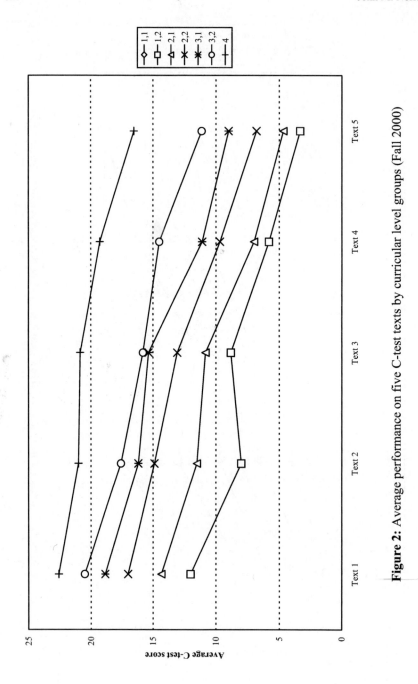

Figure 2: Average performance on five C-test texts by curricular level groups (Fall 2000)

Assumption (b) was also generally supported on both placement exam administrations with overall decreasing scores from text 1 through text 5 by the groups of students placed into each curricular level. However, predicted similarities in scores for texts 2 and 3 were not entirely borne out at each curricular level. For students placed into levels 1.1 and 1.2, text 2 proved slightly easier than text 3, while students placed into the middle and upper curricular levels found text 2 slightly more difficult than text 3, albeit with higher overall performance accuracy than students at preceding levels. Nevertheless, score patterns by students overall and at each of the curricular placement levels clearly supported the basic premise that selected texts represented the GUGD curricular levels by eliciting performances that differed in predicted ways.

A third set of analyses was conducted in order to better understand the extent to which the C-test overall and the individual texts provided an accurate measurement tool for distinguishing among students' curriculum-related ability levels. Multi-faceted Rasch model analyses were employed to provide a unique perspective on the measurement structure underlying the C-test as used with the particular population of students that characterize the GUGD. Thus, while comparisons among average test and text scores reflected predicted patterns across the curricular levels and on the five individual texts, the instability of raw-score analyses (Embretson & Hershberger, 1999) might have contributed in part to these observations. Rasch model item response theory analyses, on the other hand, provided a more stable indication of the actual interval scale estimated to underlie the test and text scores (see McNamara, 1996 for a useful discussion of item response theory in language test analysis). Thus, examinee and item measures were estimated according to a single underlying Rasch model scale for each placement exam administration of the C-test; individual C-test texts were treated in these analyses as polytomous items worth between 0 and 25 points each.

Tables 5 and 6 display the item measure values, as well as additional error, fit, and reliability statistics, estimated for each C-test text on the two placement exam administrations. Item measures can be interpreted as an indication of the difficulty of the item relative to the average examinee ability level (set at 0 on the Rasch model scale); negative scores indicate easier items and positive scores indicate more difficult items. Several findings displayed in Tables 5 and 6 contribute to interpretations about the measurement accuracy of the C-test. First, the apparent difficulties of each of the five texts clearly reflected the predicted pattern on both administrations, with item measures increasing (i.e., texts become more difficult) consistently from text 1 through text 5, and with texts 2 and 3 revealing very similar values. In addition, considerable differences observed in item measure values between the texts indicated consistent, large increases in difficulty.

Table 5: Fall 1999 C-test Rasch Model analyses

C-test Texts	Item Measure	Standard Error	Infit		Outfit		Point-Biserial
			MnSq	Z-Std	MnSq	Z-Std	
Text 1	−1.70	0.06	1.1	0	1.2	1	0.87
Text 2	−0.75	0.05	1.1	0	1.1	0	0.89
Text 3	−0.74	0.06	0.7	−1	0.8	−1	0.92
Text 4	−0.20	0.05	0.9	0	0.9	0	0.92
Text 5	0.33	0.05	1.0	0	1.0	0	0.89

Note: Separation: 12.44, Reliability: 0.99

Table 6: Fall 2000 C-test Rasch Model analyses

C-test Texts	Item Measure	Standard Error	Infit		Outfit		Point-Biserial
			MnSq	Z-Std	MnSq	Z-Std	
Text 1	−1.60	0.06	1.1	0	1.2	1	0.81
Text 2	−0.94	0.06	0.9	0	1.0	0	0.86
Text 3	−0.75	0.06	0.8	−1	0.8	−1	0.89
Text 4	−0.16	0.05	1.1	0	1.1	0	0.86
Text 5	0.47	0.06	0.8	−1	0.8	−1	0.87

Note: Separation: 12.23; Reliability: 0.99

Second, similarly high separation values on each test administration reflected the extent to which the texts differed consistently from each other in terms of examinee performances on each. These separation values can be translated into traditional test theory reliability estimates; thus, the reliability of differences observed among the difficulties of the five texts was found to be equivalent to a Cronbach alpha reliability estimate of 0.99 on each test administration. Third, very low standard error estimates, and infit/outfit statistics which fell within the expected range (−1 to +1), indicated that students' scores on each C-test administration could be modeled into a trustworthy interval scale and, thus, that test and text scores were functioning as stable indicators of examinees' ability differences. Finally, strong point-biserial correlation coefficients between each item measure and the total test score indicated that the five texts were all contributing in equivalent and predicted ways to examinees' overall test scores.

Figures 3 and 4 provide graphic displays of both item measures and examinee measures (i.e., estimates of examinees' abilities) according to the common interval scale created by the Rasch model analyses. Examinees are depicted in the second column of the figure as star symbols (each symbol represents one examinee measure estimate), and the five C-test texts are depicted in the third column of the figure. Both examinee abilities and text difficulties increase from the bottom to the top of the figure. The predicted differences among the five texts are clear in both figures, with text 1 falling at the bottom of the scale, texts 2 and 3 falling higher and very close together, and texts 4 and 5 showing substantial increases in difficulty.

```
|Measr|+Examinees|-C-test texts  |Scale|
+   4 + *            +              +(25) +
|     | *            |              |     |
|     |              |              | 24  |
|     | *            |              |     |
|     |              |              |     |
|     |              |              | --- |
|     | **           |              |     |
+   3 +              +              + 23  +
|     | **           |              |     |
|     |              |              | --- |
|     | **           |              |     |
|     | *            |              | 22  |
|     | *            |              |     |
|     | *            |              | --- |
+   2 + **           +              + 21  +
|     | *            |              |     |
|     |              |              | --- |
|     | ***          |              | 20  |
|     | *****        |              | --- |
|     |              |              | 19  |
|     | *            |              | --- |
+   1 +              +              + 18  +
|     | **           |              | --- |
|     | **           |              | 17  |
|     | *            |              | --- |
|     | ******       |              | 16  |
|     | ***          | Text 5       | 15  |
|     | *******      |              | --- |
*   0 * ****         *              * 14  *
|     | ***          | Text 4       | 13  |
|     | **           |              | 12  |
|     | ********     |              | --- |
|     | ***          |              | 11  |
|     | **           | Text 2  Text 3 | 10 |
|     | *****        |              | --- |
+  -1 + ****         +              + 9   +
|     | *****        |              | 8   |
|     | **           |              | 7   |
|     | ********     |              | --- |
|     | ***          |              | 6   |
|     | *            | Text 1       | 5   |
|     | *            |              | 4   |
+  -2 + *            +              + --- +
|     | **           |              | 3   |
|     |              |              | 2   |
|     |              |              | --- |
|     | *            |              | 1   |
|     | *            |              |     |
|     | *            |              | --- |
+  -3 +              +              +(0)  +
|Measr|  * = 1       |-C-test texts |S.1  |
```

Figure 3: Fall 1999 GUGD Placement Exam C-test: All Facet Vertical "Rulers"

```
----------------------------------------
|Measr|+Examinees |-C-test texts|Scale|
----------------------------------------
+   6   +            +            +(25) +
|       |            |            |     |
|       |            |            |     |
|       |            |            |     |
|       | *          |            |     |
+   5   +            +            +     +
|       |            |            |     |
|       |            |            | --- |
|       |            |            |     |
|       |            |            |     |
+   4   +            +            +     +
|       |            |            | 24  |
|       | *          |            |     |
|       |            |            |     |
|       |            |            | --- |
+   3   +            +            +     +
|       | **         |            | 23  |
|       | *          |            | --- |
|       |            |            |     |
|       |            |            | 22  |
+   2   +            +            + --- +
|       | ***        |            | 21  |
|       | ***        |            | --- |
|       |            |            | 20  |
|       | *******    |            | 19  |
+   1 + **           +            + 18  +
|       | *          |            | --- |
|       | *****      |            | 17  |
|       | ****       | Text 5     | 16  |
|       | *********  |            | 15  |
*   0 * *****        *            * 14  *
|       | *****      | Text 4     | 13  |
|       | ********   |            | 12  |
|       | *********  |            | 11  |
|       | ******     | Text 3     | 10  |
+  -1 + ****         + Text 2     +  9  +
|       | *****      |            |  8  |
|       | **         |            |  7  |
|       | ***        | Text 1     |  6  |
|       | **         |            |  5  |
+  -2 + **           +            +  4  +
|       | *          |            | --- |
|       |            |            |  3  |
|       |            |            | --- |
|       |            |            |     |
+  -3 + *            +            +(1)  +
----------------------------------------
|Measr|  * = 1       |-C-test texts|Scale|
----------------------------------------
```

Figure 4: Fall 2000 GUGD Placement Exam C-test: All Facet Vertical "Rulers"

Examinee measures (i.e., ability estimates) were widely distributed across the scale on each administration, with the majority falling between the item measure estimates for texts 1 and 5. Thus, the majority of examinee ability levels were captured within the range of text difficulty estimates. In addition, very similar, high examinee separation values were found for each C-test administration (Fall 1999 = 3.72; Fall 2000 = 3.17), which translated into high traditional test theory reliability estimates ($\alpha = 0.93$; $\alpha = 0.91$). However, it should be noted that on each C-test administration a number of examinee measures fell above the item measure estimate for text 5, indicating that these students' actual advanced abilities were not completely captured by the C-test scores. This is not a surprising finding, given that the highest level of interpretation for the placement exam C-test falls at the GUGD curricular juncture between the end of the third year and the beginning of the fourth year of instruction, while many students (including graduate students, etc.) who take the placement exam do so with the expectation that they are prepared to enter directly into level-4 or higher classes. Were the C-test intended to capture the entire range of examinee abilities, it would clearly need additional texts that reflected these higher ability levels; however, because the C-test was designed only to capture abilities (and inform decisions) reflecting the beginning of the first year through the beginning of the fourth year of instruction, the current findings clearly support exactly that use.

In sum, the curriculum-based text selection techniques utilized in the GUGD produced a C-test instrument which functioned in very much the predicted ways and met the measurement accuracy requirements for intended use as a placement testing instrument in this particular educational setting. However, while dependable measurement qualities were a prerequisite for using the C-test, they did not necessarily indicate the applicability of resulting scores for the purpose of separating students into distinct ability levels as defined by the curriculum. Accordingly, additional analyses were undertaken in order to explore just how effectively the C-test distinguished among students in the first four GUGD curricular levels.

3.3.2. Effectiveness of the C-test at distinguishing among GUGD curricular levels

Initial evidence was sought in the relationship between the C-test and other indicators of examinees' curriculum-related abilities. Thus, it was assumed that for most examinees within the target population of GUGD students, their abilities to perform accurately on the C-test would relate strongly with their abilities to process information in both aural and written texts also representative of the different curricular levels. Therefore, C-test scores for the Fall 1999 and Fall 2000 placement exam administrations were compared with two available indicators of curriculum-related textual processing in the form of the Listening and Reading Comprehension Tests (LCT and RCT) also administered on the placement exam. Table 7 shows the Pearson correlation coefficients between C-test scores and these two tests on each placement exam administration.

Table 7: Pearson correlations between C-test and LCT/RCT scores

	Fall 1999 C-test ($N = 102$)	Fall 2000 C-test ($N = 92$)
LCT	0.82	0.77
RCT	0.86	0.84

Note: All correlations statistically significant ($p < .05$).

Relatively strong relationships were found between the C-test and the LCT and RCT on both exam administrations. Note that the relationship between C-test performances and examinees' abilities to comprehend aural texts was slightly weaker than the relationship with reading comprehension on both administrations, a finding which likely reflects the distinct aural mode of text delivery and intake/processing in the LCT. Overall, the moderately strong correlations lent initial support to the use of the C-test for distinguishing among students according to their abilities to process texts selected from distinct levels of the GUGD curriculum.

Beyond such criterion-related support, evidence regarding the effectiveness of the C-test as a tool for informing placement decisions was sought for the following key assumptions: (a) average C-test scores would differentiate clearly between groups of students at each of the GUGD curricular levels; (b) these differences would hold at both the beginning and the end of a semester of instruction; (c) students at common curricular junctures (i.e., the end of one semester and the beginning of the subsequent semester) would exhibit similar scores on the C-test; and (d) individual students' C-test scores would increase as a result of a semester of instruction. As detailed in Norris (2004), several cross-sectional and longitudinal investigations were pursued in order to test these assumptions, and the main findings are summarized briefly below.

Average C-test scores at each of the curricular levels were first calculated for all non-placed students who completed the semester-beginning or semester-end C-test administrations from Fall 1999. Non-placed students' scores were investigated on their own due to the fact that differences could be assumed *a priori* among placed students' scores at each level (although some variability was possible within scores for placed students, given that information from the LCT and RCT, in addition to the C-test, was used in making placement decisions). Figure 5 provides a graphic representation of the differences observed between non-placed students' average scores at each curricular level and on the two testing occasions. Note in Figure 5 that average scores are grouped according to common curricular junctures; for example, scores for students from C-test administrations at the end of both level 2.2 (second year, second semester) and 2.Int (second year, intensive semester) are grouped with students' scores on administrations at the beginning of both 3.1 (third year, first semester) and 3.Int (third year, intensive semester), because it was assumed that students at this common point (i.e., the juncture between the end of the second and the beginning of the third curricular levels) would score in similar ways.

Several patterns in Figure 5 underscore the effectiveness of the C-test at differentiating among students, on average, at distinct curricular levels. The overall trend in increasing mean scores across levels is clear, with students at each level scoring higher than students at the previous level, this despite the low numbers and unknown nature (e.g., how they enrolled in a given course) of non-placed students at the various curricular levels. In addition, this increasing trend from curricular level to level is apparent within the sub-sets of semester-beginning scores (diagonal-lined bars) as well as semester-end scores (solid bars), indicating that C-test score differences between proximate curricular levels hold prior to as well as following a semester of instruction. Figure 5 also shows that non-placed students at similar junctures within the curriculum scored, on average, more similar with each other than with students at semester junctures above or below. Thus, on average, students at the end of the third year intensive semester scored similar to students completing the final semester of non-intensive third year instruction, and both scored with considerable similarity to students beginning the fourth year of instruction (only 2 score points separated the three means). Likewise, students at the end of year two (intensive and non-intensive semesters) scored on average very close to students at the beginning of year three instruction (intensive and non-intensive). Finally, comparisons of the semester-beginning with semester-end scores within any given curricular level (e.g., 2.1 BEG to 2.1 END) generally revealed substantial differences, as expected.

Two discrepancies in these trends are also apparent. First, students at the beginning of the second year intensive semester scored, on average, much closer to students at the mid-year juncture (the end of 2.1 and beginning of 2.2) than to students at the beginning of the year-two juncture. This finding was attributed by GUGD constituents to the fact that relatively advanced incoming students (e.g., students appropriately placed into level 2.2) were frequently advised to enroll in intensive sections slightly below their likely abilities (e.g., 2.intensive) in order to review features of German and become accustomed to the unique approach to curriculum and instruction within the GUGD. A second discrepancy was identified in the relative lack of difference between students' scores at the beginning and mid-year junctures for level 3. Thus, students at the end of the first semester and at the beginning of the second semester of level 3 did not score, on average, substantially higher than students at the end of level 2 or beginning of the first semester of level 3. GUGD constituents attributed this finding to the considerable learning expectations associated with the first semester of the third year of instruction, and they noted that the average scores did increase substantially by the end of level three, as predicted. Overall, then, trends in average scores clearly supported the effectiveness of the C-test at distinguishing between non-placed students at distinct years across the curriculum (i.e., beginning of level 2 versus beginning of level 3), while some discrepancies were noted between semesters at the mid-year junctures in levels 2 and 3 (and no data were available for the mid-year juncture in level 1).

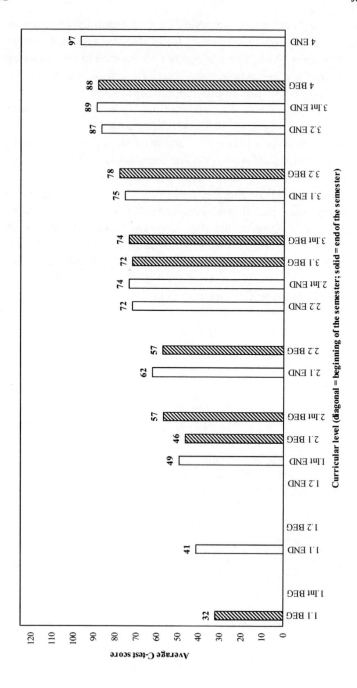

Figure 5: Average C-test scores for non-placed students at the beginning and the end of one semester of instruction (Fall 1999)

In order to provide a more robust representation of student performances for each curricular level, for the purpose of evaluating the extent to which the C-test effectively grouped students at common curricular junctures, the scores of placed students were combined with those of non-placed students, and average scores and 95% confidence intervals were calculated for each group at the beginning and end of each curricular level. Figure 6 facilitates comparisons among these combined placed/non-placed curricular level groups. Note that the mean score for each group is represented by either a minus symbol (semester-beginning scores) or a plus symbol (semester-end scores) in the middle of each bar, and that this bar reflects the magnitude of the confidence interval around each mean (i.e., the range within which the mean score can be trusted at 95% certainty, given the number and variability of observations; see explanation in Norris & Ortega, 2000). Where these bars overlap with each other, differences between mean values cannot be considered probabilistically rare, and where they do not overlap, differences are probabilistically rare (i.e., statistically significant).

As observed above among the average scores of non-placed students only, the overall pattern of similarity in average scores at common curricular junctures and difference with average scores at the preceding or subsequent level was clear, with mean scores increasing at each proximate curricular juncture from level I through level IV. In addition, confidence intervals around all group means at each common curricular juncture overlapped with each other, reflecting the predicted scoring similarities, and, for the most part, they did not overlap with the confidence intervals for groups at higher or lower curricular levels, reflecting the predicted differences between levels.

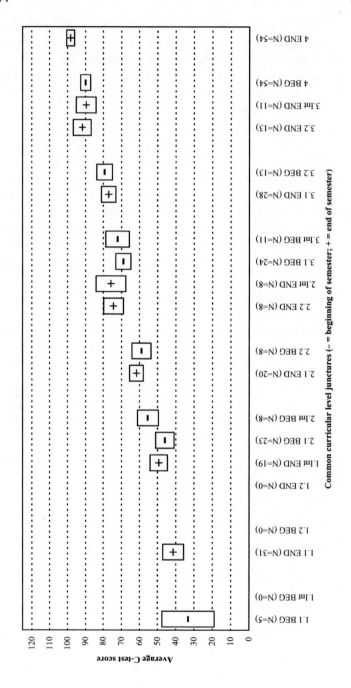

Figure 6: Comparison of average C-test scores and 95% confidence intervals at common curricular level junctures (Fall 1999)

Three discrepancies within these overall patterns should be noted. First, confidence intervals around average scores for students at the end of the first-year, first-semester (1.1 END) did overlap with those for some of the students at the beginning of the second year of instruction, suggesting that these first-semester students scored somewhat higher on the C-test than expected (note also the very large confidence interval around the mean score at 1.1 BEG due to minimal data at that level). Second, the average score for students at the beginning of the second-year intensive (2.Int) course was higher than scores for other students at the year 2 beginning juncture, and it overlapped with students' scores at the mid-year juncture, although this finding is likely attributable to relatively advanced students who enrolled in the 2.Int level as a review course (see above). Third, average scores for students at the end of year 2 courses and beginning of year 3 courses could not be probabilistically distinguished from scores for students in mid-year 3 courses, as observed above for the non-placed students. Note that none of these discrepancies revealed unpredicted trends in average C-test scores, which were found to increase consistently from one curricular level juncture to the next. However, they did clearly show that average score differences from one semester to the next could not be interpreted as probabilistically distinct (i.e., as statistically significant differences) in several cases.

A final set of analyses addressed the critical assumption that consistent longitudinal increases in C-test scores would be found following the intervention of one semester of instruction at each of the GUGD curricular levels, including the expectation of greater increases for intensive versus non-intensive semesters. Thus, while cross-sectional differences might be detected for any administration of the exam to students sampled from across the various levels, due to differences in central tendencies of students' scores, only an investigation of longitudinal changes in scores for individual students completing both pre- and post-semester C-tests would provide evidence of the extent to which the C-test could estimate curriculum-related development in language abilities. In order to investigate this assumption, means and 95% confidence intervals were calculated for the subset of students at each level who completed both the pre-semester (or placement exam) and post-semester C-test administrations (total $N = 124$).

Figure 7 shows graphical comparisons between average pre- and post-semester scores for students completing both C-test administrations at curricular levels 1 through 4. With the exception of curricular level 1.1, where the low number of students resulted in large and overlapping 95% confidence intervals, the patterns of change are consistent across all of the other levels for which data were available. Average C-test scores increased substantially for students within each level following a semester of instruction, and these increases resulted in post-semester mean values that differed from pre-semester values to probabilistically rare degrees in all cases (i.e., 95% confidence intervals did not overlap within any of the level 2 through level 4 pre- to post-semester comparisons). Average C-test scores for intensive-instruction students (2.Int and 3.Int; no data were available for 1.Int) also increased to larger degrees than did average scores for non-intensive-instruction students at all curricular levels.

Furthermore, patterns of mean values across the curricular levels revealed considerable consistency for this stable sample of students who completed the longitudinal study. Average C-test scores for students at common curricular junctures did not differ to probabilistically rare degrees, with means falling very close together and 95% confidence intervals overlapping, and this was the case at both the beginning and end of the semester as predicted. In addition, average pre-semester scores for students in the intensive semesters of instruction for both levels 2 and 3 fell in between the scores for students beginning the first or second non-intensive semesters of instruction at the given level, but they fell at the same point as scores for students completing the entire year of non-intensive instruction by the end of the semester. This pattern reflected exactly the expectation of the curricular structure that one semester of intensive instruction would result in roughly equivalent development to that found in two semesters of non-intensive instruction, an expectation for which there had been no supporting evidence prior to the outset of this evaluation study.

While longitudinal changes in C-test scores were observed consistently for students within each semester at all curricular levels, between-levels comparisons again revealed an exception at the transition from year 2 to year 3. While 95% confidence intervals for students completing year 2 (2.2 POST and 2.Int POST) overlapped as predicted with those for students beginning year 3 instruction (3.1 PRE and 3.Int PRE), they also overlapped with scores for students completing the first semester (3.1 POST) and for those beginning the second semester (3.2 PRE) of year 3 instruction. To some extent, this finding may have been attributable to the smaller Ns and larger confidence intervals for the year 2 student groups. However, given the repeated finding of non-distinct performances at this transition point within the various cross-sectional and longitudinal samples investigated, GUGD constituents were concerned that the C-test might not be distinguishing well at this critical transition point within the curriculum or that the placement cut-score bands had incorrectly estimated the approximate score point of differentiation between these curricular levels.

In general, then, findings from both cross-sectional and longitudinal analyses supported inferential assumptions regarding the effectiveness of the C-test at distinguishing between students at different curricular levels and grouping students at common curricular junctures. It is clear that students could be consistently differentiated between each year of the curriculum, as scores from both semester-beginning and semester-end C-test administrations demonstrated with substantial and probabilistically rare differences between years I and II, II and III, and III and IV. Less certain is the consistency of distinctions made between semesters of the curriculum, in particular at the transition between the end of year 2 and beginning of year 3 instruction. Furthermore, the lack of key data points for year 1 students limited the interpretations that could be made about the effectiveness of the C-test at that level. However, considering the unknown representativeness of cross-sectional samples of students who completed the various C-test administrations, and given the very consistent longitudinal changes observed in response to both non-intensive and intensive semesters of instruction at each level, the overall patterns of differentiation across the curricular levels encouraged favorable interpretations among GUGD constituents about the effectiveness of the instrument for use in making curriculum-relevant placement decisions.

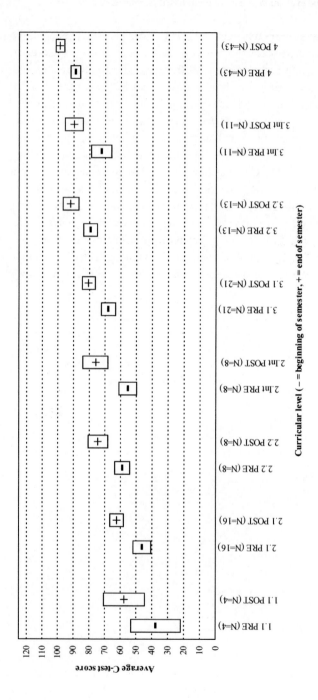

Figure 7: Comparison of average C-test scores and 95% confidence intervals for longitudinal changes over one semester

4. Conclusion

The *Developing Multiple Literacies* curriculum clearly seeks to foster students' acquisition of German language knowledge and abilities well beyond the scope of what is assessed on the GUGD Placement Exam C-test. Likewise, assessment is intended to play a variety of roles within the GUGD program, including placement as well as learner feedback and promotion, instructional improvement, curricular evaluation, and other purposes. The key question for development of any assessment practice within this FL educational setting, then, is not "how can we best measure the language learning construct underlying the curriculum?" but rather "what is the intended use for the given assessment practice within this curriculum?". In the case of the GUGD Placement Exam, test users wanted a trustworthy indicator of where, within the curricular sequence, incoming students best fit, and they realized that the assessment would have to be constrained by available time and resources. The development of a curriculum-based C-test, along with a few other short-cut estimates of textual processing abilities, provided a potential solution for meeting this intended use. However, the GUGD C-test was not intended to capture the complexity of the curriculum, nor to meet any of the other assessment purposes which arose within the program; these, in turn, were addressed through the careful specification of intended test use and the development of multiple, unique assessment instruments and procedures best suited to meet each use. Given the innovative teaching and learning context in the GUGD, this curriculum-based approach to assessment development enabled the implementation of practices which, unlike generic external assessment alternatives, provided test users with tailor-made information appropriate to their specific needs.

Of course, such locally developed assessments also demanded validity evaluation of the extent to which tests actually met intended uses. In the case of the C-test, initial concerns were with the accuracy and effectiveness of a C-test which was produced through a unique curriculum-based text selection approach. As reported above, the GUGD C-test and its constituent texts were found to provide trustworthy estimates of students' abilities which led to effective distinctions across the full range of curricular levels into which students were to be placed. However, in addition to these initial investigations, a variety of other validity evaluation studies were pursued in response to the concerns of GUGD constituents. As reported in Norris (2004), these studies investigated scorer accuracy, learner and teacher opinions regarding the test and associated placement decisions, the relationship between learner backgrounds and placement, and cut-score accuracy, among other issues. Each of these studies provided important evidence in judging and, more importantly, in improving the extent to which the

C-test was meeting intended uses; most critically, they resulted in considerable changes to policies for communicating about the C-test and associated placement decisions to teachers, students, and external parties.

As a result of these assessment development and evaluation efforts, the curriculum-based GUGD C-test seems to be functioning well in its intended role, and its use continues to be monitored and adjusted as necessary. Whether the text-selection approach described here or the findings regarding C-test accuracy and effectiveness may generalize to other test-use contexts (e.g., in other FL programs) is, of course, an empirical question. In order to answer this question, potential test users will need to begin by specifying exactly what their intended uses are and then to follow through with development and evaluation efforts that are articulated with these uses.

Acknowledgements

I would like to thank Rüdiger Grotjahn for his interest in this work and his patience in supporting its publication in the current volume. I also appreciate feedback received from Lourdes Ortega on an earlier draft of this article. Finally, I am indebted to the faculty and students of the Georgetown University German Department, and to Heidi Byrnes and Peter Pfeiffer in particular, for their commitment to engaging in worthwhile educational assessment practices. Portions of this research were supported by a Mellon Foundation doctoral research fellowship at the National Foreign Language Center and a Language Resource Centers Program grant from the US Department of Education.

References

American Educational Research Association, American Psychological Association, & National Council on Measurement in Education (1999). *Standards for educational and psychological testing.* Washington, DC: American Educational Research Association.
Bachman, Lyle F. (1990). *Fundamental considerations in language testing.* Oxford: Oxford University Press.
Bachman, Lyle F., & Palmer, Adrian S. (1996). *Language testing in practice.* Oxford: Oxford University Press.
Bachman, Lyle F., & Palmer, Adrian S. (1981). A multitrait-multimethod investigation into the construct validity of six tests of speaking and reading. In Adrian S. Palmer, Peter J. M. Groot, & George A. Trosper (Eds.), *The construct validation of tests of communicative competence* (pp. 149–165). Washington, DC: TESOL.
Barnes, Betsy, Klee, Carol, & Wakefield, Ray. (1990). A funny thing happened on the way to the language requirement. *ADFL Bulletin, 22*(1), 35–39.
Baur, Ruprecht S., & Meder, Gregor. (1994). C-Tests zur Ermittlung der globalen Sprachfähigkeit im Deutschen und in der Muttersprache bei ausländischen Schülern in der Bundesrepublik Deutschland. In Rüdiger Grotjahn (Ed.), *Der C-test: Theoretische Grundlagen und praktische Anwendungen* (Vol. 2, pp. 151–178). Bochum, Germany: Brockmeyer.
Brennan, Robert L. (2001). Some problems, pitfalls, and paradoxes in educational measurement. *Educational Measurement: Issues and Practice, 20*(4), 6–18.
Brigham Young University. (1999). *Computerized adaptive placement exam* [Computer testing software]. Provo, Utah: Brigham Young University.
Brown, James D. (1989). Improving ESL placement tests using two perspectives. *TESOL Quarterly, 23,* 65–83.
Brown, James D., & Hudson, Thom. (2002). *Criterion-referenced language testing.* New York: Cambridge University Press.
Bolten, Jürgen. (1992). Wie schwierig ist ein C-Test? Erfahrungen mit dem C-Test als Einstufungstest in Hochschulkursen Deutsch als Fremdsprache. In Rüdiger Grotjahn (Ed.), *Der C-Test: Theoretische Grundlagen und praktische Anwendungen* (Vol. 1, pp. 193–204). Bochum, Germany: Brockmeyer.
Byrnes, Heidi. (1998). Constructing curricula in collegiate foreign language departments. In Heidi Byrnes (Ed.), *Learning foreign and second languages: perspectives in research and scholarship* (pp. 262–295). New York: The Modern Language Association.
Byrnes, Heidi. (2002). The role of task and task-based assessment in a content-oriented collegiate foreign language curriculum. *Language Testing, 19,* 419–437.
Byrnes, Heidi, & Kord, Susanne. (2001) Developing literacy and literary competence: Challenges for FL departments. In Virginia Scott & Holly Tucker (Eds.), *SLA and the literature classroom: Fostering dialogues* (pp. 31–69). Boston: Heinle & Heinle.
Campbell, Donald T., & Fiske, Donald W. (1959). Convergent and discriminant validity in the multitrait-multimethod matrix. *Psychological Bulletin, 56,* 81–105.
Center for Advanced Research on Language Acquisition. (2003). *Minnesota language proficiency assessments.* Retrieved July 24, 2003 from http://carla.acad.umn.edu/MLPA.html.
Chapelle, Carol. (1999). Validity in language assessment. *Annual Review of Applied Linguistics, 19,* 254–272.
Connelly, Michael. (1997). Using C-Tests in English with post-graduate students. *English for Specific Purposes, 16*(2), 139–150.
Cronbach, Lee J. (1969). Validation of educational measures. In *Proceedings of the 1969 Invitational Conference on Testing Problems: Toward a theory of achievement measurement* (pp. 35–52). Princeton, NJ: Educational Testing Service.

Cronbach, Lee J., & Meehl, Paul E. (1955). Construct validity in psychological tests. *Psychological Bulletin, 52*, 281–302.

Eldridge, Marlene H. (1999). *The German undergraduate foreign language placement process: A national survey of procedures*. Unpublished doctoral dissertation. State University of New York at Stony Brook.

Embretson, Susan E., & Hershberger, Scott L. (Eds.). (1999). *The new rules of measurement*. Mahwah, NJ: Lawrence Erlbaum.

Fulcher, Glenn. (1997). An English language placement test: Issues in reliability and validity. *Language Testing, 14*(2), 113–138.

Georgetown University German Department. (2003) *Developing multiple literacies*. Retrieved April 01, 2003 from http://www.georgetown.edu/departments/german/programs/curriculum/.

Grotjahn, Rüdiger. (1987). How to construct and evaluate a C-Test: A discussion of some problems and some statistical analyses. In Rüdiger Grotjahn, Christine Klein-Braley, & Douglas K. Stevenson (Eds.), *Taking their measure: The validity and validation of language tests* (pp. 219–254). Bochum, Germany: Brockmeyer.

Grotjahn, Rüdiger. (1992a). Der C-Test. Einleitende Bemerkungen. In Rüdiger Grotjahn (Ed.), *Der C-Test: Theoretische Grundlagen und praktische Anwendungen* (Vol. 1, pp. 1–18). Bochum, Germany: Brockmeyer.

Grotjahn, Rüdiger. (1992b). Der C-Test im Französischen. Quantitative Analysen. In Rüdiger Grotjahn (Ed.), *Der C-Test: Theoretische Grundlagen und praktische Anwendungen* (Vol. 1, pp. 205–255). Bochum, Germany: Brockmeyer.

Grotjahn, Rüdiger. (1996). 'Scrambled' C-Tests: Untersuchungen zum Zusammenhang zwischen Lösungsgüte und sequentieller Textstruktur. In Rüdiger Grotjahn (Ed.), *Der C-test: Theoretische Grundlagen und praktische Anwendungen* (Vol. 3, pp. 95–125). Bochum, Germany: Brockmeyer.

Grotjahn, Rüdiger, Klein-Braley, Christine, & Raatz, Ulrich. (1992). C-Tests in der praktischen Anwendung. Erfahrungen beim Bundeswettbewerb Fremdsprachen. In Rüdiger Grotjahn (Ed.), *Der C-Test: Theoretische Grundlagen und praktische Anwendungen* (Vol. 1, pp. 263–296). Bochum, Germany: Brockmeyer.

Guion, Robert M. (1980). On trinitarian doctrines of validity. *Professional Psychology, 11*, 385–398.

Heilenman, L. Kathy. (1991). Self-assessment and placement: A review of the issues. In Richard V. Teschner (Ed.), *Assessing foreign language proficiency of undergraduates* (pp. 93–114). Boston: Heinle & Heinle.

Huhta, Ari. (1996). Validating an EFL C-test for students of English philology. In Rüdiger Grotjahn (Ed.), *Der C-Test: Theoretische Grundlagen und praktische Anwendungen* (Vol. 3, pp. 197–234). Bochum, Germany: Brockmeyer.

Jakschik, Gerhard. (1994). Der C-Test für Erwachsene Zweitsprachler als Einstufungsinstrument bei der Schulausbildung. In Rüdiger Grotjahn (Ed.), *Der C-Test: Theoretische Grundlagen und praktische Anwendungen* (Vol. 2, pp. 259–278). Bochum, Germany: Brockmeyer.

Kane, Michael T. (2001). Current concerns in validity theory. *Journal of Educational Measurement, 38*(4), 319–342.

Klein-Braley, Christine. (1997). C-Tests in the context of reduced redundancy testing: An appraisal. *Language Testing, 14*(1), 47–84.

Köberl, Johann, & Sigott, Günther. (1994). Adjusting C-test difficulty in German. In Rüdiger Grotjahn (Ed.), *Der C-Test: Theoretische Grundlagen und praktische Anwendungen* (Vol. 2, pp. 179–192). Bochum, Germany: Brockmeyer.

Linacre, John M. (1998). *FACETS computer program for many-facet Rasch measurement*. Chicago: Mesa Press.

Lynch, Brian K. (1996). *Language program evaluation: Theory and practice*. New York: Cambridge University Press.
McNamara, Tim. (1996). *Measuring second language performance*. New York: Longman.
Messick, Samuel J. (1980). Test validity and the ethics of assessment. *American Psychologist, 35*, 1012–1027.
Messick, Samuel J. (1989). Validity. In Robert L. Linn (Ed.), *Educational Measurement* (3rd ed., pp. 13–103). New York: American Council on Education and Macmillan.
Messick, Samuel J. (Ed.). (1999). *Assessment in higher education: Issues of access, quality, student development and public policies: A festschrift in honor of Warren W. Willingham*. Mahwah, NJ: Erlbaum.
Moss, Pamela A. (1992). Shifting conceptions of validity in educational measurement: Implications for performance assessment. *Review of Educational Research, 62*(3), 229–258.
Norton, Bonnie. (2000). Writing assessment: Language, meaning, and marking memoranda. In Antony J. Kunnan (Ed.), *Fairness and validation in language assessment: Selected papers from the 19th Language Testing Research Colloquium, Orlando, Florida* (pp. 20–29). New York: Cambridge University Press.
Norris, John M. (2000). Purposeful language assessment. *English Teaching Forum, 38*(1), 18–23.
Norris, John M. (2004). *Validity evaluation in foreign language assessment*. Unpublished doctoral dissertation. Honolulu: University of Hawai'i at Manoa.
Norris, John M., & Ortega, Lourdes. (2000). Effectiveness of L2 instruction: A research synthesis and quantitative meta-analysis. *Language Learning, 50*, 417–528.
Norris, John M., & Pfeiffer, Peter. (2004). Exploring the uses and usefulness of ACTFL Guidelines oral proficiency ratings and standards in college foreign language departments. *Foreign Language Annals* (forthcoming)
Patton, Michael Q. (1997). *Utilization-focused evaluation: The new century text* (third ed.). Thousand Oaks, CA: Sage
Pfeiffer, Peter. (2002). Preparing graduate students to teach language and literature in a foreign language department. *ADFL Bulletin, 34*, 11–14.
Popham, William J. (2000). *Modern educational measurement: Practical guidelines for educational leaders* (third ed.). Boston: Allyn & Bacon.
Schmitt, Norbert. (1999). The relationship between TOEFL vocabulary items and meaning, association, collocation and word-class knowledge. *Language Testing, 16*(2), 189–216.
Shavelson, Richard, & Huang, Liu. (2003). Responding responsibly to the frenzy to assess learning in higher education. *Change, 35*(1), 10–19.
Shepard, Lorrie A. (1993). Evaluating test validity. *Review of Research in Education, 19*, 405–450.
Stokes, Gale. (2002). *Guidelines for foreign language and literature teaching responsibilities*. Retrieved April 01, 2003 from http://cohesion.rice.edu/humanities/depts.cfm?doc_id= 1426.
van den Branden, Kris, DePauw, Veerle, & Gysen, Sara. (2002). A computerized task-based test of second language Dutch for vocational training purposes. *Language Testing, 19*(4), 438–452.

Grotjahn, Rüdiger (Ed.) (2006). Der C-Test: Theorie, Empirie, Anwendungen/ The C-Test: Theory, Empirical Research, Applications. Frankfurt/M.: Lang

Das TESTATT-Projekt: Entwicklung von C-Tests zur Evaluation des Fremdsprachenlernerfolgs

Ulrich Raatz, Rüdiger Grotjahn und Verena Wockenfuß[*]

The work described in the present article has been part of the project "Tests and Attitude Scales for Residence Abroad (TESTATT)", aimed at developing tools to investigate student residence abroad. The article describes the construction and evaluation of C-Tests for English, French, German, and Spanish. The C-Tests, which consist of five texts with 20 gaps, appeared to have good psychometric properties. However, since the samples used for evaluation were relatively small, further research is needed to corroborate these findings. The C-Tests are available from the authors upon request.

1. Einleitung

In den Jahren 1993 bis 1996 wurde von Jim Coleman, Rüdiger Grotjahn, Christine Klein-Braley und Ulrich Raatz das Projekt "European Language Proficiency Survey (ELPS)" durchgeführt.

Im Rahmen dieses Projekts wurden bei über 25000 Studierenden verschiedener Fremdsprachen in mehreren Ländern Europas mit Hilfe von C-Tests die allgemeine Sprachbeherrschung in der jeweiligen Fremdsprache gemessen sowie mit einem informellen Fragebogen Daten zur Sprachlerngeschichte, zur Sprachverwendungsangst *(foreign language anxiety)*, zur Sprachlernmotivation und zu speziellen Einstellungen erfasst und analysiert (siehe Coleman, 1996). Diese Untersuchung sowie das Folgeprojekt TESTATT wurden vom British Council und dem DAAD finanziell unterstützt.

Ein Ergebnis der ELPS-Studie war, dass ein Auslandsaufenthalt der wichtigste Einflussfaktor im Hinblick auf die Steigerung der Beherrschung der gelernten Fremdsprache während des Studiums war. Dennoch zeigte eine Analyse der Einzeldaten, dass nicht jeder Studierende in gleicher Weise von dem Auslandsaufenthalt profitierte. Mittels des Fragebogens konnten moderierende Faktoren für die Effektivität des Auslandsaufenthalts aufgefunden werden. Dazu gehörten u.a. Einstellungen, die Sprachlernmotivation, Lernstrategien und die Bereit-

---

[*] **Korrespondenzadressen:** Prof. Dr. U. Raatz, Schwarzbachstr. 23, D-40725 Düsseldorf; e-mail: Raatz@uni-duisburg.de; Prof. Dr. R. Grotjahn, Ruhr-Universität Bochum, Fakultät für Philologie, Seminar für Sprachlehrforschung, D-44780 Bochum; e-mail: ruediger.grotjahn@ruhr-uni-bochum.de

schaft zur Akkulturierung im L2-Land. Allerdings konnten zu jedem Komplex nur wenige Einzelfragen gestellt werden, so dass die Ergebnisse eher als Hypothesen denn als gesicherte Tatbestände gelten können.

Zur Überprüfung dieser und weiterer Hypothesen in Folgeuntersuchungen erschien es notwendig, den in dem Projekt verwendeten Fragebogen zu überarbeiten bzw. gezielt ganz neue Instrumente zu entwickeln. Zu diesem Zweck haben die Verfasser das Anschlussprojekt "Tests and Attitude Scales for Residence Abroad (TESTATT)" durchgeführt. Die Hauptaufgabe dieses Projekts war die Weiterentwicklung und Erprobung der Skalen und Fragebögen, die bei dem Vorgängerprojekt ELPS eingesetzt worden waren. Außerdem sollten für weitere Untersuchungen Sprachtests in mehreren Fremdsprachen entwickelt werden, welche die Beherrschung der gelernten Fremdsprache vor und nach dem Auslandsaufenthalt messen sollten.

Alle diese Verfahren sollten so konzipiert werden, dass sie einerseits in größeren, internationalen Forschungsprojekten eingesetzt werden konnten, andererseits aber auch dem einzelnen Studierenden bei der Planung eines Auslandsaufenthalts individuelle Informationen als Entscheidungshilfe geben konnten. Fragebögen und Tests sollten entweder in klassischer Form im Papier-Bleistift-Format oder als *test delivery system* über das Internet bereitgestellt werden.

Bei diesem für später geplanten System sollten Tests und Fragebögen auf einem Internet-Server bereitgestellt werden. Jeder Studierende sollte die Tests oder Fragebögen z.B. an seinem Computer zu Hause bearbeiten können. Die Ergebnisse könnten online zentral gesammelt, ausgewertet und rückgemeldet werden, wobei das System individuell durch Passworte abgesichert sein könnte.

Zur Vorbereitung dieses Systems war es zunächst notwendig, geeignete Skalen und Sprachtests auszuwählen, in Papier-Bleistift-Form zu bringen und an größeren Stichproben in verschiedenen Ländern zu erproben. In einer zweiten Stufe könnte dann die Adaptation der entwickelten Instrumente für das Internet erfolgen.

Bei der Entwicklung von computertauglichen und ökonomischen Skalen und Tests für verschiedene Sprachen und einem internationalen Einsatzbereich waren verschiedene Randbedingungen zu beachten:

1. Da die Messinstrumente – in der zweiten Entwicklungsphase – computertauglich sein sollten, konnten nur „verbale" Items verwendet werden, und zwar möglichst im Multiple-Choice-Format (z.B. bei Fragebögen) oder als Ergänzungsitems (z.B. bei C-Tests).
2. Die Anzahl der Verfahren sowie die Anzahl der Items pro Verfahren sollte insbesondere aus Gründen der Ökonomie möglichst gering sein.

3. Tests und Fragebögen sollten parallel in mehreren Sprachen, zunächst in Deutsch und Englisch, entwickelt werden. Bei solchen Parallelentwicklungen müssen allerdings über eine Übersetzung hinaus möglicherweise unterschiedliche Validitäten und Faktorenstrukturen der Instrumente beachtet werden.
4. Die Fragebögen mussten für verschiedene Zielsprachen und verschiedene Gastländer tauglich und damit inhaltlich sehr allgemein sein (vgl. zu der in Punkt 3 und 4 genannten Problematik z.b. Hambleton & de Jong, 2003).
5. Da die Skalen auch Aussagen über einzelne Studierende ermöglichen sollten, mussten sie hoch reliabel sein. Das bedeutet, dass zu jedem Konstrukt eine ausreichende Anzahl von Fragen gestellt und zu Skalen mit einem Gesamtpunktwert zusammengefasst werden musste – falls die Faktorenstruktur es zuließ.[1]
6. Schließlich sollten die Fragebögen und Tests, die in TESTATT entwickelt und erprobt werden sollten, den Instrumenten der ELPS-Studie formal und inhaltlich möglichst entsprechen, damit unmittelbar Vergleiche hergestellt werden konnten.

Nach Sichtung der Literatur und Vorversuchen an kleineren Stichproben in Duisburg fiel die Wahl schließlich auf die im Folgenden beschriebenen Fragebögen und Sprachtests.

2. Messinstrumente

2.1. Fragebögen

Im Rahmen des Projekts wurden fünf Fragebögen jeweils in deutscher und englischer Sprache zur Messung von Extraversion, Sprachangst, Sprachlernmotivation und Einstellung zu Personen der eigenen (L1) und der fremden (L2) Nationalität entwickelt und erprobt. Diese Fragebögen umfassten jeweils 16 Items mit 4 Antwortmöglichkeiten.

Der Entscheidung für die genannten Variablen lag u.a. die Hypothese zugrunde, dass extravertierte, wenig ängstliche und hoch motivierte Studierende mit positiver Einstellung zum Gastland sprachlich stärker von einem Auslandsaufenthalt profitieren würden.

Die Entwicklung dieser Fragebögen ist an anderer Stelle beschrieben. Dort werden auch erste Ergebnisse zu den vermuteten Zusammenhängen vorgestellt (vgl. Grotjahn, 2004; Grotjahn, Raatz, Wockenfuß, 2004; Grotjahn, Raatz, Wockenfuß & Coleman, 2001).

---

[1] In der ELPS-Studie wurde z.T. eine einzige Frage zu einem Konstrukt gestellt.

2.2. Sprachtests

Als ökonomische Methode zur Messung des allgemeinen Sprachstandes in der gelernten Sprache, z.B. vor und nach einem Auslandsaufenthalts im Rahmen eines Fremdsprachenstudiums, haben sich C-Tests vorzüglich bewährt. Da auch bei der ELPS-Studie C-Tests in verschiedenen Sprachen mit großem Erfolg eingesetzt worden waren, wurde entschieden, im Rahmen des TESTATT-Projekts ebenfalls C-Tests in den Sprachen Deutsch, Englisch, Französisch und Spanisch zu entwickeln und zu erproben. Diese Tests sollten jeweils fünf Texte mit 20 Lücken umfassen und auf klassische Weise nach der *"rule of two"* konstruiert werden. Weiter war beabsichtigt, in jeder Sprache vier parallele Testformen mit unterschiedlichem Schwierigkeitsgrad zu entwickeln, die aber zwei Texte gemeinsam hatten. Diese „Ankertexte" sollten zur Kalibrierung der Testformen dienen. Die Entwicklung dieser Tests wird im Folgenden dargestellt.

3. Die Entwicklung der C-Tests

3.1. Auswahl und Zusammenstellung der Texte

In allen vier Zielsprachen wurden jeweils 18 Texte aus einem Pool aus einzelnen Texten und ganzen Tests ausgewählt, die bereits in früheren Untersuchungen (einschließlich des ELPS-Projekts) verwendet worden waren. Diese Texte wurden dann nach der "rule of two" beschädigt, d.h. beginnend vom zweiten Satz an wird bei jedem zweiten Wort die zweite Hälfte getilgt und durch eine Linie ersetzt. Jeweils vier dieser Texte wurden nach Zufall ausgewählt und zu einer Testform zusammengestellt. Die beiden letzten Texte wurden als Ankertexte in alle vier Testformen aufgenommen und auf die Positionen zwei und vier gesetzt.

Jede der vier Probeformen enthielt also einen Text mehr als für die Endform beabsichtigt. Auf diese Weise ergab sich die Möglichkeit, nach der Aufgabenanalyse einen Text zu entfernen, um so z.B. die Reliabilität des Tests zu erhöhen.

Für die Bearbeitung eines jeden Textes wurden 5 Minuten vorgesehen. Um zu vermeiden, dass sich die Probanden zu lange bei den vorderen Texten aufhielten und am Ende unter Zeitdruck gerieten, wurde jeder Text auf eine separate Seite gesetzt. Jeweils nach 5 Minuten erfolgte das Kommando: „Bitte umblättern".

Durch diese, bereits vielfach verwendete Vorgehensweise wird die Reliabilität des Tests erhöht (siehe dazu Kesper, 1995; Raatz, 2001; Sternberg, 1999).

Für das Deckblatt der Tests wurde eine deutsch- und eine englischsprachige Version entwickelt. Hier kann der Proband seine Personaldaten eintragen, und hier wird die Bearbeitung des Tests erklärt.

3.2. Stichprobe

Die Untersuchungsstichprobe bestand aus Studierenden der Universitäten Duisburg und Bochum in Deutschland und Portsmouth in Großbritannien. Die meisten deutschen Teilnehmer waren Studienanfänger mit den Studienfächern Englisch oder Französisch. Die englischen Probanden studierten Spanisch, Deutsch oder Französisch entweder im zweiten oder im vierten Studienjahr. Insgesamt konnten Daten von 427 Personen erhoben werden. Genauere Informationen enthält Tabelle 1.

Tabelle 1: Zusammensetzung der Untersuchungsstichprobe

Gruppe	Ort	Zielsprache	Studienjahr	n	männl.	weibl.
1	Duisburg	Englisch	Anfänger	110	20	90
2	Bochum	Französisch	meist Anfänger	81	15	66
3	Portsmouth	Deutsch	2. Jahr	24	9	15
4	Portsmouth	Deutsch	4. Jahr	28	5	23
5	Portsmouth	Spanisch	2. Jahr	38	3	35
6	Portsmouth	Spanisch	4. Jahr	50	9	41
7	Portsmouth	Französisch	2. Jahr	32	9	23
8	Portsmouth	Französisch	4. Jahr	64	16	48

Für die Analyse wurden die Gruppen mit derselben Zielsprache zusammengefasst. Auffällig, aber bei Sprachlernern eigentlich nicht überraschend, ist der überproportional große Anteil an Frauen mit 341 Teilnehmerinnen im Vergleich zu nur 86 Männern.

Die Bochumer Stichprobe ist sehr heterogen. Ungefähr 80% der Studierenden waren Anfänger aus dem 1. bis zum 3. Semester, 20% gaben jedoch ein höheres Studiensemester an (Maximum: 8. Semester).

Diese Stichprobe ist eine so genannte „anfallende Stichprobe". Deshalb ist Repräsentativität nicht von vornherein gegeben, sondern müsste gegebenenfalls überprüft werden.

3.3. Durchführung der Untersuchung

Aus praktischen Gründen konnten Tests und Fragebögen in den verschiedenen Gruppen nicht in derselben Reihenfolge und zur selben Zeit durchgeführt werden.

In Bochum beispielsweise wurden zu Beginn des Wintersemesters in einer Sitzung zuerst der recht anstrengende „Bochumer Einstufungstest Französisch" und dann nach einer Pause der C-Test und die Fragebögen administriert.

Auch in Duisburg erfolgte die Untersuchung zu Beginn des Wintersemesters. Hier wurden die Fragebögen in den Duisburger Einstufungstest für Englisch (DELTA) eingeschoben. Da dieser Einstufungstest bereits einen eigenen C-Test enthält und zeitlich sehr aufwändig ist, musste leider auf die Erprobung des neuen C-Tests verzichtet werden.

In Portsmouth bearbeiteten die Studierenden aller Gruppen in Sitzungen zu Beginn des Studienjahres zuerst den jeweiligen C-Test und unmittelbar danach die Fragebögen.

Gruppenunterschiede durch unterschiedlich wirksame Reihenfolgeeffekte können somit nicht ausgeschlossen werden.

In jeder Teilnehmergruppe wurden die vier Versionen des jeweiligen C-Tests nach Zufall ausgegeben.

3.4. Auswertung der Untersuchung

Nach der Auswertung der Tests und Fragebögen wurde für die verschiedenen Testformen A, B, C und D in den – jetzt nur noch drei – Sprachen Deutsch, Spanisch und Französisch eine klassische Aufgabenanalyse durchgeführt und für jeden Text die Schwierigkeit P_j und die Trennschärfe r_{jt} ermittelt (s. z.B. Grotjahn, 1987; Lienert & Raatz, 1994; Raatz & Klein-Braley, 1985). Anschließend wurde die Reliabilität eines jeden Tests mit der α-Formel von Cronbach abgeschätzt und im Rahmen einer Varianzanalyse der Additivitätstest von Tukey durchgeführt. Der Grund für die Anwendung dieses Tests ist, dass ein nichtsignifikantes Ergebnis eine notwendige Voraussetzung für die Eindimensionalität des jeweiligen C-Tests ist.

Nach Vorliegen dieser Daten wurden alle 12 Tests nach den folgenden Maßgaben auf fünf Texte reduziert:
- maximale Reliabilität,
- ein möglichst hoher P-Wert im Tukey-Test,
- Beibehaltung der beiden Ankertexte.

Es ist gelungen, in jeder der drei Sprachen vier parallele Tests zusammenzustellen, die diesen Anforderungen in hohem Maße entsprechen. Die statistischen Eigenschaften dieser Tests sind weiter unten dargestellt.

Die Validität dieser Tests konnte auf der Grundlage des Untersuchungsplans und der Datenbasis nicht systematisch untersucht werden. Es konnten aber bei den Studierenden aus Bochum für die französischen C-Tests Übereinstimmungsvaliditäten bestimmt werden. Außerdem wurden im Rahmen einer Konstruktvalidierung die C-Test-Mittelwerte der Studierenden im 2. und 4. Jahr mittels t-Tests miteinander verglichen. Die Ergebnisse dieser Validierungsstudien folgen ebenfalls weiter unten.

4. Ergebnisse

4.1. Schwierigkeiten der Texte und Tests

Die Tabellen 2 bis 4 enthalten für jede Sprache und für jede der vier Testformen den jeweiligen Stichprobenumfang n und die Schwierigkeitsindizes P_t bzw. P_j. Sowohl für den Test insgesamt als auch für jeden einzelnen Text gibt der Tabellenwert den Prozentanteil der richtig vervollständigten Lücken an. Die zwei Ankertexte und ihre Schwierigkeitswerte sind markiert.

Tabelle 2: Test- und Textschwierigkeiten bei den deutschen Tests

Form		Test	Text				
			1	2	3	4	5
	n	P_t	P_1	P_2	P_3	P_4	P_5
A	13	44.4	50	53	40	45	35
B	13	48.2	54	52	45	48	42
C	13	39.5	47	45	46	34	26
D	13	43.6	58	50	35	42	33

Tabelle 3: Test- und Textschwierigkeiten bei den spanischen Tests

Form		Test	Text				
			1	2	3	4	5
	n	P_t	P_1	P_2	P_3	P_4	P_5
A	23	61.2	69	62	60	59	57
B	21	59.6	60	66	58	60	55
C	23	52.3	55	58	55	51	44
D	21	52.3	53	62	47	54	46

Tabelle 4: Test- und Textschwierigkeiten bei den französischen Tests

Form		Test	Text				
			1	2	3	4	5
	n	P_t	P_1	P_2	P_3	P_4	P_5
A	28	65.5	73	88	72	49	66
B	19	60.9	78	84	55	47	39
C	22	60.5	75	84	63	45	57
D	27	57.6	63	78	59	45	56

Auf der Grundlage dieser Daten kann man mit der gebotenen Vorsicht die folgenden Aussagen machen:

- Die Schwierigkeiten aller 12 Tests liegen im mittleren Bereich zwischen $P = 40$ und $P = 66$, entsprechen damit also den üblichen testtheoretischen Anforderungen.
- Die deutschen C-Tests sind tendenziell am schwersten, die französischen am leichtesten. Ob diese Unterschiede durch die geringere oder größere Schwierigkeit der Tests, durch Gruppenunterschiede im Grad der Sprachbeherrschung oder durch prinzipielle Unterschiede in der Schwierigkeit dieser Sprachen erklärt werden können, lässt sich aus den Ergebnissen der Studie nicht ermitteln.
- Die Unterschiede in den Schwierigkeiten der 4 Testformen sind jeweils relativ gering. Die Spannweite liegt bei ungefähr 9 Prozentpunkten.
- Innerhalb der Tests besitzen die einzelnen Texte Schwierigkeiten zwischen $P = 30$ und $P = 70$ bei Deutsch und Spanisch (ideal!), bei Französisch zwischen $P = 40$ und $P = 90$. Hier ist insbesondere der 2. Text (Ankertext) viel zu leicht – was bei der Zusammenstellung der Tests nicht vorherzusehen war.
- Die Schwierigkeitswerte der Ankertexte unterscheiden sich zwischen den Testformen, was eigentlich nicht sein sollte. Diese Unterschiede dürften aber in Anbetracht der geringen Stichprobenumfänge zufällig sein.

Insgesamt hat die Schwierigkeitsanalyse für Tests und Texte zufriedenstellende Ergebnisse gebracht.

4.2. Trennschärfen

Für die Schätzung der Trennschärfen r_{jt} der einzelnen Texte wurde die Produkt-Moment-Korrelation zwischen Textpunktwert und Gesamtpunktwert berechnet. Die Ergebnisse wurden nicht *part-whole* korrigiert, da für die Beurteilung der Qualität der Texte die relative Größe der Trennschärfen ausreicht. Die Tabellen 5 bis 7 enthalten die Ergebnisse dieser Berechnungen. Die allen vier Testformen gemeinsamen Ankertexte und ihre Trennschärfen sind wieder markiert.

Das TESTATT-Projekt: Entwicklung von C-Tests

Tabelle 5: Trennschärfen bei den deutschen Tests

Form	N	Text				
		1 r_{1t}	2 r_{2t}	3 r_{3t}	4 r_{4t}	5 r_{5t}
A	13	.72	.84	.83	.90	.76
B	13	.72	.88	.85	.84	.84
C	13	.69	.96	.95	.91	.90
D	13	.92	.84	.68	.96	.89

Tabelle 6: Trennschärfen bei den spanischen Tests

Form	n	Text				
		1 r_{1t}	2 r_{2t}	3 r_{3t}	4 r_{4t}	5 r_{5t}
A	23	.92	.78	.86	.80	.88
B	21	.82	.83	.82	.76	.82
C	23	.89	.85	.90	.94	.79
D	21	.89	.86	.89	.74	.89

Tabelle 7: Trennschärfen bei den französischen Tests

Form	n	Text				
		1 r_{1t}	2 r_{2t}	3 r_{3t}	4 r_{4t}	5 r_{5t}
A	28	.80	.65	.78	.81	.71
B	19	.85	.92	.46	.87	.56
C	22	.79	.74	.76	.95	.86
D	27	.67	.75	.90	.94	.80

Die Trennschärfekoeffizienten liegen zwischen $r_{jt} = .46$ und $r_{jt} = .96$ mit einem Median bei $r_{jt} = .77$. Die niedrigsten Werte findet man bei den französischen C-Tests. Das ist in Anbetracht des speziellen Zusammenhangs zwischen Schwierigkeit und Trennschärfe (siehe dazu z.B. Lienert & Raatz, 1994, S. 104) verständlich, denn diese Tests sind leichter als die deutschen und spanischen Tests. Insbesondere der Ankertext 2 ist mit Schwierigkeiten zwischen $P_j = 78$ und $P_j = 88$ zu leicht (siehe Tabelle 4). Insgesamt können die Trennschärfen als zufriedenstellend angesehen werden.

4.3. Testkennwerte

Tabelle 8 enthält die Mittelwerte und Standardabweichungen der Rohpunktwerte von allen 12 Tests. Die Mittelwerte sind mit den Testschwierigkeiten in den Tabellen 2 bis 4 identisch, da jeder Test genau 100 Lücken umfasst.

Tabelle 8: Mittelwerte M und Standardabweichungen s aller Tests

Form	Deutsch		Spanisch		Französisch	
	M	s	M	s	M	s
A	44.4	13.5	61.2	11.3	65.5	14.5
B	48.2	13.3	59.6	11.7	60.9	10.5
C	39.5	15.6	52.3	13.3	60.5	18.6
D	43.6	15.3	52.3	11.9	57.6	17.6

Auffällig sind die höheren Streuungswerte bei den Testformen C und D bei den französischen C-Tests. Hier spielt möglicherweise die größere Heterogenität der Bochumer Stichprobe eine Rolle.

4.4. Reliabilität und Standardmessfehler

Die Reliabilitäten der 12 C-Tests wurden mit der α-Formel von Cronbach geschätzt. Diese Methode, die bei C-Tests immer zur Schätzung der internen Konsistenz herangezogen wird, führt zu einer Unterschätzung der Reliabilität. Tabelle 9 enthält die Ergebnisse.

Außerdem wurde jeweils auf varianzanalytischer Basis für jeden C-Test der „Tukey-Test für Additivität" berechnet. Wenn das Ergebnis dieses Tests nicht signifikant ist – bei einer möglichst hohen Wahrscheinlichkeit P – , ist eine notwendige Bedingung für die so genannte „Additivität" der Testitems, d.h. für die Eigenschaft des Tests, eindimensional auf einer Intervallskala zu messen, erfüllt. Ob der Test wirklich diese Eigenschaft besitzt, muss mit speziellen Verfahren, z.B. mit dem CLA-Modell von Moosbrugger & Müller (1982) oder ordinale Rasch-Modelle (vgl. Eckes, 2006) zusätzlich überprüft werden.

In Tabelle 9 sind die Ergebnisse dieser Tukey-Tests zusammengestellt.

Das TESTATT-Projekt: Entwicklung von C-Tests

Tabelle 9: Reliabilitäten und Additivität

	Deutsch		Spanisch		Französisch	
Form	r_{tt}	Tukey-P	r_{tt}	Tukey-P	r_{tt}	Tukey-P
A	.87	.40	.90	.92	.90	.24
B	.88	.96	.87	.91	.83	.45
C	.93	.96	.92	.77	.93	.24
D	.89	.27	.89	.53	.90	.29

Die Werte in Tabelle 9 zeigen, dass das Ziel der Aufgabenanalyse und der Reduzierung aller Tests auf fünf Texte erreicht worden ist. Die Reliabilitäten sind mit Werten zwischen $r_{tt} = .83$ und $r_{tt} = .93$ mit einem Median von $r_{tt} = .89$ auch für Einzelaussagen genügend hoch. Die Tukey-Tests sind alle nicht signifikant bei einer Grenzwahrscheinlichkeit von $P = .24$ im ungünstigsten Falle.

Aus den Reliabilitätskoeffizienten (Tabelle 9) und den Standardabweichungen (Tabelle 8) lässt sich der Standardmessfehler s_e bestimmen. Mit seiner Hilfe lässt sich für jedes einzelne Testergebnis X_i ein Intervall angeben, in welchem das „wahre", also **messfehlerbereinigte** Testergebnis mit einer Sicherheit von 68% ($X_i \pm s_e$) oder mit einer Sicherheit von 95% ($X_i \pm 2s_e$) liegt.

Bei der Interpretation von individuellen Testergebnisse sollte der Standardmessfehler durch die Angabe dieses Vertrauensintervalls immer berücksichtigt werden. Tabelle 10 enthält die Standardmessfehler der 12 C-Tests.

Tabelle 10: Standardmessfehler

	Deutsch	Spanisch	Französisch
Form	s_e	s_e	s_e
A	4.9	3.6	4.6
B	4.6	4.2	4.3
C	4.1	3.8	4.9
D	5.1	3.9	5.6

4.5. Validitäten

Die Validität der C-Tests wurde im Rahmen des Projekts TESTATT nicht systematisch untersucht. Das erschien auch nicht unmittelbar notwendig zu sein, da C-Tests durch die Art ihrer Konstruktion inhaltlich valide sind und da die Übereinstimmungs- und Vorhersagevalidität sowie die Konstruktvalidität für verschiedene Stichproben und Sprachen in einer großen Zahl von Untersuchungen immer wieder nachgewiesen worden sind. Eine Übersicht geben z.B. Grotjahn, Klein-Braley & Raatz (2002) und Eckes & Grotjahn (2006).

An dieser Stelle sollen zwei Einzelergebnisse zur Validität dargestellt werden, die bei dem Projekt TESTATT eher nebenbei angefallen sind.

In Gruppe 2, d.h. in der Bochumer Stichprobe, lag bei fast allen Studierenden das Ergebnis des „Bochumer Einstufungstests Französisch" vor, an dem alle Studierenden zu Beginn ihres Französischstudiums teilnehmen mussten (siehe Grotjahn, 1986). Die eingesetzte Version dieses Tests dauerte ca. 90 Minuten, bestand aus 16 Aufgabengruppen mit insgesamt 170 Multiple-Choice-Aufgaben und misst im Wesentlichen grammatikalische Kenntnisse. Die Einzelergebnisse werden zu einem Gesamtergebnis zusammengefasst, das bei der Einstufung in verschiedene Sprachkurse zugrunde gelegt wird.

Dieser Gesamtpunktwert wurde für die Bestimmung der Übereinstimmungsvaliditäten r_{tc} der vier C-Tests als Außenkriterium gewählt. Tabelle 11 enthält die Ergebnisse.

Tabelle 11: Übereinstimmungsvaliditäten der französischen C-Tests

Form	n	r_{tc}	Signifikanz
A	20	.89	.000
B	19	.73	.000
C	21	.89	.000
D	19	.81	.000

Die Validitätskoeffizienten sind beeindruckend hoch, sie haben fast dieselbe Größenordnung wie Reliabilitätskoeffizienten. Offensichtlich messen die sehr ökonomischen und einfachen C-Tests weitgehend dasselbe wie der komplexere, dreimal so lange dauernde Bochumer Einstufungstest.[2]

Eine weitere Möglichkeit, Informationen über die Validität der C-Tests im Rahmen einer Konstruktvalidierung zu erhalten, besteht darin, dass man die Testergebnisse der Studierenden aus dem 2. und 4. Studienjahr miteinander vergleicht. Misst ein C-Test den Sprachstand beim L2-Erwerb, so sollte sich bei einem Vergleich der durchschnittlichen Testleistungen ein deutlicher Unterschied ergeben. Auch in der ELPS-Studie konnte dieser Zusammenhang nachgewiesen werden (Coleman, 1996). Die Tabellen 12 bis 14 enthalten die Ergebnisse dieser Überprüfung.

---

[2] Allerdings liefert der „Bochumer Einstufungstest Französisch" zusätzlich zum Gesamtpunktwert diagnostische Informationen, die u.a. zur individuellen Lernberatung genutzt werden.

Tabelle 12: Mittelwertunterschiede bei Studierenden des 2. und 4. Studienjahres bei deutschen C-Tests

Form	2. Jahr (Gruppe 3)		4. Jahr (Gruppe 4)		Differenz	Signifikanz
	n	M	n	M		
A	6	35.5	7	52.3	+16.8	.015
B	6	47.8	7	48.4	+ 0.6	.94
C	6	35.2	7	43.3	+ 8.1	.37
D	6	35.0	7	51.0	+16.0	.055

Tabelle 13: Mittelwertunterschiede bei Studierenden des 2. und 4. Studienjahres bei spanischen C-Tests

Form	2. Jahr (Gruppe 5)		4. Jahr (Gruppe 6)		Differenz	Signifikanz
	n	M	n	M		
A	10	55.9	13	65.2	+ 9.3	.05
B	9	56.7	12	61.8	+ 5.1	.33
C	10	50.4	13	53.8	+ 3.4	.56
D	9	52.4	12	52.2	− 0.2	.96

Tabelle 14: Mittelwertunterschiede bei Studierenden des 2. und 4. Studienjahres bei französischen C-Tests

Form	2. Jahr (Gruppe 7)		4. Jahr (Gruppe 8)		Differenz	Signifikanz
	n	M	n	M		
A	11	68.1	17	70.8	+ 2.7	.49
B	7	54.9	12	64.2	+ 9.3	.042
C	7	55.6	15	69.2	+13.6	.015
D	7	50.0	20	63.8	+13.8	.031

Von den insgesamt 12 Differenzen lagen 11 in der erwarteten Richtung. Allerdings waren nur 5 Differenzen auf dem 5%-Niveau und eine bei 5.5% signifikant. Berücksichtigt man jedoch die sehr kleinen Stichprobenumfänge und den damit einhergehenden starken Einfluss von „Ausreißern", dann kann man mit diesem Ergebnis durchaus zufrieden sein.

5. Ausblick

Die hier vorgestellten Ergebnisse zu den Gütemerkmalen der in dem Projekt TESTATT entwickelten C-Tests in deutscher, spanischer und französischer

Sprache sind sehr positiv. Sie lassen vermuten, dass diese Tests den üblichen Gütekriterien voll entsprechen.

Allerdings muss diese Aussage aus zwei Gründen relativiert werden:
- Die Untersuchungsstichproben waren nicht repräsentativ, und
- die Stichprobenumfänge waren recht gering.

Deshalb ist es notwendig,
- die Tests in größerem Umfang im Rahmen geeigneter Untersuchungen durchzuführen,
- die sich ergebenden Daten zu sammeln und
- auf dieser Datenbasis die Testgütekriterien zu überprüfen und später sogar Testnormen zu ermitteln.

Aus diesem Grunde werden die in diesem Artikel vorgestellten C-Tests für den wissenschaftlichen Gebrauch auch nur mit Einschränkungen freigegeben. Sprachlehrforscher, Linguisten, Pädagogen, Psychologen oder sonstige wissenschaftlich interessierte Kollegen oder Kolleginnen können die C-Tests über e-Mail unter der Adresse

Raatz@uni-duisburg.de

unter Angabe von Institution und Verwendungszweck anfordern. Sie müssen sich verpflichten, die Testergebnisse – natürlich in anonymisierter Form – zurückzumelden.

Die Verfasser hoffen, dass dann bald so viele Daten zusammenkommen, dass die Aussagen über die Gütekriterien der Tests sicherer werden und allgemeine und differenzierte Testnormen entwickelt werden können.

Literaturverzeichnis

Coleman, Jim A. (1996). *Studying languages: A survey of British and European students. The proficiency, background, attitudes and motivations of students of foreign languages in the United Kingdom and Europe.* London: CILT.

Eckes, Thomas. (2006). Rasch-Modelle zur C-Test-Skalierung. In Rüdiger Grotjahn (Hrsg.), *Der C-Test: Theorie, Empirie, Anwendungen* (S. 1–44). Frankfurt/M.: Lang.

Eckes, Thomas & Grotjahn, Rüdiger. (2006). A closer look at the construct validity of C-tests. *Language Testing, 23*(3). [im Druck]

Grotjahn, Rüdiger. (1986). Der Bochumer Einstufungstest ‚Französisch'. In Seminar für Sprachlehrforschung der Ruhr-Universität Bochum (Hrsg.), *Probleme und Perspektiven der Sprachlehrforschung. Bochumer Beiträge zum Fremdsprachenunterricht in Forschung und Lehre* (S. 313–324). Frankfurt am Main: Scriptor.

Grotjahn, Rüdiger. (1987). How to construct and evaluate a C-Test: A discussion of some problems and some statistical analyses. In Rüdiger Grotjahn, Christine Klein-Braley & Douglas K. Stevenson (Hrsg.), *Taking their measure: The validity and validation of language tests* (S. 219–253). Bochum: Brockmeyer.

Grotjahn, Rüdiger. (2004). "Tests and Attitude Scales for the Year Abroad" (TESTATT): Sprachlernmotivation und Einstellungen gegenüber Sprechern der eigenen und der fremden Sprache. *Zeitschrift für Interkulturellen Fremdsprachenunterricht [on line]*, 9(2), 23 S. [http://www.ualberta.ca/~german/ejournal/grotjahn2.htm].

Grotjahn, Rüdiger, Klein-Braley, Christine & Raatz, Ulrich. (2002). C-Tests: an overview. In James A. Coleman, Rüdiger Grotjahn & Ulrich Raatz (Hrsg.), *University language testing and the C-Test* (S. 93–114). Bochum: AKS-Verlag.

Grotjahn, Rüdiger, Raatz, Ulrich & Wockenfuß, Verena. (2004). Das Projekt "Tests and Attitude Scales for the Year Abroad" (TESTATT): Theoretische Basis und einige empirische Resultate. In Wolfgang Börner & Klaus Vogel (Hrsg.), *Emotion und Kognition im Fremdsprachenunterricht* (S. 128–148). Tübingen: Narr.

Grotjahn, Rüdiger, Raatz, Ulrich, Wockenfuß, Verena & Coleman, James A. (2001). *New tools to investigate student residence abroad.* Paper presented at the CILT Research Seminar: New research into residence abroad (June 11, 2001), London.

Kesper, Ute. (1995). *Konstruktvalidierung von muttersprachlichen C-Tests.* Universität-Gesamthochschule-Duisburg. Fachbereich 2: Psychologie. Unveröffentlichte Staatsexamensarbeit.

Lienert, Gustav A. & Raatz, Ulrich. (1994). *Testaufbau und Testanalyse* (5. Aufl.). Weinheim: Psychologie Verlags Union.

Moosbrugger, Helfried & Müller, Hans. (1982). A classical latent additive test model (CLA model). *The German Journal of Psychology*, 6(2), 145–149.

Raatz, Ulrich. (2001). Modellvorstellungen zur Erklärung von C-Test-Leistungen. In Heiner Pürschel & Ulrich Raatz (Hrsg.), *Tests and translation. Papers in memory of Christine Klein-Braley* (S. 39–68). Bochum: AKS-Verlag.

Raatz, Ulrich & Klein-Braley, Christine. (1985). How to develop a C-Test. In Christine Klein-Braley & Ulrich Raatz (Hrsg.), *Fremdsprachen und Hochschule 13/14: Thematischer Teil: C-Tests in der Praxis* (S. 20–22). Bochum: AKS-Verlag.

Sternberg, Gerold. (1999). *Zusammenhänge zwischen der Position von Texten und ihrem Schwierigkeitsgrad bei muttersprachlichen C-Tests.* Universität-Gesamthochschule-Duisburg. Fachbereich 2: Psychologie. Unveröffentlichte Staatsexamensarbeit.

Grotjahn, Rüdiger (Ed.) (2006). Der C-Test: Theorie, Empirie, Anwendungen/ The C-Test: Theory, Empirical Research, Applications. Frankfurt/M.: Lang

The C-test and TOEIC® as measures of students' progress in intensive short courses in EFL

Helmut Daller and David Phelan[*]

This paper investigates whether the C-test can partially replace the Test of English for International Communication (TOEIC®), and whether the C-test is an appropriate format for the measurement of students' progress in short intensive language courses. The TOEIC® is a well-established test for English as a foreign language and is used by corporations and language institutes as a selection and placement instrument. The subjects in the present study are first year, undergraduate, students from France in the UK who took a TOEIC® exam before and after an 11-week intensive English course with 240 hours teaching. In addition an entry and an exit C-test was administered. It was possible to show that both tests are sufficiently reliable, and that both tests measure a significant increase during the course. The significant correlation between both tests at entry and at the end of the course is an argument for the validity of the tests. The C-test, however, turns out to be much more economical. It is argued that for this reason the C-test is the more suitable test for large numbers when measuring students' progress.

1. The Test of English for International Communication (TOEIC®)

The Japanese Ministry of International Trade and Industry asked Educational Testing Services (ETS) in the 1970s to design a test which would measure English language skills in international business settings (Gilfert, 2001). The test was first administered in Japan to 2,710 candidates on December 2nd 1979. It is now available in 39 countries (Moritosho, 2001), with 2 million tests being taken annually (TOEIC® website, 2003). According to Sharron (1997, p. 26) Korean and Japanese examinees account for 94% of the total number of tests taken in 1997. The TOEIC® User Guide (1999) states that TOEIC® is used by government agencies, language schools, academic institutions and more than 4,000 corporations. It is now regarded by many as the leading test of English for business purposes. Indeed TOEIC® has now spread from Japan all over Asia and is becoming more frequently used in Europe and South America (Gilfert, 2001). TOEIC® is a norm-referenced test of receptive skills and therefore has the inherent problem that it does not tell us the functional ability to use the target lan-

---

[*] **Address for correspondence:** Dr. H. Daller and D. Phelan, University of the West of England. Faculty of Humanities, Languages and Social Sciences, Frenchay Campus, Coldharbour Lane, Bristol, BS16 1QY, UK. E-Mail: helmut.daller@uwe.ac.uk and david.phelan@ uwe.ac.uk

guage (Wilson, 1989). Therefore, it does not directly test productive skills. The TOEIC® has two equally weighted parts, listening and reading. There are four subsections in the listening and three in the reading. There is a total of two hundred multiple-choice questions. The listening lasts forty-five minutes and the reading one hour fifteen minutes. There are three scores, one for reading, one for listening and a combined total which ranges from 10 to 990. A more detailed description of the test structure is contained in Appendix 1.

Many organizations using TOEIC® need to be able to identify individuals with a level of English language competency that enables them to adequately perform their jobs (TOEIC® Can-Do Guide, 2000). Wilson (1989, p. iv) states that:

> "the level of ability to use English in face to face conversation (indexed by Language Proficiency Interview (LPI) will vary relatively consistently with the level of developed English language listening comprehension."

He also claims that:

> "the TOEIC program has made it possible to develop general guidelines that permit test users to make statistically valid inferences from TOEIC scores about levels of oral English proficiency" (Wilson, 1989. p. iv).

Moritoshi (2001, p. 9) discusses a number of studies, which also claim that the test measures speaking and writing indirectly and that it is a test of general English language proficiency. High correlation with other direct measures of reading, writing, listening and speaking would suggest that TOEIC® also measures general language proficiency. However, as Moritoshi (2001, p. 11) points out the concurrent evidence is effectively circular, merely extending the assumption of validity to these new criteria. Years of language teaching and learning also tell us that there are cases where, for example, listening and speaking abilities are vastly different in the same person. However, these instances remain exceptions rather than the rule. The problem of the worth of correlational evidence can be overcome to some extent by ensuring the validity and reliability of the other tests used for comparison (see also Section 2 for a further discussion).

A large scale study was carried out which successfully used TOEIC® entry and exit scores to analyse the effects of training time and type on learners' progress (Boldt & Ross, 1998).

2. The C-test as a measure for students' progress over time

One issue that has been widely discussed is the question of the C-test's validity. That is: what exactly does it measure? According to Alderson (2002, p. 28) this is a "worrisome question". Many researchers assume that the C-test measures general language proficiency (see also Grotjahn, 1995). However, according to Alderson:

> "The Unitary Competence Hypothesis (UCH) ... claiming that there was a unitary competence, or a general language proficiency ... is now generally discredited." (Alderson, 2002, p. 21)

The concept of a unitary competence underlying different skills in a foreign language was developed in the 1970s (for a more detailed discussion see Daller, 1999, p. 71). The main arguments in the 1970s for such a competence were the high correlations that could be found between tests of different aspects of foreign language proficiency. Despite Alderson's claim that this hypothesis is now discredited, these high correlations were also found in later studies.

> "High correlations have been found between sets of scores from tests purporting to measure grammatical knowledge and sets of scores from tests purporting to measure lexical knowledge, and there has been little success in attempts to demonstrate that 'grammar tests' and 'vocabulary tests' tap fundamentally distinct aspects of linguistic knowledge." (Singleton & Singleton, 2002, p. 154).

Many studies on the C-test are in line with these findings. Jafarpur (2002) finds high correlations (.65 to .80, Pearson) between a C-test and an English Placement Test (EPT, form B, for a discussion of this placement test see Corrigan et al., 1978). Hastings (2002) describes several studies that were carried out at the University of Wisconsin-Milwaukee, where on four occasions in 1991 and 1992, students in that program took the TOEFL concurrently with one of the C-tests. The correlations were between .87 and .94. The C-test has been administered in many languages other than English. Significant correlations between the C-test and the scores in other tests have also been found in these languages. Bolten (1992) compares the results of a C-test with several subtests of two German university entrance tests (PNdS and DZW). He finds correlations in the range of .63 – .92 between reading, listening, grammar and writing tests and the C-test. This is an indication that C-tests can be used as part of university entrance tests. Grotjahn and Allner (1996) look at the correlations between the scores in a German C-test and the entry exam for the "Studienkollegs" (a higher education institute that prepares students for university entry). They found high correlations between the C-test and tests of grammar and text reproduction (Grotjahn & Allner, 1996, p. 287). Grotjahn (2002) comes to the conclusion that the C-test in general correlates relatively highly with reading and writing skills.

Overall, we conclude that the C-test measures general language proficiency, and that Alderson's claim has to be modified in the sense that there is something resembling a common underlying proficiency at least in certain areas. One has to bear in mind that the C-test does not cover all areas of language proficiency. Grotjahn and Stemmer (2002, p. 125) conclude "that the C-Test is primarily considered to measure the ability to cope receptively with context-reduced language in cognitively demanding tasks". This aspect has been used to create C-tests that focus especially on academic skills (see Daller, 1999; Daller & Grotjahn, 1999). The C-test format might therefore be especially useful as a university entrance test (together with other tests in a test battery).

Another point relevant to the present study is the question of whether or not the C-test in general can be used to measure an increase in foreign language proficiency over time, and whether the same test can be used as an entry and exit test with the same group. Coleman (2002) administered C-tests in several foreign languages to students in the last two years of secondary education and to students in higher education. The results showed that students in a higher year achieved systematically higher C-test scores when compared to students in lower years. Although this is not a longitudinal study since students were measured only once, the results indicate that there is an increase of language proficiency from year to year, and that the C-tests administered are obviously suitable measures for this gain in foreign language proficiency. Coleman also compared the C-test scores with several components of the A-level examination (equivalent to the German Abitur). He found significant correlations between these two tests ($r = -.48$ and $r = -.78$[1]). The highest correlations were found between reading and writing, and between listening and the C-test (Coleman, 2002, p. 229). Huhta (1996, p. 207) found significant correlations between an EFL C-test and a university reading comprehension test but not between the same C-test and the administered listening comprehension test. The C-test that was used did not yield statistically significant differences between first-year students and students in the higher years whereas other tests (e.g. Cloze, dictation and vocabulary tests) did result in significant differences between the different years. It is therefore not completely clear whether the C-test is suitable for measuring progress over time. One has, however, to bear in mind that Huhta's study is a cross-sectional study and not a longitudinal one.

One important question in a longitudinal study is whether you can train learners in the C-test technique, and whether the experience with the entry test will automatically lead to higher scores in the exit test due to this training or possible memory effects. Bogards and Raatz (2002) carried out a study where one group received special training for the C-test and a control group did not. Both groups increased their test scores but the trained group showed a lower increase (5.4%) compared with 6.1% for the group that did not receive training. This is an indi-

---

[1] Due to the way of computing these correlations the original values for r were all negative. The interpretation should however be: the better the score in the A-level, the better the C-test score.

cation that special training, at least a short period of training as was the case in this study (45 minutes), has no effect on the test scores. The findings of this study are, however, an indication that taking a C-test twice will lead to increased scores. The reason for this might be a better familiarity with the test format, improved test taking strategies or a memory effect. In Bogards and Raatz' study, the interval between the first and the second test was only 4 days. One would expect that a memory effect plays a certain role over this short period of time. Over a longer period this memory effect may be less important. One might therefore assume that the increase with a longer interval between entry and exit test will be lower than 5 to 6%. Any increase above this level will be due to a real increase in foreign language proficiency. Bogards and Raatz (2002, p. 150) report on a measure of increase due to mere test repetition. An increase that is about 20 to 30% of the standard deviation of the tests (equal standard deviation assumed) can be expected when tests are repeated.

Given the discussion of recent research findings above we expect that there will be significant correlations between the C-test in the present study and the TOEIC® scores. We also expect that part of the increase between entry and exit test will be due to a repetition effect. Rates of increase that are higher than 5% will, however, be due to an increase in foreign language proficiency.

3. The present study

3.1. The students

Two groups were involved in the present study, one with 14 students and one with 18 students. The first course took place in 2002, the second in 2003. Both courses received exactly the same input, that is two hundred and forty hours of teaching over a period of eleven weeks. Teaching materials and teachers were similar for both courses. Also the background of the students was quite similar. They were all students from a French business institute who took the intensive EFL and business course in the second term of their first year. The initial TOEIC® tests were administered 12 weeks before departure to the UK and immediately after returning to France. These tests were carried out by the Chauncey Group International in Paris. After the initial TOEIC® and before the start of the intensive course students received some English language input in France. The students received 3 hours of teaching per week for 7 weeks, researching aspects of Britain and giving oral presentations. The students also completed a self-study grammar course of 15 hours. The first group consisted of 10 female and 8 male students between the ages of 18 and 25. One of the female students had to withdraw due to illness. The second group consisted of 8 male and 6 female students again between the ages of 18 and 25. In the second group one of the female students followed a different course from the others due to her superior level of English. The level of the first group was in the range 530 to 745 while the second group was between 485 and 715 (total TOEIC® scores at entry = listening + reading scores). All students were of an upper-intermediate level with the second group being slightly lower than the first. All the students were from comfortable socio-economic backgrounds and were attending NEGOCIA –Academie Commerciale Internationale (ACI), an international business school affiliated to the Paris Chamber of Commerce and Industry, France. The students were all studying for an undergraduate degree in international business, marketing and negotiation.

3.2. The course

The 11-week course in the UK represented the second term of the first year of their 3-year degree programme in International business. The objective of the 11-week course was to acquire an excellent command of the English language and to increase cross-cultural awareness and receive an introduction to the business environment of the UK. The students were required to study the English language, UK culture and civilisation, the UK business environment and to complete a project. All courses were taught in English by native speakers and the 240 hours was made up of 9 different elements (see Appendix 2 for further details). The first group attended from 8 January to 22 March 2002 and the second from 7 January to 21 March 2003. All students were placed in university accommodation, sharing with other students whose common language was English.

3.3. The C-test

There were six texts with twenty gaps in each. The texts were taken from the website of number 10 Downing Street (www.number-10.gov.uk). The texts were about general and cultural aspects of the UK. When marking the tests the missing words had to be spelt correctly. Only the words contained in the original texts were accepted as correct.

4. Results

4.1. Reliability of the C-tests and test of normal distribution

We administered the same C-test to the students in the first week of the course and in the last week. There was a time difference of 11 weeks between the two test sessions. As mentioned above one student withdrew from the course and another received different input. We therefore decided to exclude these two students. All computations below are based on the remaining 30 students.

The C-test entry has a reliability of .836 (Cronbach's alpha)[2] which is an astonishing result since the C-test has not been pre-tested. The C-test exit (which is exactly the same test as the C-test entry) yielded only .65 (Cronbach's' alpha). As will be explained below this difference is mainly due to the fact that a homogenization of the group has taken place. The spread of the scores is lower in the exit test as reflected by the lower standard deviation (for the influence of the standard deviation on the reliability see also Rietveld & van Hout, 1993, pp. 200ff.). This is a general problem when using the same test as an entry and exit test for a course and cannot be easily solved. There is no consensus in the literature about the lower limit of an acceptable reliability. Nunnally (1978) suggests .7 as the lower limit. According to Klein-Braley (1991, p. 78) and Meuffels (1992, p. 147) a value for Cronbach's alpha of at least .9 is necessary for decisions on individuals whereas .8 or even .6 will be sufficient for research purposes. In the light of this we decided to use both test results for our further computations. The value for Cronbach's alpha is based on the correlations between the items. We therefore made further investigations into these correlations as shown in Tables 1 and 2.

Table 1: Correlation between the 6 texts of the entry test (Pearson)

	Text 1	Text 2	Text 3	Text 4	Text 5
Text 1	–				
Text 2	.352	–			
Text 3	.356	.511**	–		
Text 4	.507 **	.639**	.494**	–	
Text 5	.593 **	.660**	.630**	.601**	–
Text 6	.336	.324	.285	.189	.372*

* $p \leq .05$, ** $p \leq .01$ (two-tailed)

---

[2] All computations were carried out with SPSS version 10.

Table 2: Correlation between the 6 texts of the exit test (Pearson)

	Text 1	Text 2	Text 3	Text 4	Text 5
Text 1	–				
Text 2	.356	–			
Text 3	.099	.424*	–		
Text 4	–.102	.241	.388*	–	
Text 5	.353	.349	.162	.261	–
Text 6	.280	.052	.103	–.025	.474**

* $p \leq .05$, ** $p \leq .01$ (two-tailed)

The SPSS option "scale if item is deleted" indicates that the entry test would get a slightly higher Cronbach's alpha if text 6 were deleted (.847 instead of .836) whereas a deletion of any item in the exit test would decrease the value for Cronbach's alpha. Although text number 4 shows negative correlations in the exit test, the deletion of text number 4 would lead to a slight decrease of Cronbach's from .650 to .649. We therefore decided to use the unaltered test and include all items in the following computations.

As earlier studies have shown (Grotjahn, 1996, p. 101; Grotjahn, 2002, pp. 91f.) the distribution of C-test scores can significantly differ from a normal distribution. It is important to investigate the appropriate model (distribution) especially with relatively few cases. A check as to whether or not we can assume a normal distribution can be made by drawing a probability plot. The data (measured scores) are compared with the expected scores of the model, in this case a normal distribution. If a normal distribution is the appropriate model, the measured scores will lie approximately on a straight line through the origin. The probability plot for the entry C-test is shown in Figure 1.

Figure 1 shows that a normal distribution can be assumed for this test. Similar probability plots can be obtained for all six texts. They all suggest a normal distribution with the exception of the TOEIC® exit test where the straight line does not go through the origin as is shown in Figure 2.

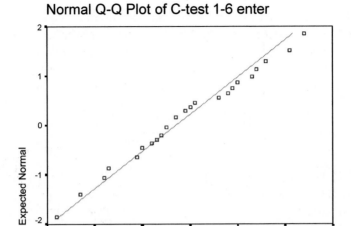

Figure 1: Probability plot for the C-test entry

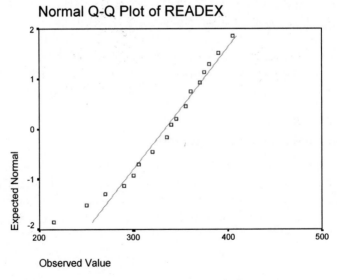

Figure 2: Probability plot for the TOEIC® reading exit

We also carried out two tests of normality for all tests. These are the Kolmogorov-Smirnov test modified after Lilliefors and the Shapiro-Wilk-Test. The latter is computed by SPSS for samples smaller than 50, as is the case in the present study. This type of exploratory data analysis can be carried out with the "explore" command from SPSS. The results are displayed in Table 3.

Table 3: Tests of normality for the entry and exit tests

	Kolmogorov-Smirnov[a]			Shapiro-Wilk		
	Statistic	df	p	Statistic	df	p
TOEIC Reading entry	.128	30	.200[+]	.958	30	.377
TOEIC Listening entry	.121	30	.200[+]	.950	30	.263
C-test entry	.099	30	.200[+]	.976	30	.171
TOEIC Reading exit	.117	30	.200[+]	.948	30	.225
TOEIC Listening exit	.154	30	.066	.950	30	.259
C-test exit	1.080	30	.200[+]	.971	30	.607

[+] This is a lower bound of the true significance.
[a] Lilliefors significance correction

There is only one case, the TOEIC® listening exit test, where there is an almost significant value for the Kolmogorov-Smirnov test (p = .066). The Shapiro-Wilk test, however, shows a clear picture. The p-values for all tests are well above significance level, which means that we cannot reject the assumption that the data are normally distributed. We therefore conclude that the data are (roughly) normally distributed with the possible exception of the reading exit test.

4.2. Results: the scores of the students

There is a significant correlation of .775 between the C-test scores in the entry test and the scores in the exit test (Pearson, two-tailed, $p \leq 0.001$). This means that those who achieved high scores in the entry test also scored well in the exit test and vice versa as illustrated in Figure 3.

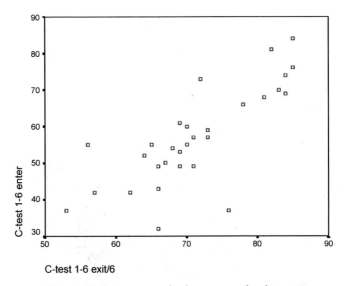

Figure 3: C-test scores in the entry and exit test

There is also a significant correlation of .473 between the entry and exit TOEIC® reading test (Pearson, two-tailed, $p = .008$) and a significant correlation of .667 between the entry and exit TOEIC® listening test (Pearson, two-tailed, $p \leq .001$). This is in line with the expectations since students with a high proficiency in one of the tasks at the beginning of the course are also expected to show a high proficiency in this task at the end of the course. The main results for the three entry and the three exit tests are shown in Table 4.

Table 4: Descriptive statistics of the three sets of tests (Diff = difference as percentage of the entry score)

	n	Mean	Std. Error	Std. Dev.	Diff. in %
TOEIC Reading entry	30	269.00	5.39	29.55	23.72 %
TOEIC Reading exit	30	332.83	7.54	41.29	
TOEIC Listening entry	30	335.67	11.84	64.84	18.42 %
TOEIC Listening exit	30	397.5	8.83	48.35	
C-test entry	30	56.97	2.43	13.30	24.92 %
C-test exit	30	71.17	1.59	8.71	

All tests show an increase in the mean score. There is also a decrease in the standard deviation and the standard error for the TOEIC® Listening test and the C-tests. Interestingly there is an increase in these values for the reading test. A possible explanation is that all the students were placed in living accommodation where English was spoken and hence were exposed to spoken English outside the classroom. This might be the reason for the homogenization of the listening skills throughout their stay in England. Such an effect is less likely with reading skills where apart from the classroom setting students do not have to read. Some students considerably improved their skill in this area while others showed less progress. A test of significance (paired t-test) shows that all differences are highly significant[3] (cf. Table5).

Table 5: Paired t-tests for the difference between entry and exit tests

	Paired Differences	St. Dev.	Std. Error	t	df	p (2-tailed)
TOEIC Reading	−63.83[4]	37.73	6.89	−9.27	29	.000
TOEIC Listening	−61.83	48.57	8.87	−6.97	29	.000
C-Test	−14.20	8.56	1.56	−9.09	29	.000

For all tests the increase of the scores (see Table 5) is far more than a standard deviation in the entry/exit test (see Table 4). As discussed in Section 2, a maximum of 20 – 30% of the increase might be due to a repetition factor. This means that most of the increase can be explained in terms of a gain of language proficiency.

---

[3] Given the high level of significance there is no need to adjust the p-value for multiple measures.

[4] SPSS automatically computes the score "entry − exit" and not "exit − entry", which leads automatically to negative values when there is an increase in the test scores; e.g. the difference between TOEIC® Reading entry and exit is −63.83. This means that the students scored 63.83 points higher on average in the exit test.

Table 6: Correlations between the six tests (Pearson)

	TOEIC Reading enter	TOEIC Listening enter	C-test enter	TOEIC Reading exit	TOEIC Listening exit	C-test exit
TOEIC Reading enter	–					
TOEIC Listening enter	.272 $p = .146$	–				
C-test enter	.483 $p = .007^{**}$	.455 $p = .011^{*}$	–			
TOEIC Reading exit	.473 $p = .008^{**}$	.355 $p = .054$	.612 $p = .000^{**}$	–		
TOEIC Listening exit	.381 $p = .038^{*}$	.667 $p = .000^{**}$	.555 $p = .001$	.557 $p = .001^{**}$	–	
C-test exit	.253 $p = .177$	.368 $p = .045$	.775 $p = .000$	.495 $p = .005^{**}$	.415 $p = .023^{*}$	–

** Correlation is significant at the .01 level (2-tailed).
* Correlation is significant at the .05 level (2-tailed).

Interestingly, there is no significant correlation between the TOEIC® reading and listening at entry but there is at the exit point (see Table 6). The C-test shows a significant correlation between both parts of the TOEIC® at the entry and at the exit points. The correlation with the reading text is slightly higher in both cases but the findings do not indicate that the C-test is only a reading test.

As mentioned earlier, there are indications that the scores for the TOEIC® listening exit are not normally distributed. We therefore double checked our findings and carried out non-parametric tests for the differences between the exit and entry tests and the correlations (Wilcoxon sign rank test). The results support the findings already reported. All differences between entry and exit tests are highly significant ($p < .001$).

5. Conclusions

The present study shows that the C-test can be used to measure students' progress in short term intensive courses. The same C-test can be used as an entry and as an exit test. The TOEIC® test shows a comparable increase in test scores between the two test points. We conclude that both tests are suitable measures for students' progress over time. The C-test, however, is far more economical than the TOEIC®. The present study also shows that even a pre-tested C-test as the entry test does not automatically lead to a highly reliable result with the same group 11 weeks later. Due to homogenization in the group the exit test has a lower reliability than the entry test. For this reason, C-tests that are used as entry and exit tests need careful pre-testing at both testing points.

Both the listening and the reading subtests of the TOEIC® show significant correlations with the C-test. The correlation between the C-test and the reading scores are, however, slightly higher than the correlation between the C-test and the listening scores. This is a further indication that the C-test measures general language proficiency. As both listening and reading skills are important in a university context we conclude that the C-test has a high predictive validity for academic success in a foreign language. We therefore suggest that the C-test should be part of a university entrance test together with other tests that measure skills beyond the scope of the current study. Further studies are necessary to investigate the predictive value of the C-test for students' progress during their academic career in a foreign language environment

References

Alderson, Charles. (2002). Testing proficiency and achievement: principles and practice. In James A. Coleman, Rüdiger Grotjahn & Ulrich Raatz (Eds.), *University language testing and the C-test* (pp. 15–30). Bochum: AKS-Verlag.

Arras, Ulrike, Eckes, Thomas & Grotjahn, Rüdiger. (2002). C-Tests im Rahmen des 'Test Deutsch als Fremdsprache' (TestDaF): Erste Forschungsergebnisse. In Rüdiger Grotjahn (Ed.), *Der C-Test. Theoretische Grundlagen und praktische Anwendungen* (Vol. 4, pp. 175–209). Bochum: AKS-Verlag.

Boldt, Robert F. & Ross, Steven J. (1998). *Scores on the TOEIC (Test of English for International Communication) test as a function of training time and type* (TOEIC® Research Report Number 3). Princeton, NJ: The Chauncey Group International.

Bolten, Jürgen. (1992). Wie schwierig ist ein C-Test? Erfahrungen mit dem C-Test als Einstufungstest in Hochschulkursen Deutsch als Fremdsprache. In Rüdiger Grotjahn (Ed.), *Der C-Test. Theoretische Grundlagen und praktische Anwendungen* (Vol. 2, pp. 193–203). Bochum: Brockmeyer.

Bogards, Sandra & Raatz, Ulrich. (2002). Sind C-Tests trainierbar? In Rüdiger Grotjahn (Ed.), *Der C-Test. Theoretische Grundlagen und praktische Anwendungen* (Vol. 4, pp. 157–174). Bochum: AKS-Verlag.

Coleman, James A. (1994). Profiling the advanced language learner: the C-Test in British further and higher education. In Rüdiger Grotjahn (Ed.), *Der C-Test. Theoretische Grundlagen und praktische Anwendungen* (Vol. 2, pp. 217–237). Bochum: AKS-Verlag.
Coleman, James A. (2002). The European Proficiency Survey: an overview of findings. In James A. Coleman, Rüdiger Grotjahn & Ulrich Raatz (Eds.), *University language testing and the C-test* (pp. 201–206). Bochum: AKS-Verlag.
Corrigan, A, Dobson, Barbara, Kellman, E., Spaan, Mary. W. & Tyma, S. (1978). English Placement Test (Form B). Ann Arbour: Testing and Certification Division, University of Michigan.
Daller, Helmut. (1999). *Migration und Mehrsprachigkeit. Der Sprachstand türkischer Rückkehrer.* Frankfurt a. M.: Lang.
Daller, Helmut & Grotjahn, Rüdiger. (1999). The language proficiency of Turkish returnees from Germany: An empirical investigation of academic and everyday language proficiency. *Language, Culture and Curriculum, 12*(2), 156–172.
Daller, Helmut, Treffers-Daller, Jeanine, Ünaldı-Ceylan, Aylin & Yıldız, Cemal. (2002). The development of a Turkish C-Test. In James A. Coleman, Rüdiger Grotjahn & Ulrich Raatz (Eds.), *University language testing and the C-test* (pp. 187–199). Bochum: AKS-Verlag.
Gilfert, S. (2001). 'A Review of TOEIC' The Internet Journal (1/11/01). (www.aitech.ac.jp/-iteslj/Articles/Gilfert – TOEIC.html)
Grotjahn, Rüdiger. (1995). Der C-Test: State of the *Art. Zeitschrift für Fremdsprachenforschung, 6*(2), 37–60.
Grotjahn, Rüdiger. (1996). 'Scrambled' C-Tests: Untersuchungen zum Zusammenhang zwischen Lösungsgüte und sequentieller Textstruktur. In Rüdiger Grotjahn (Ed.), *Der C-Test. Theoretische Grundlagen und praktische Anwendungen* (Vol. 3, pp. 95–125). Bochum: Brockmeyer.
Grotjahn, Rüdiger. (2002). 'Scrambled' C-Tests: eine Folgeuntersuchung. In Rüdiger Grotjahn (Ed.), *Der C-Test. Theoretische Grundlagen und praktische Anwendungen* (Vol. 4, pp. 83–115). Bochum: AKS-Verlag.
Grotjahn, Rüdiger & Allner, Burkhard. (1996). Der C-Test in der Sprachlichen Aufnahmeprüfung an Studienkollegs für ausländische Studierende an Universitäten in Nordrhein-Westfalen. In Rüdiger Grotjahn (Ed.), *Der C-Test. Theoretische Grundlagen und praktische Anwendungen* (Vol. 3, pp. 279–335). Bochum: Brockmeyer.
Grotjahn, Rüdiger and Stemmer, Brigitte. (2002). C-Tests and language processing. In James A. Coleman, Rüdiger Grotjahn & Ulrich Raatz (Eds.), *University language testing and the C-test* (pp. 115–130). Bochum: AKS-Verlag.
Hastings, Ahley J. (2002). In defense of C-testing. In Rüdiger Grotjahn (Ed.), *Der C-Test. Theoretische Grundlagen und praktische Anwendungen* (Vol. 4, pp. 11–29). Bochum: AKS-Verlag.
Huhta, Ari. (1996). Validating an EFL C-test for students of English philology. In Rüdiger Grotjahn (Ed.), *Der C-Test. Theoretische Grundlagen und praktische Anwendungen* (Vol. 3, pp. 197–229). Bochum: Brockmeyer.
Jafarpur, Abdoljavad. (2002). A comparative study of a C-test and a cloze test. In Rüdiger Grotjahn (Ed.), *Der C-Test. Theoretische Grundlagen und praktische Anwendungen* (Vol. 4, pp. 31–51). Bochum: AKS-Verlag.
Klein-Braley, Christine. (1991). Ask a stupid question….: Testing language proficiency in the context of research studies. In Kees de Bot, Ralph B. Ginsberg & Claire Kramsch (Eds.), *Foreign language research in cross-cultural perspective* (pp. 73–94). Amsterdam: Benjamins.
Meuffels, Bert. (1992). *Methods and techniques of empirical research.* Amsterdam: SICSAT (Stichting Internationaal Centrum voor de Studie van Argumentatie en Taalbeheersing).

Moritoshi, Paul. (2001). The Test of English for International Communication (TOEIC®): necessity, proficiency levels, test score utilisation and accuracy. The University of Birmingham (Internal publication) www.cels.bham.ac.uk-resources-essays-Moritoshi5.pdf

Nunnally, Jum C. (1978). *Psychometric theory*. New York: McGraw-Hill.

Rietfeld, Toni & van Hout, Roeland. (1993). *Statistical techniques for the study of language and language behaviour*. Berlin: Mouton de Gruyter.

Sharron, R. H. (1997). 'TOEIC® today and TOEIC® tomorrow'. In TOEIC® steering committee (Ed.), The 58th TOEIC® seminar. Princeton, NJ: Educational Testing Service. Quoted by Moritoshi (2001).

Singleton, David & Singleton, Emer. (2002). The C-Test and L2 lexical acquisition/processing research. In James A. Coleman, Rüdiger Grotjahn & Ulrich Raatz (Eds.), *University language testing and the C-test* (pp. 143–168). Bochum: AKS-Verlag.

TOEIC® website, www.toeic.com; date of access 26/06/03

TOEIC® Can-Do Guide (2000). The Chauncey Group International. www.toeic.com; date of access 2/04/03.

TOEIC® User Guide (1999). www.toeic.com; date of access 3/05/03.

Wilson, Kenneth M. (1989). *Enhancing the interpretation of a norm-referenced second-language test through criterion-referencing: A research assessment of experience in the TOEIC testing context* (TOEIC Research Report Number 1). Princeton, NJ: Educational Testing Service.

Appendix 1
Structure of the TOEIC®
Listening
1. Photographs – 20 questions
2. Question-response – 30 questions
3. Short conversations – 30 questions
4. Short talks – 20 questions

Reading
5. Incomplete sentences – 40 questions
6. Error recognition – 20 questions
7. Reading comprehension – 30 questions

Listening (45 minutes)
1. Photographs – 20 questions
Four sentences heard once, the examinee must choose the sentence which best matches the photograph.

2. Question-response – 30 questions
A question is heard together with three possible responses. The examinee must choose the correct response.

3. Short conversations – 30 questions
Examinees listen to a short dialogue and then read a question and four possible answers, they have to identify the correct answer.

4. Short talks – 20 questions
A short monologue followed by two or three written questions. The examinee must choose the most appropriate answer.

Reading (75 minutes)

5. Incomplete sentences – 40 questions
Sections 5 and 6 are designed to measure the ability to recognize language that is appropriate for standard written English.
The examinee reads a sentence with one word or phrase missing and has to choose from four alternatives.

6. Error recognition – 20 questions
Examinees read a sentence with four words underlined. They have to choose which one is correct.

7. Reading comprehension – 30 questions
Short reading passages followed by two to five questions, each has four options.

Appendix 2

English Language and Business Training Courses:

1. Reading and Writing Skills	33hours
2. Speaking and Listening skills	33 hours
3. Business in the media	33 hours
4. UK Culture	27 hours
5. Introduction to Marketing	17 hours
6. Sales Management	16 hours
7. Research Tutorials	45 hours
8. Company visits	20 hours
9. Cultural Visits	16 hours
Total	**240 hours**

Appendix 3

1. Geography

The UK is located on a group of islands known as the British Isles, which lie between the Atlantic Ocean and the North Sea, northwest of France. At its widest the UK is 300 miles across and 600 miles from North to South. It shares a single land border with the Irish Republic. Despite its relatively small size the UK boasts incredibly varied and often very beautiful scenery, from the mountains and valleys of the North and West to the rolling landscape of the South, and from downland and heath to fens and marshland.

2. UK Passport Service

A new passport office that has opened in London will help the UK Passport Service provide a much better service to customers who need a passport urgently. The new office runs on an appointment-only basis, removing the need for a lengthy wait before being seen. The new building, Globe House replaces the Petty France office, which after 50 years of continuous service, has now closed its doors. The London Passport Office has the capacity to issue 5000 passports weekly.

3. Record employment

Latest employment figures show that there are 28.2 million people in work. Work & Pensions Secretary Alistair Darling said this showed the UK labour market has coped well so far with the current international economic uncertainty. Mr Darling said: "Employment cont__inues__ to ri__se__, with th__is__ month's fig__ures__ showing a rec__ord__ 28.2 mill__ion__ people i__n__ work. Th__ere__ are 65,000 mo__re__ people i__n__ work th__an__ last qua__rter__ and 252,000 mo__re__ than la__st__ year. Alth__ough__ both meas__ures__ of unempl__oyment__ have ri__sen__ slightly, th__ey__ are st__ill__ significantly lower than they were a year ago." The latest claimant count figures, for the month on Dec 13 2001, show a rise of 3,200 on the previous month. At 963,500 claimants, it remains 70,000 lower than this time last year.

4. Government consults on plans to modernise animal welfare

Plans to review, modernise and simplify outdated laws on animal welfare have been announced by the Government. Animal wel__fare__ groups, lo__cal__ authority rep__resentatives,__ courts, pol__ice__ and indu__stry__ are t__o__ be cons__ulted__ in wh__at__ will b__e__ a f__ar__ reaching rev__iew__ drawing tog__ether__ the enviro__nmental__ and indus__trial__ concerns o__f__ animal wel__fare__. The Depa__rtment__ for t__he__ Environment, Fo__od__ and Ru__ral__ Affairs (DEFRA) wants to hear views on the existing 11 Acts of Parliament governing the welfare of pets and farm animals.

5. Government is going in right direction on crime says Blunkett

The chances of being a victim of crime are at their lowest level for 20 years – despite the worrying increases in mobile phone robbery – Home Secretary David Blunkett said today in a speech to a residents group in Sheffield.
This i__s__ being achi__eved__ through mass__ive__ Government inves__tment__ not ju__st__ in t__he__ police ser__vice__ but i__n__ education, emplo__yment,__ neighbourhood a__nd__ community re__newal,__ the devel__opment__ of comm__unity__ partnerships a__nd__ record lev__els__ of spend__ing__ on cr__ime__ reduction. I__n__ his fi__rst__ major spe__ech__ of 2002 Mr Blunkett said the Government is delivering on its promises on crime, speeding up youth justice and targeting persistent offenders.

6. School for heroes

The internationally acclaimed Fire Services College in Gloucestershire is widely regarded as the best fire college in the world. The si__te__, a for__mer__ airfield wh__ich__ once laun__ched__ Wellington bom__bers__ for ra__ids__ on Germany, wa__s__ recently transferred from t__he__ Home Office t__o__ the Fire Services. A__nd__ such i__s__ its rep__utation__ that peo__ple__ come fr__om__ as f__ar__ away a__s__ China a__nd__ Trinidad t__o__ sharpen u__p__ their leadership skills. Even fire chiefs from the other side of the world have attended as College students.

*Grotjahn, Rüdiger (Ed.) (2006). Der C-Test: Theorie, Empirie, Anwendungen/
The C-Test: Theory, Empirical Research, Applications. Frankfurt/M.: Lang*

Strategy use and the construct of C-tests

Edit H. Kontra and Judit Kormos[*]

Several studies have questioned the validity of the C-test for measuring general language proficiency. This study investigates the feasibility of the procedure in a university foreign language major context. Recognising the importance of gathering information on test taking processes as part of construct validation, the think-aloud method was selected for data collection. The analysis of the introspective data comprised both quantitative and qualitative methods and was combined with classical item analysis. Results support earlier claims on the validity and reliability of the C-test, and provide evidence that in the given setting the C-tests under investigation can be a valid and reliable measure of most components of foreign language competence.

1. Introduction

During the brief history of the C-test procedure a variety of arguments have been put forward both for and against its application. There is no denying that it is an attractive choice for schools and departments that are responsible for assessing the overall proficiency of their students efficiently and cost-effectively. C-tests are a convenient option in resource poor environments for a number of reasons: they have a relatively simple design, they are low-cost in terms of developing, piloting, or photocopying, they are short and easy to administer and can be marked quickly and efficiently by just a few raters. In spite of all its positive features, serious concern regarding the validity of this test form is being expressed not only by researchers but also by test users time and time again. In the present study the validity of the C-test procedure for measuring the general English language abilities of upper-intermediate students is investigated with the help of the think-aloud method.

2. Review of literature

Initial investigations carried out by Klein-Brailey and Raatz (1984) provided evidence that the C-test was a valid and reliable measure of general language competence. This was fully supported by Dörnyei and Katona (1992) who found that the C-test measured general language abilities at different proficiency levels both accurately and efficiently.

---

[*] **Address for correspondence:** Dr. Edit H. Kontra and Dr. Judit Kormos, Eötvös Loránd University, Department of English Applied Linguistics, Budapest, 1146 Ajtósi Dürer sor 19-21, Hungary. E-mail: ehkontra@ludens.elte.hu and kormos.j@chello.hu

The C-test procedure, however, has also been criticised on several fronts, such as lack of face validity (Jafarpur, 1995), lack of theoretical basis (McBeath, 1989), or the inappropriate nature of test design guidelines for a number of languages (Grotjahn, 1987). Though this test form is being extensively used internationally, Freese (1994) warns against basing educational decisions on such a questionable instrument. The most frequently raised problem, however, concerns the construct validity of the C-test, and the question of what the C-test in fact measures has not been given a satisfactory answer yet, either.

Most of the validation studies have used external validation methods, such as correlating the C-test scores with results obtained using other measures (e.g. Klein-Braley, 1997, 2002). But, as Alderson, Clapham and Wall (1995) among others point out, the results of such investigations need to be treated very cautiously, since all tests are designed for measuring different aspects of language ability, and there is often insufficient information available about the validity and reliability of the 'other' test. In a recent study based on error analysis Hastings (2002) came to the conclusion that the C-test measured complex language processing comparable to natural language use, while Singleton and Singleton (2002) argue that with the help of C-tests lexical acquisition processes can be investigated in a reliable and valid way. Stemmer (1992) is one of those who used introspection and retrospection to tap into the thought processes of test takers in order to see what the instrument actually measures. As a result of her investigation she declared that the C-test cannot be regarded as a measure of general language proficiency since in solving the tasks "comprehension plays an inferior role" (p. 124). In a later study which she conducted together with Grotjahn (Grotjahn and Stemmer, 2002), this conclusion is modified. They argue that the fact that L2 learners rarely consider the macro-context in solving C-tests does not necessarily mean that the C-test does not measure general language proficiency as "L2 readers very often tend to perform mainly low-level processing" (p. 124). Grotjahn and Stemmer (2002) also claim that the C-test measures "the receptive component of Cummins's (1984, 1991) notion of academic language proficiency" (p. 125).

The present study, which grew out of genuine departmental needs, might serve as a small contribution to the ongoing debate on the validity of C-test.

3. Rationale

The Department of English Applied Linguistics of Eötvös University in Budapest has used the C-test procedure in combination with an oral test for assessing the English proficiency of its students at the end of their freshman year since the early 1990s. Although the concurrent validity of the test was confirmed by a number of local studies, several observations have given the staff reason for concern. First of all, the face validity of the test appeared to be extremely low from the beginning. Secondly, the language instructors' zealous efforts to help students take the test successfully led to severe overtraining, and test scores, which averaged 62 out of 100 in the first years of administration, rose to 75/100 in the 4th year and have remained there in spite of the intensive effort of the test designers to select and pilot texts more and more carefully and thoroughly. Needless to say that the increasing test scores have lowered the overall discrimination potential of the test considerably. Finally, the backwash effect of the C-test has also proved to be detrimental with students spending more and more time both in class and at home on filling in C-tests at the cost of practising other, more useful and real-life language skills. In order to resolve the situation, it was decided that the C-test had to be investigated, and if it was not found to be a valid test of proficiency, it should be eliminated from the exam. The investigation focused on the thought processes of the students while doing the C-test to determine whether the procedure was indeed testing the underlying skills of foreign language proficiency.

The research questions to be answered were phrased as follows:
1. What knowledge do students activate while solving a C-test?
2. What overall test taking strategies do students use in order to solve the tasks?

It was assumed that once we know what knowledge is activated and what type of general test-taking strategies are used by the students, we can match that information to the construct of L2 competence and estimate the test's construct validity.

4. Method

4.1. Procedures

The research reported in this paper was conducted in two phases. In the first phase of the project 144 first year English majors were tested with the help of a C-test that consisted of 5 texts with 20 gaps each. The test was administered as part of the students' language proficiency exam at Eötvös University Budapest in May 2002. The test was corrected by the staff of the department and was computer-coded.

In the next phase of the study 10 students who took the test in May were asked to participate in a think-aloud interview in December 2002. This time the participants had to fill in 3 of the 5 texts that constituted part of the May exam and think aloud while doing the test. The three texts that contained the highest number of reliable items and had good test statistics were selected from the previous exam. The students were interviewed individually by one of the two authors, and a short training in thinking aloud was given to each participant. Special attention was paid to secure the reliability of the think-aloud procedure. The researchers only intervened when the participant stopped talking and no leading questions were asked. The participants could select the language in which they wanted to comment on their thought-processes. Eight students used Hungarian, their L1, and 2 students preferred thinking aloud in English. The interviews lasted between 30-45 minutes and were tape-recorded and transcribed by the researchers.

4.2. The C-test

The C-test used in the first phase of study consisted of 5 authentic texts with 20 gaps each. The texts covered a range of topics that are considered relevant for English majors. Three of the texts were related to the students' fields of study: applied linguistics, language pedagogy and cultural studies. One passage was a text of general interest selected from a daily British newspaper and the other one described a scientific discovery. The texts were selected and truncated by a team of test developers working at the department that is responsible for administering language proficiency tests to English majors. In this phase of the study we also performed an item-analysis of the original 100 items filled in by the students. Out of the 100 items those were selected that had a facility value between 0.3 and 0.8 and whose discrimination index was above 0.3. Twenty-five items met this criterion and students' scores on these 25 items were also calculated. As can be seen in Table 1, by considering only the scores achieved on reliable items (converted test scores), the statistical indices of the test can be considerably improved. The distribution of these test-scores became only slightly negatively skewed and the level of the test's difficulty also increased.

In the second phase of the study 3 texts from the original 5 were chosen: a text about students' attitudes concerning instructional activities, one about the change in the living conditions of agricultural workers in the U.S. and one about a scientific discovery that increased food production. These texts contained the highest number of reliable items and had the best test statistics. Table 1 contains the descriptive statistics for the 3 texts, the summary figures for the 5-text version and for the converted test-scores.

Table 1: Test statistics

Text	Number of items	Mean	Mode	Median	P	Standard deviation	Reliability
A	20	15.96	16	18	0.79	2.41	
B	20	13.98	14	14	0.69	2.55	
C	20	14.53	15	17	0.72	3.14	
Total for the 3 texts	60	44.46	45	45	0.74	6.66	0.75
Total for the 5 texts	100	77.11	78	82	0.77	8.25	0.73
Converted test scores	25	13.72	17	14	0.54	4.74	

4.3. Participants

The participants of the first phase of the study were 144 first year students majoring in English language and literature. Most first year students are between 19 and 22 years old and approximately 75% of them are female and 25% male. When entering the program, the students' level of proficiency generally ranges from intermediate/upper-intermediate to advanced, and their language abilities are tested with the help of a C-test and a multi-component oral exam.

In the second phase 1 male and 9 female students were selected. Their age was between 19 and 22 and their mother tongue was Hungarian. None of the students had spent a long period in a country where English is spoken as the first language. The scores of the students in the exam were varied, and our aim was to represent three levels of achievement. Four participants with scores on reliable items between 8 and 11 points were among the low-proficiency students. Three participants with scores of 14-15 points were in the average range and 3 students with converted scores of 17 and above were from the high proficiency group. As can be seen in Table 1, the mean score for the sum of reliable C-tests was 13.72 points, thus the lower proficiency students were below the average and the high proficiency students above average. It has to be noted, however, that due to the fact that the participants were English majors, even the students who performed poorly on the C-test can be regarded as upper-intermediate learners.

4.4. Analysis

As the focus of the present study was the investigation of the strategies learners use while solving the C-test, it was necessary to agree at a definition of strategies. In this context by strategies we mean the following:

> Strategies are general approaches and specific actions used in comprehension or production of a foreign or second language. Some strategies are mental and non-observable, and some are behavioral and observable. Strategies are task oriented, and learners are generally aware of the strategies they use, or can be if asked to pay attention (cf. Ellis, 1994, p. 532).

In our study two major groups of strategies were analysed: item-related and general task-solving strategies. In the group of item-related strategies four different types of linguistic strategies were identified: lexical, syntactic, morphological and textual strategies. Using background knowledge to fill in the gap was considered an extra-linguistic strategy. The other two types of item-related strategies were the translation of words from L1 and counting the number of letters while solving the item.

While solving the C-tests, students drew not only on their specific linguistic abilities but applied a number of general strategies to the task as well. These were not restricted to the filling of any one gap, but were used throughout the whole test or a larger portion of it. In the group of non item-related strategies mainly metacognitive and affective strategies were identified. Metacognitive strategies comprise actions that do not directly involve the use of the language and are usually referred to as higher order executive skills (Chamot & O'Malley, 1990) that provide a way for the learners to coordinate the learning or task solving process. Affective strategies serve to control the emotions while performing a task. In this study, comments referring to a conscious approach to the task were grouped in three categories of metacognitive strategies, such as advance organising, selective attention, and self monitoring and evaluation. In the group of affective strategies two categories were defined: self-talk and risk taking. Table 2 contains the list of strategies, their definitions and examples.

Table 2: The type of strategies investigated in the study (Hungarian examples given in the authors' translation.)

Strategy	Definition	Example
Item-related strategies		
Lexical strategies	Searching the mental lexicon and activating lexical entries that fit into the text	comp, COMPARISON, no, I do not think that's good... COMPOSITION, that has too many letters. I'll come back to this later.
Syntactic strategies	Using the knowledge of relationships among sentence components including word class information, often signalled by word order (based on Paribakht & Wesche, 1999)	Dis..., this must be a verb, DISTRUST maybe
Morphological strategies	Using knowledge of L2 word derivations and of grammatical inflections (based on Paribakht & Wesche, 1999)	PICKER, hm, this sounds strange, I also wrote an S because I realised this has to be in plural, PICKERS.
Textual strategies	Using information from beyond the sentence boundaries and knowledge of cohesive devices (based on Paribakht & Wesche, 1999)	It might be ONCE, since it's talking about a period, the text itself, that has passed and about a new situation that has gone and is replaced, so those things which were ONCE, you know are now replaced, so I think it's ONCE, judging by this logic.
Using background knowledge	Using knowledge inferred from the theme and topic of the text (based on Paribakht & Wesche, 1999)	DIS... If the results were dramatic, it might have been due to a DISEASE.
Translation	Uttering the missing word in the L1 in an effort to recall the English equivalent, or translating the L2 solution into L1 for self-check and evaluation	I know what this text is about, that they 'keresztezték' [crossbred] the plants, but I do not know this word in English.

Table 2 continued

Counting the number of letters	Counting the number of letters before, while or after filling the gap, or making remarks indicating that mental matching of length of gap to number of letters in word has taken place	About pa..., one two three letters and it could be PATTERN, yes
General strategies		
Advance organisation	Previewing the main ideas and concepts, skimming the text for the organising principle (cf. Chamot & O'Malley, 1990)	I'm reading the first sentence trying to figure out what type of text this is, and what it is about.
Selective attention	Deciding to look for specific elements of text, e.g. key words, concepts, linguistic markers. (cf. Chamot & O'Malley, 1990)	Now I'm trying to see if there is a word in the non-truncated text which is truncated here.
Self monitoring and evaluation	Checking one's comprehension or the accuracy of one's production	I misspelled this word, I wrote INTENTATION instead of INTENTION
Risk taking	Pushing oneself to take risks even at the cost of making mistakes or looking foolish. (cf. Oxford, 1990)	I know that at C-tests you can give a different solution than in the original text, so that makes me braver, that encourages me to be creative.
Self-talk	Saying positive or negative statements to oneself expressing the level of confidence in completing the task. (cf. Oxford, 1990)	(+) I encourage myself, no, you sit here, you take your pen and continue, and you won't give it up, and I really think it can change my grade. (-) Well, I am sure I won't know what the first word is... Jeez..., well, okay.

The strategies were identified and coded separately by both researchers following an initial training session. The codings were then compared and in the case of disagreement a common decision was made on the grouping of the problematic cases. Following this, three types of analyses were performed. First, we tallied the different types of item-related strategies each individual in the research used. Second, we calculated how many and what type of strategies each of the 60 items triggered. Third, the general strategies with which individual students approached the tasks were also tallied for each strategy group and also for each student.

5. Results and discussion

First we investigated what types of strategies the participants used for completing the truncated words. As can be seen in Table 3, in 45.87% of the cases, the students did not use any strategy and filled in the item automatically without hesitation. Among the strategies, counting the number of letters was the most frequent one; the participants employed this strategy in 15.3% of the cases. The students often searched their mental lexicon and activated words that fit into the text (12.41%) and using syntactic knowledge when filling in a gap was also frequent (9.97%). Our participants sometimes applied textual (5.36%) and translation (6.48%) strategies, but they rarely relied on morphological clues (3.71%) and hardly ever considered background knowledge (0.83%).

The results suggest that from among the components of communicative competence outlined by Bachman and Palmer (1996), the C-test used in this study measures certain elements of grammatical and textual competence, that is, the "knowledge of how individual utterances and sentences are organized" and the "knowledge of how sentences or utterances are organised to form a text" (p. 68). As regards the sub-categories of grammatical competence, it seems that with the help of the C-test the knowledge of lexical items and syntactic structures can be assessed. It has to be noted, however, that most of the syntactic strategies were concerned with word class and the voice and aspect of verbs, that is, with phrasal and not sentence level grammar. The C-test seems to give relatively little information on students' knowledge of morphology, which is indicated by the low number of morphological strategies and by the fact that the participants selected the appropriate case marking by counting the number of letters missing from the item rather than by considering the syntactic environment. In this study, the knowledge of orthography was not investigated, but Hastings (2002) found that among other things, the C-test taps into students' ability to spell words correctly. The results also suggest that, though to a limited extent, the C-test measures textual competence, as in certain cases students relied on contextual and cohesive clues when solving the test. Thus we can claim that even in the case of upper-intermediate and advanced learners, the occurrence of higher level comprehension processes can be observed.

Table 3: Descriptive statistics for the item-related strategies used by the participants

Type of strategy	Sum	Mean	S.D.	Percentage of total
Lexical	93	9.3	4.92	12.41
Syntactic	82	8.2	7.36	9.97
Morphological	28	2.8	1.75	3.71
Textual	44	4.4	3.77	5.36
Background knowledge	7	0.7	0.94	0.83
Translation	55	5.5	5.46	6.48
Counting the number of letters	120	12	7.81	15.31
No strategy used – automatically filled in	307	30.7	10.04	45.87
Total	738	73.8	18.37	100

Another source of information concerning the construct validity of the C-test is the comparison of strategy use in the case of items that can be considered reliable and those that are unreliable. In deciding about the reliability of items, we used slightly more lenient criteria than in the selection of good items when calculating results in the whole test (see section 4 above). In this case items with a facility value between 20 and 80 percent and with a discrimination index above 0.2 were chosen. All together 24 items out of the 60 met this criterion. The 24 items yielded good test statistics, with the mean at 11.90, median 13, standard deviation (S.D.). 4.77, and range 3 – 19. We then compared how many different types of strategies were used with reliable and non-reliable items by means of independent sample t-tests.

The results summarised in Table 4 show that participants employed significantly more lexical, syntactic, contextual, and translation strategies, and they also relied on background knowledge more frequently when responding to reliable items. We can also observe that students gave automatic answers in the case of unreliable items more frequently than to reliable items. There is no difference between the reliable and unreliable items as regards the use of morphological strategies and the strategy of counting the number of letters. These results support our arguments outlined above, namely that the C-test measures lexical and syntactic knowledge as well as textual competence, but does not provide information on students' knowledge of morphology.

Table 4: The comparison of reliable and non-reliable items in terms of number of strategies used

Type of strategy	Item	No. of items	Average number of strategies per item	S.D.	t	p
Lexical	Unreliable	36	0.86	1.22	−3.51	0.001
	Reliable	24	2.37	1.86		
Syntactic	Unreliable	36	0.86	1.04	−3.33	0.002
	Reliable	24	1.95	1.36		
Morphological	Unreliable	36	0.30	0.57	−1.71	0.09
	Reliable	24	0.66	0.91		
Textual	Unreliable	36	0.38	0.80	−2.98	0.006
	Reliable	24	1.16	1.12		
Background knowledge	Unreliable	36	0.02	0.16	−2.82	0.03
	Reliable	24	0.29	0.55		
Translation	Unreliable	36	0.6	1.02	−2.32	0.02
	Reliable	24	1.25	1.07		
Counting the number of letters	Unreliable	36	1.66	1.89	−1.15	0.25
	Reliable	24	2.29	2.25		
No strategy used – automatically filled in	Unreliable	36	6.63	2.53	6.12	0.001
	Reliable	24	2.87	1.98		

It was considered important to also subject to analysis those introspective comments of the participants which could not, or could not always, be linked to the completion of a single truncated word. As can be seen in Table 5 most of these remarks (34%) involved some kind of self-talk, with the instances of negative self-talk (23.64%) clearly outnumbering the positive comments (10.46%). Also frequently used general strategies were self-monitoring (26.74%) and advanced organising (20.16%). Students were often taking risks consciously (14.73%), but showed only a few signs of selective attention (4.27%).

Table 5: Descriptive statistics for general strategies used by the participants ($N = 10$)

Type of strategy	Sum	Mean	S.D.	Percentage of total
Advance organisation	52	5.2	2.14	20.16
Selective attention	11	1.1	1.44	4.27
Self-monitoring	59	5.9	4.25	26.74
Risk taking	38	3.8	2.57	14.73
Self-talk: positive	27	2.7	3.43	10.46
Self talk: negative	61	6.1	2.49	23.64
Total	258	25.8	8.23	100

Although metacognitive and affective strategies do not lead to correct results in themselves, they are believed to be important in supporting task achievement. With the help of metacognitive strategies students coordinate the process of comprehension and production. Students who used advance organising relied on top-down processing. They purposefully read the non-truncated sections of the passage in advance in order to identify the topic and the genre of the text; they skimmed for the overall message, and filled in the gaps which they could complete automatically, so that with a fuller text they have a better context for solving the remaining gaps. Student 10 explained this as follows: "Now I go back a little to those I was unable to fill in before, in case now that I understand more of the context, I will have an idea for something." Some of the students applied this strategy just when starting to work on a text, but others repeated its use for smaller sections of the text as well.

When looking at the frequency of strategy use for each student, we can observe that advance organising, which constituted 20.15% of all general strategy application, was used by all students. This indicates that they relied more heavily on the context than could be inferred from analysing only the single item related strategies, and also supports our argument outlined above that even proficient L2 learners use higher-order comprehension processes when solving C-tests.

Self-monitoring is a useful strategy both in comprehension and production and was frequently applied by the participants while doing the C-test. The students indicated checking whether their interpretation of the text made sense, if some possible solutions fitted the broader context, and they made corrections if something went wrong and sometimes even identified the cause of the mistake, saying: "I should have read the sentence more carefully". Self monitoring did not only take place at the text level but also at the word and sentence level thus highlighting the students' reliance on their textual, lexical, and to some extent their grammatical competence.

In the group of metacognitive strategies selective attention had the lowest occurrence, and half of the participants did not use this strategy at all. Only a few of the students expressed awareness that occasionally a truncated word might occur in the text in a non-truncated form, or one item in a list might give a clue regarding the other items in the same list.

The most frequently used affective strategy was self-talk, which occurred both in its positive and its negative form, the latter twice as often as its positive counterpart. Students made self-discouraging comments about the nature of the text ("This is going to be some text on science, so you can be prepared for the worst"), the difficulty of the task ("This is hopeless as it is"), or their insufficient skills in dealing with the task ("This should be so easy and I can't recall it"). Some of them also expressed annoyance or anxiety: "I looked at the next word and it scared me to see how long it was, that maybe I will not know what it is or what it means." The fact that students made negative comments more frequently than positive ones indicates that their attitude to the C-test is not very favourable, which in turn supports Jaffarpur's (1995) finding that C-tests have low face validity.

The positive, self-encouraging comments such as "This wasn't a difficult sentence" and "Some of them come quite easily" were much fewer in number and sometimes occurred in combination with or as a reaction to preceding negative remarks as in the following case: "I skipped no. 5 for which I haven't got a clue, but there is some more time, so I'll just go over it again and I think I'll find the solution to one or two more." In a longitudinal study of learning strategies used by foreign language learners for a variety of tasks O'Malley and Chamot (1990) also found that their participants' performance was influenced by affective factors, and associated it with the students' level of experience: "inexperienced learners became disconcerted about a difficult task, while more experienced learners deployed strategic modes of processing that had been successful in the past" (p. 143).

A strategy that is particularly useful in test situations is risk taking. One of the students actually referred to her teacher instructing them to never leave a gap blank, but to always fill it with something just in case it might be right. Not everybody followed this advice, there were cases when students did not dare take a risk, and though they uttered the correct word, it never got written on the test sheet. Students expressed their readiness to take chances in several ways:

"I'll fill this in even though I don't quite understand it", "I have no idea what the first word is, maybe I'll just put there something silly because I have no idea what it is."

Quite often they left taking chances to the very end: "I'll only put it down when I'm sure I won't find anything better." Assessing one's resources and taking steps to overcome one's limitations are important components of a language learner's strategic competence. Our data suggest that in order to activate that competence students also need to successfully overcome the affective barrier and accept the possibility of making mistakes or looking foolish.

Selective attention and positive self-talk are not only the least frequently used general strategies but also the ones that were not used at all by half of the students, mainly low achievers, who therefore have a smaller repertoire of strategies available. There is not enough data to determine whether the low occurrence of these two strategies is accidental or not.

When adding up the number of strategies each student used and relating it to the test score they achieved it was found that the sheer number of strategies used does not lead to better achievement. High strategy users can be found both among high and low achievers, and the same is true for low strategy users as well. It can also be observed that the student using the fewest item-related strategies scored very high on general strategy application and conversely, the student using the most item-related strategies applied the fewest general strategies. At the same time, the rank order correlation between item-related and general strategies for all the participants is quite high ($r = 0.72$, $p = 0.01$). There does seem to be a difference in the range of strategies used by the participants and also in the frequency of applying multiple strategies to a single item. These differences, however, might equally be attributable to factors other than the level of L2 proficiency, such as learning styles, motivation, or prior educational experience, the investigation of which was not part of this research. Previous strategy research, however, suggests that more effective learners use a wider range of strategies than less effective ones (Abraham & Vann, 1987; O'Malley & Chamot, 1990). Further research using multiple data sources and a larger sample could highlight if there is indeed a positive relationship between the use of strategies and higher achievement on C-tests. The most that can be said with some degree of confidence is that success on the C-test is a result of knowing not only what strategy to apply to the task, but also how to use it successfully and how to coordinate its use with other strategies (Abraham & Vann, 1987; Anderson, 1991; Vann & Abraham, 1990).

6. Conclusion

This study investigated the construct validity of C-tests when applied to test upper-intermediate and advanced learners' proficiency in a university setting. In order to get an insight into which components of foreign language competence can be measured with this type of test, the item-related and general test-taking strategies of 10 Hungarian students were analysed. The results suggest that with the help of the English C-tests under investigation learners' knowledge of lexis, phrasal-level syntax and discourse competence can be assessed, but relatively little information can be gained about the knowledge of morphology. It was also found that a high level of metacognitive awareness and their willingness to take risks supports the students' task performance. The amount of negative self-talk can be attributed to the low face-validity of the C-test, a problem that will have to be dealt with by the Department administering the test.

Another finding of our study was that using post-hoc classical item-analysis and taking into account only the best performing items could address several previous validity concerns. First reliability improves as this procedure yields better overall test statistics, increases the range and thus allows for better discrimination between more advanced students. Secondly, the validity of the test also improves, as the percentage of items solved automatically, in other words items where we do not know what exactly is being measured, is significantly reduced.

As a result of our research, we can conclude that in the investigated setting the C-test is a valid measure of a number of components of foreign language competence and that with the appropriate methods in the analysis of the results, it can be used reliably to test the proficiency of upper-intermediate and advanced students of English.

References

Abraham, Roberta G. & Vann, Roberta J. (1987). Strategies of two learners: A case study. In Anita L. Wenden & Joan Rubin (Eds.), *Learner strategies in language learning* (pp. 85–102). New York: Prentice Hall.

Alderson, Charles J., Clapham, Caroline & Wall, Diane. (1995). *Language test construction and evaluation.* Cambridge: Cambridge University Press.

Anderson, Neil J. (1991). Individual differences in strategy use in second language reading and testing. *Modern Language Journal, 75,* 460–472.

Bachman, Lyle & Palmer, Adrien. (1996). *Language testing in practice.* Oxford: Oxford University Press.

Cummins, John. (1984). *Bilingualism and special education: Issues in assessment and pedagogy.* Clevedon: Multilingual Matters.

Cummins, John. (1991). Conversational and academic language proficiency in bilingual contexts. *AILA Review, 19,* 75–89.

Dörnyei, Zoltán & Katona, Lucy. (1992). Validation of the C-test amongst Hungarian EFL learners. *Language Testing, 9,* 187–206.
Ellis, Rod. (1994). *The study of second language acquisition.* Oxford: Oxford University Press.
Freese, Hans-Ludwig. (1994). Was mißt und was leistet 'Leistungsmessung mittels C-Tests'? In Rüdiger Grotjahn (Ed.), *Der C-Test: Theoretische Grundlagen und praktische Anwendungen.* (Vol. 2, pp. 305–311). Bochum: Brockmeyer.
Grotjahn, Rüdiger. (1987). How to construct and evaluate a C-Test: A discussion of some problems and some statistical analyses. In Rüdiger Grotjahn, Christine Klein-Braley & Douglas K. Stevenson (Eds.). *Taking their measure: The validity and validation of language tests* (pp. 219–253). Bochum: Brockmeyer.
Grotjahn, Rüdiger & Stemmer, Brigitte. (2002). C-Tests and language processing. In James A. Coleman, Rüdiger Grotjahn & Ulrich Raatz (Eds.), *University language testing and the C-Test* (pp. 115–130). Bochum: AKS-Verlag.
Hastings, Ashley J. (2002). Error analysis of an English C-test: Evidence for integrated processing. In Rüdiger Grotjahn (Ed.), *Der C-Test: Theoretische Grundlagen und praktische Anwendungen* (Vol. 4, pp. 53–66). Bochum: AKS-Verlag.
Jafarpur, Abdoljavad. (1995). Is C-testing superior to cloze? *Language Testing, 12,* 194–215.
Klein-Braley, Christine. (1997). C-tests in the context of reduced redundancy testing: an appraisal. *Language Testing, 14,* 47–84.
Klein-Braley, Christine. (2002). Psycholinguistics of C-test Taking. In James A. Coleman, Rüdiger Grotjahn & Ulrich Raatz (Eds.), *University language testing and the C-Test* (pp. 131–142). Bochum: AKS-Verlag.
Klein-Braley, Christine & Raatz, Ulrich. (1984). A survey of research on the C-test. *Language Testing, 1,* 134–146.
McBeath, Neil. (1989). C-tests in English: pushed beyond the original concept? *RELC Journal, 20,* 36–41.
O'Malley, Michael J. & Chamot, Anna Uhl. (1990). *Learning strategies in second language acquisition.* Cambridge: Cambridge University Press.
Oxford, Rebecca L. (1990). *Language learning strategies: What every teacher should know.* New York: Newbury House.
Paribakht, T. Sima & Wesche, Marjorie. (1999). Reading and "incidental" vocabulary acquisition. An introspective study of lexical inferencing. *Studies in Second Language Acquisition, 21,* 195–224.
Singleton, David & Singleton, Emer. (2002). The C-test and L2 acquisition/processing research. In James A. Coleman, Rüdiger Grotjahn & Ulrich Raatz (Eds.), *University language testing and the C-Test* (pp. 143–168). Bochum: AKS-Verlag.
Stemmer, Brigitte. (1992). An alternative approach to C-test validation. In Rüdiger Grotjahn (Ed.), *Der C-Test: Theoretische Grundlagen und praktische Anwendungen* (Vol. 1, pp. 97–144). Bochum: Brockmeyer.
Vann, Roberta J. & Abraham, Roberta G. (1990). Strategies of unsuccessful language learners. *TESOL Quarterly, 24,* 177–198.

Appendix
The C-tests used in the study

C-tests
In each of the following texts you will find the first sentence unchanged. Beginning with the second sentence, however, the second half of every second word has been deleted. The missing part contains the same number of letters as the first part or one more letter than the first part. No contracted forms have been used, no proper names have been deleted.

Text One
ESL teachers often encounter student resistance to some of their instructional activities. Some stud_____(1) want mo_____(2) opportunities f_____(3) free conver_____(4) and comp_____(5) about pat_____(6) drills, wh_____(7) others dist_____(8) communicative appro_____(9) and ins_____(10) that th_____(11) every utte_____(12) be stri_____(13) corrected. Teac_____(14) are lik_____(15) to fi_____(16) similar inst_____(17) of stu_____(18) concern o_____(19) dissatisfaction when_____(20) instructional activities are inconsistent with students' preconceived beliefs about language learning. When language classes fail to meet student expectations, students can lose confidence in the instructional approach and their ultimate achievement can be limited.

Text Two
You don't see people working in the fields anymore. The sharec_____(1) shacks, on_____(2) ubiquitous, a_____(3) gone repl_____(4) by a f_____(5) neat bung_____(6) and tra_____(7) homes f_____(8) the fami_____(9) of t_____(10) men w_____(11) operate t_____(12) tractors, mecha_____(13) cotton pic_____(14), and ot_____(15) implements th_____(16) have repl_____(17) human lab_____(18). Metal irrig_____(19) sprinklers cr_____(20) across the land like giant millipedes. Bright yellow crop dusters fly overhead spraying chemicals to hold back insects and weeds.

Text Three
Ironically the loss of genetic diversity accelerated with the green revolution of the 1960s. Back th_____(1), with t_____(2) best inten_____(3), scientists deve_____(4) new mir_____(5) seeds b_____(6) carefully crossb_____(7) plants t_____(8) increase fo_____(9) production – mos_____(10) rice a_____(11) wheat – i_____(12) poor nat_____(13). The res_____(14) were dram_____(15). The n_____(16) seed resi_____(17) to ins_____(18) and dise_____(19) yielded mill_____(20) of additional tons of grain a year.

Grotjahn, Rüdiger (Ed.) (2006). Der C-Test: Theorie, Empirie, Anwendungen/
The C-Test: Theory, Empirical Research, Applications. Frankfurt/M.: Lang

How fluid is the C-Test construct?

Günther Sigott*

This article reports the results of a study into the fluidity of the C-Test construct. More proficient subjects are shown to be able to solve certain C-Test items on the basis of sentential context alone, while less proficient subjects require the entire passage in order to solve the same items. It is suggested that the proportion of items that subjects solve by means of text-level processing changes depending on the subjects' proficiency in the language. Therefore the construct underlying C-Tests may be described as fluid. The existence of this phenomenon calls for further research into the construct validity of C-Tests and gives rise to the question of whether the phenomenon is present in other language tests as well.

1. Introduction

Recent research into the processing strategies that C-Test items trigger in subjects has shown that, in principle, C-Tests hold potential for triggering processing that takes into account more than sentential context. Since 1992, some empirical studies have shown that processing that is based on more than sentential context is involved in C-Test taking (Germann & Grotjahn, 1994; Grotjahn, 1996, 2002; Grotjahn & Tönshoff, 1992; Klein-Braley, 1994; Sigott, 2002; Stemmer, 1991, 1992). However, as I have suggested in Sigott (2002), while C-Test passages have the potential for triggering such processing, it is unlikely that any C-Test passage will trigger such processing in any C-Test taker to the same extent. In fact, both Stemmer (1992) and Grotjahn (2002) point out that the amount of text-level processing that subjects engage in is probably dependent on the difficulty of the individual C-Test passage. In Sigott (2004) I suggest that C-Test items (blanks) may be seen as belonging into one of three categories: Text-level items, Lower-level items and Multi-level items. This categorisation was arrived at after observing how the facility indices for 54 C-Test items changed when subjects were given different amounts of linguistic context as the basis for processing in order to find the solution to each individual item. In order to generate the data necessary for this investigation, each item was decontextualised step by step on the basis of a syntactic analysis starting from the level of the entire passage down to the level of the individual word. This process yielded experimental C-Test fragments, which were assigned on a random basis to groups of subjects that had been shown to be comparable in their language pro-

---

* **Address for correspondence:** Prof. G. Sigott, University of Klagenfurt, English Department, Universitätsstr. 65, A-9020 Klagenfurt, Austria. Email: guenther.sigott@uni-klu.ac.at

ficiency. The analysis of the facility indices (p) for the 54 items showed that for some items p reached a plateau at or below sentence level, for some items p increased more or less steadily up to text level, while for some items there was a significant increase in facility from sentence level to text level. Accordingly, the first group of items was termed 'Lower-level', the second 'Multi-level', and the third 'Text-level'. However, it also became clear that subjects differed in the amount of linguistic context that they needed in order to solve the same C-Test item. In fact, nearly all the Text-level items were solved by some subjects also when they did not have access to the entire textual context, and the very existence of the Multi-level category of items shows that subjects differ in the amount of linguistic context that they require in order to solve individual items. Naturally, this gives rise to the question as to which subjects are able to solve items with the help of less context and which subjects require more extended context. The data which I analysed in Sigott (2004) suggest that subjects who solve Text-level items on the basis of less than textual context tend to be more proficient in English than those who fail to solve such items under reduced context conditions. More interestingly, there seems to be good reason to assume that subjects who solve a Text-level item in fully contextualised condition as well as under reduced context conditions (sentence-level context) are more proficient in the language than those who solve the item only when they have access to the entire passage. This hypothesis is based on the analysis of four items which were presented to the same group of subjects first with only sentential context, and subsequently with their full textual context. Since the subjects were given the four items also in the fully contextualised condition, data for a four-passage C-Test battery were available. In addition, the subjects also completed an experimental reading comprehension test, which, however, turned out to have low reliability. In any case, the mean scores for subjects who solved the four items on the basis of restricted context as well as on the basis of textual context tended to be higher than the group means for those subjects who solved the four items only when they had access to the entire passage. The aim of the present study is to replicate this finding with a larger group of subjects and a more reliable test than the reading test.

2. Hypothesis

On the basis of previous research (Sigott, 2004) it is to be expected that subjects who are more proficient in the language will be able to solve Text-level items by means of less than textual context, whereas less proficient subjects will solve these items only when they have the opportunity to process the entire passage in order to compensate for their less developed lower-level skills. Thus, it seems legitimate to formulate the following directional hypothesis:

Subjects who solve text-level items also when they are not embedded in their full textual context are more proficient in the language than those who solve text-level items only when they are fully contextualised.

3. Empirical study

3.1. Subjects

The subjects were 60 students who had been admitted to study English as a main subject at Klagenfurt University in the winter semester 2003. The majority of the subjects had had eight years of EFL instruction in secondary level schools, but all subjects had completed more than four years of EFL instruction.

3.2. Materials

From the 19 text-level items that I identified in Sigott (2004), four were chosen for this study. Two of these items are function words (*and, by*) and two are content words (*value, reminded*). These four items, which were also studied in detail in Sigott (2004), are of particular interest because for these items, facility values based on the same group of subjects are available for two context conditions. On the one hand, the items were presented to the test takers in decontextualised condition with only the sentence of which they are part, and on the other hand they were presented to the test takers in fully contextualised condition, that is, with the entire passage which contains them. Therefore, the subjects were also presented with a four-passage C-Test battery.

For the present study, the same four items were presented to a new group of subjects in the two context conditions. In addition, two instruments were used to measure the subjects' general language proficiency: the four-passage 100-item C-Test battery consisting of the four passages each of which contains one of the four items, and the grammar part of the Oxford Placement Test (OPT) (Allan, 1985), a 100-item multiple-choice test of the grammatical structures of English, which was not used in Sigott (2004) in connexion with these four items. The four decontextualised C-Test items and the four C-Test passages from which they were taken can be found in the appendix.

3.3. Procedures

Test administration was carried out at Klagenfurt University at the beginning of the winter semester 2003. It proceeded in two stages. In the first week of the semester, the subjects were presented with the decontextualised C-Test items, followed by the OPT. Needless to say, the subjects were given the opportunity to become familiar with the C-Test technique before they worked on the decontextualised items. In the second week of the semester, the subjects took the C-Test battery. All tests were administered as power tests, that is, the subjects were allowed as much time as they felt they needed.

For each of the four items two groups of subjects were formed on the basis of how they responded to the item in the two context conditions. Those subjects who solved the item in the fully contextualised condition only, that is, with the entire passage available for processing, but not in the reduced context condition, with only sentential context available for processing, were assigned to Group 1. By contrast, those subjects who solved the item in both conditions, fully contextualised as well as with only sentential context, were assigned to Group 2. Since none of the four items was solved by all 60 subjects in either context condition, for each of the four items the two groups are only subsets of the total sample of subjects. Moreover, since the number of subjects who solved an item only in the fully contextualised condition differs from item to item, the size of Group 1 varies from item to item. Nor is the number of subjects who solve an item in both context conditions the same for all four items. Hence also the differences in size for Group 2 in Table 1. Thus, while there is some overlap among the four groups that are referred to as Group 1, for each item Group 1 contains subjects who may not be in Group 1 for any of the other three items. The same is true for Group 2.

3.4. Results

With Cronbach's alpha at .90 ($N = 60$) for the OPT and .81 ($N = 60$) for the C-Test battery, both tests show satisfactory internal consistency for the purposes of this study. The two tests correlate at $r = .83$ ($p = 0.00$; $N = 60$), which indicates a considerable degree of overlap between the underlying constructs. Consequently, the differences between the mean scores of Group 1 and Group 2 for the four items can be expected to be similar for both tests. As can be seen in Table 1, this is in fact the case.

Table 1 shows OPT and C-Test means for two groups of subjects for each of the four items. As mentioned in Section 3.3 above, Group 1 is made up by those subjects who solved the item in the fully contextualised condition only, but not in the decontextualised condition. According to the hypothesis, this group is expected to have lower OPT and C-Test scores. By contrast, Group 2 is formed by those subjects who solved the item in both conditions. This group is expected to show higher scores on the two tests. In order to avoid artefacts, the mean C-Test scores reported for each item do not take into account that item itself but are based on the remaining 99 items in the battery. Mean scores for the OPT and the C-Test battery are percentage scores and therefore directly comparable.

Table 1: Performance of presumptive low- and high-proficiency subjects on the Grammar part of the OPT and on a C-Test battery ($N = 60$)

	Group 1 ('low') N / Group 2 ('high') N	OPT		C-Test	
		Mean	t-test	Mean	t-test
value	Group 1 $N = 25$	67.60	$t = -2.203$ $p = 0.02$; sig.	64.65	$t = -1.793$ $p = 0.04$; sig.
	Group 2 $N = 10$	78.10		73.54	
and	Group 1 $N = 15$	67.53	$t = -1.510$ $p = 0.07$; tend.	63.43	$t = -1.846$ $p = 0.04$; sig.
	Group 2 $N = 37$	72.46		69.15	
by	Group 1 $N = 20$	66.55	$t = -1.594$ $p = 0.06$; tend.	64.09	$t = -1.845$ $p = 0.04$; sig.
	Group 2 $N = 8$	75.63		73.74	
reminded	Group 1 $N = 11$	69.64	$t = -1.530$ $p = 0.07$; tend.	65.66	$t = -1.256$ $p = 0.11$; n.s.
	Group 2 $N = 29$	74.38		70.25	

As can be seen, for all four items Group 2 has higher mean scores than Group 1 for both the OPT and the C-Test battery. Four of the eight group mean differences are statistically significant at the 0.05 level, three show a tendency in the statistical sense, and only one, namely the C-Test group mean difference for the item 'reminded', fails to reach the level of statistical significance, but with $p = .11$ also shows a tendency that is in line with the other seven group mean differences. Consequently, the directional hypothesis formulated for this study cannot be rejected.

4. Conclusion

In this study the results obtained for the same four items in Sigott (2004) have been replicated. This supports the suggestion that subjects who are more proficient in the language are able to solve certain C-Test items on the basis of less than textual context, whereas less proficient subjects will have to process context beyond the sentence level in order to be able to solve these items. Thus, the more proficient a subject, the more items he or she will solve by means of processing at lower levels, and the fewer items will be left that need processing at text level. As a result, the proportion of C-Test items that are solved by means of processing at text level is likely to change as a function of the test takers' level of proficiency. Consequently, the same C-Test passage may well constitute different tests for subjects at different levels of proficiency. Therefore, C-Tests may be said to be based on a fluid construct, which changes as a function of person ability and passage difficulty.

Clearly, if the contribution of different aspects of the construct to the overall score changes in ways that are not easily predictable, questions may be asked about how C-Test scores are to be interpreted. At present, it is not clear whether, or to what extent, this 'fluid construct phenomenon' represents a flaw inherent in the C-Test format. However, the very existence of the phenomenon calls for further research into the relationship between, and the importance of, text-level and lower-level skills in C-Test taking. Moreover, it would seem to be time to investigate whether, or to what extent, the fluid construct phenomenon is also present in tests other than the C-Test.

References

Allan, Dave. (1985). *Oxford Placement Test 1.* Oxford: Oxford University Press.
Germann, Ulrich & Grotjahn, Rüdiger. (1994). Das Lösen von C-Tests auf dem Computer. Eine Pilotuntersuchung zu den Bearbeitungsprozessen. In Rüdiger Grotjahn (Ed.), *Der C-Test. Theoretische Grundlagen und praktische Anwendungen* (Vol. 2, pp. 279–304). Bochum: Brockmeyer.
Grotjahn, Rüdiger. (1996). 'Scrambled' C-Tests: Untersuchungen zum Zusammenhang zwischen Lösungsgüte und sequentieller Textstruktur. In Rüdiger Grotjahn (Ed.), *Der C-Test. Theoretische Grundlagen und praktische Anwendungen* (Vol. 3, pp. 95–125). Bochum: Brockmeyer.
Grotjahn, Rüdiger. (2002). 'Scrambled' C-Tests: Eine Folgeuntersuchung. In Rüdiger Grotjahn (Ed.), *Der C-Test. Theoretische Grundlagen und praktische Anwendungen* (Vol. 4, pp. 83–121). Bochum: AKS-Verlag.
Grotjahn, Rüdiger & Tönshoff, Wolfgang. (1992). Textverständnis bei der C-Test-Bearbeitung. Pilotstudien mit Französisch- und Italienischlernern. In Rüdiger Grotjahn (Ed.), *Der C-Test. Theoretische Grundlagen und praktische Anwendungen* (Vol. 1, pp. 19–95). Bochum: Brockmeyer.

Klein-Braley, Christine. (1994). *Language testing with the C-Test: A linguistic and statistical investigation into the strategies used by C-Test takers, and the prediction of C-Test difficulty*. Unpublished Habilitationsschrift, University of Duisburg.

Sigott, Günther. (2002). High-level processes in C-Test taking? In Rüdiger Grotjahn (Ed.), *Der C-Test. Theoretische Grundlagen und praktische Anwendungen* (Vol. 4, pp. 67–82). Bochum: AKS-Verlag.

Sigott, Günther. (2004). *Towards identifying the C-Test construct*. Frankfurt/M.: Lang.

Stemmer, Brigitte. (1991). *What's on a C-test taker's mind? Mental processes in C-Test taking*. Bochum: Brockmeyer.

Stemmer, Brigitte. (1992). An alternative approach to C-Test validation. In Rüdiger Grotjahn (Ed.), *Der C-Test. Theoretische Grundlagen und praktische Anwendungen* (Vol. 1, pp. 97–144). Bochum: Brockmeyer.

Appendix

Decontextualised C-Test items

In the following items you are given sentences of the original passages, each from a different one. See if you can fill in the missing parts of the words. Try to fill in all the blanks, but above all concentrate on the ones in *italics* (*ita*_____). If you feel you are wasting your time trying to write in the solutions for the other blanks, just move on to the next item. Don't be upset if some of the items seem terribly difficult to you. In fact, even university professors of English have been unable to solve some of them.

1   Your rig_____ will lar_____ depend o_____ what i_____ said bet_____ you a_____ the sel_____ - th_____ is, wh_____ you a_____ told ab_____ the cond_____ and *va*_____ of t_____ car.

2   The man_____ was *remi*_____ of t_____ letter a_____ asked f_____ reservations.

3   Sociolinguistics i_____ the disci_____ which de_____ with lang_____ variation cau_____ by soc_____ differences *a*_____ different soc_____ needs.

4   The over_____ ban *b*_____ the wa_____ workers be_____ on Fri_____ morning a_____ some wa_____ supplies ha_____ already be_____ disrupted.

C-Test battery

Be particularly careful when buying a used car from a private individual – you have fewer rights than when buying from a trader. Your rig_____ will lar_____ depend o_____ what i_____ said bet_____ you a_____ the sel_____ – th_____ is, wh_____ you a_____ told ab_____ the cond_____ and va_____ of t_____ car. I_____ is a go_____ idea t_____ take som_____ along a_____ a wit_____. Better st_____, have t_____ car insp_____ by a_____ expert. B_____ it is up to you to decide whether you are getting value for money.

Language is indissolubly linked with the members of the society in which it is spoken, and social factors are inevitably reflected in their speech. Sociolinguistics i_____ the disci_____ which de_____ with lang_____ variation cau_____ by soc_____ differences a_____ different soc_____ needs. Th_____ book sh_____ how ling_____ set ab_____ studying i_____. It outl_____ the var_____ social fac_____ involved, su_____ as geogra_____ location, eth_____ origin, soc_____ class, a_____ sex, a_____ discusses t_____ interaction bet_____ them. T_____ book will prove useful to anyone interested in finding out about the complex relationship which exists between language and society.

Urgent talks were under way in London yesterday to avert the national water workers' strike due to start at midnight tonight in England and Wales. The empl_____ made a_____ improved of_____ when ta_____ resumed yest_____ afternoon o_____ five p_____ cent, a ri_____ of GBP 6,80 o_____ an ave_____ weekly wa_____ of GBP 136, b_____ this w_____ promptly reje_____ by t_____ union si_____. The over_____ ban b_____ the wa_____ workers be_____ on Fri_____ morning a_____ some wa_____ supplies ha_____ already be_____ disrupted. The government is anxious to find a settlement before the potentially damaging dispute begins.

In an early experiment on racial discrimination, 11 restaurant managers received a letter requesting reservations for a social gathering of people, some of whom were black. After 17 da_____ without a re_____, each resta_____ was cal_____ by tele_____. The man_____ was remi_____ of t_____ letter a_____ asked f_____ reservations. N_____ manager acce_____ the tele_____ reservations f_____ the raci_____ mixed gr_____, but o_____ day la_____ all mana_____ took reserv_____ from a con_____ call ma_____ by t_____ same per_____. However discrim_____ was not observed when two young white women and a young black woman actually went to the same restaurants. In all cases they received exemplary service.

Grotjahn, Rüdiger (Ed.) (2006). Der C-Test: Theorie, Empirie, Anwendungen/
The C-Test: Theory, Empirical Research, Applications. Frankfurt/M.: Lang

Zur Validität von Computer-C-Tests

Meikel Bisping*

Bisping & Raatz (2002) reported that a computerized C-test had a somewhat – though not significantly – lower validity than a paper-and-pencil version. In a new experiment $N = 60$ German students took a computer concentration test, a computer C-test, a paper-and-pencil C-test and other language tests. The concurrent validity of the paper-and-pencil C-test was $r_{tc} = .86$, that of the computer C-test $r_{tc} = .79$. The concentration test could not be used as a suppressor test. In a further experiment $N = 56$ Slovak students took C-tests and an alternative concentration test on the computer and with paper-and-pencil. The computer speed C-test (15 minutes only) correlated with the regular paper-and-pencil C-test (25 minutes) at $r = .79$. The alternative concentration test could not be used as a suppressor, either. The computer C-test had discrimant validity. The overall results are interpreted as supporting the great robustness of the C-test – also in computerized form.

1. Einleitung

Unter anderem durch die enorme Entlastung bei der Testauswertung sind computerisierte C-Tests eine reizvolle Möglichkeit. Sie werden deshalb auch in einer Reihe von Universitäten und Einrichtungen bereits eingesetzt.

Allerdings hatte sich bei einem Vergleich eines computerisierten C-Tests mit der Papier&Bleistift-Version gezeigt, dass die Validität (Korrelation zur Schulnote) bei der Computerversion etwas – wenngleich nicht signifikant – niedriger lag (Bisping & Raatz, 2002). In den erhobenen Fragebogendaten fanden sich erstaunlicherweise keine Hinweise dafür, dass das Geschlecht oder Konstrukte wie Computerangst oder -erfahrung einen ungünstigen Einfluss auf die Validität haben. Dennoch drängt sich die Vermutung auf, dass die Methode „Messung am Computer" in irgendeiner Form die Validität herabsetzt (vgl. z.B. Luchins & Luchins, 1996). Wie in Abbildung 1 veranschaulicht, könnte man modellhaft annehmen, dass der Computer-C-Test auch eine Variable x (im Zusammenhang mit der Messung am Computer) erfasst, die vom Papier&Bleistift-C-Test (Kriterium) nicht erfasst wird. Eine mittlere Korrelation zwischen Papier&Bleistift- und Computer-C-Test kommt dadurch zustande, dass beide das Sprachvermögen messen; eine höhere Korrelation wird allerdings dadurch verhindert, dass der Computer-C-Test auch die Variable x erfasst. Wie bereits in Bisping & Raatz (2002) ausgeführt, wäre es nun reizvoll, einen so genannten **Suppressortest** zu

---

* **Korrespondenzadresse:** Meikel Bisping, Tiergartenstr. 54, D-47053 Duisburg. Homepage: www.mbisping.de; Prof. Dr. Raatz sei für seine Anregungen zu diesem Artikel gedankt.

finden. Nach diesem auf den ersten Blick etwas seltsam anmutenden Konzept könnte man zusätzlich zum Computer-C-Test einen weiteren kurzen Computertest durchführen, der mit Sprachkenntnissen wenig zu tun hat. Es bietet sich ein kurzer Computer-Konzentrationstest an, da verschiedene Studien gezeigt haben, dass es nur einen geringen Zusammenhang ($r \approx .30$) zwischen Konzentrationsfähigkeit und allgemeinem Sprachvermögen gibt (Kesper, 1992; Raatz, 1985). Man kann erwarten, dass es zwischen einem Computer-Konzentrationstest und dem Papier&Bleistift-C-Test nur eine sehr geringe Korrelation geben wird. Wenn nun der Computer-Konzentrationstest allerdings auch die Variable x misst, könnte sich eine hohe Korrelation zum Computer-C-Test ergeben, der diese Variable ja ebenfalls erfasst. Falls sich eine solche Konstellation ergibt, kann der Computer-Konzentrationstest benutzt werden, um den störenden Varianzanteil der Variable x beim Computer-C-Test herauszurechnen (zum Konzept der Suppression vgl. Lienert & Raatz, 1998, S. 340ff.). Dies wurde in Experiment 1 untersucht.

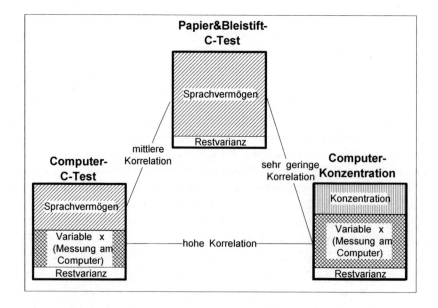

Abbildung 1: Modellhafte Annahmen zu Korrelationen zwischen einem Papier&Bleistift-C-Test, einem Computer-C-Test und einem Computer-Konzentrationstest und deren verschiedenen Varianzanteilen

Da Computerarbeitsplätze meist Mangelware sind, kann sich die Durchführung von computerisierten C-Tests bei einer großen Anzahl an Probanden „ganz schön hinziehen"[1]. Daher wäre es interessant einmal zu untersuchen, wie sich die Validität und Reliabilität von Computer-C-Tests verändert, wenn man die Testzeit von fünf auf **drei Minuten pro Text** reduziert und ob man die evtl. reduzierte Validität mit einem Suppressortest ausgleichen kann. Dieser Frage wurde in Experiment 2 nachgegangen.

2. Experiment 1

2.1. Methode

Studierende, die in Duisburg ein Anglistik-/Amerikanistikstudium aufnehmen wollen, müssen am *Duisburg English Language Test for Advanced Students* (*DELTA*) teilnehmen. Dieser Test besteht aus einem Diktat, Multiple-Choice Aufgaben zu Grammatik und Vokabular sowie einem C-Test (zur Validität des DELTA vgl. Schwibbe & Schwibbe, 1987). In Duisburg wurde der Test im Jahr 2000 noch traditionell mit Papier und Bleistift durchgeführt. Die Studierenden, die zu Anfang des Wintersemesters 2000/2001 daran teilnahmen, wurden im Rahmen einer Wiederholungsmessung (nach einer Pause) am gleichen Tag noch einmal rekrutiert, um sich am Computer einem kurzem Konzentrationstest sowie einem C-Test zu unterziehen. Der Computer-Konzentrationstest wurde dem d2 nachempfunden. Der d2 ist ein bekannter Konzentrationstest, bei dem das Tempo und die Sorgfalt des Arbeitsverhaltens bei der Unterscheidung ähnlicher visueller Reize (Detail-Diskrimination) gemessen wird. Auf den Testbögen befinden sich Zeilen mit den Buchstaben d und p in unterschiedlicher Reihenfolge. Über und unter jedem Buchstaben befinden sich jeweils entweder kein Strich, ein Strich oder zwei Striche. Ein einzelner Buchstabe kann daher von keinem bis zu vier Strichen haben. Aufgabe im Test ist es, alle d's zu markieren, die mit genau zwei Strichen versehen sind (also entweder zwei oben, zwei unten oder jeweils einen oben und unten). In keinem Fall sollen p's markiert werden.

Die Vpn in der vorliegenden Untersuchung hatten nach der Instruktion vier Minuten Zeit, um nach dem gleichen Prinzip auf dem Bildschirm möglichst viele d's mit genau zwei Strichen anzuklicken. Es wurde darauf verzichtet, nach einigen Sekunden die Anweisung „Nächste Zeile" zu geben, da nicht wie im Originaltest der Leistungsverlauf in Abhängigkeit von der Zeit überprüft werden

---

[1] Außerdem hat eine Großuntersuchung der Bundeswehr gezeigt, dass es einen Zusammenhang zwischen Testleistung und Tageszeit gibt (Wildgrube, 1990).

sollte, sondern nur die Gesamtleistung interessierte. Abbildung 2 zeigt eine Beispielzeile.

Abbildung 2: Beispielzeile aus der Instruktion zum Computer-Konzentrationstest

Als einfaches Auswertungsmaß wurden von der Anzahl der richtig markierten d's die Anzahl der falschen Markierungen und die Anzahl der übersehenen d's mit zwei Strichen abgezogen (bis zu der Position, zu der die Vpn gekommen sind). Wenn also beispielsweise eine Vp nur bis Zeile 21, Position 3 gekommen ist, wurde nur die Anzahl der von Zeile 1 bis 21 (Position 3) übersehenen d's mit zwei Strichen vom Punktwert subtrahiert. Da es sich um einen Speed-Test handelt, bei dem ein geübter Umgang mit der Maus nötig ist, müssten hier neben der Feinmotorik auch Konstrukte wie Computerangst und -erfahrung hineinspielen. Es war ausdrücklich gewünscht, dass Computerangst und -erfahrung (also der Einfluss der Messung am Computer) sich im Testergebnis widerspiegeln, damit der Konzentrationstest als Suppressortest benutzt werden kann und der störende Varianzanteil derartiger Variablen aus den Ergebnissen im Computer-C-Test herausgerechnet werden kann.

Der anschließende Computer-C-Test bestand aus vier Texten à 25 Lücken. Es gab zwei Versionen (A/B), die sich in der Reihenfolge der Texte unterschieden. Eine allgemeine Instruktion zum C-Test hatten die Vpn bereits während des DELTA erhalten, daher beschränkte sich die Instruktion zum Computer-C-Test auf Hinweise zur Bedienung des Programms („Zur nächsten Lücke kommen Sie, indem Sie mit der Maus die Lücke anklicken oder die Tabulatortaste drücken. Diese befindet sich unterhalb der ‚1' am linken Rand der Tastatur"). In einer Beispielzeile hatten die Vpn die Möglichkeit, das Anklicken mit der Maus und Eintippen auszuprobieren. Bei Fragen stand der Versuchsleiter zur Verfügung.[2]

Die einzelnen Texte sahen dann wie in Abbildung 3 aus. Mit den Buttons << und >> konnte zum nächsten bzw. vorherigen Text gewechselt werden.

---

[2] Dank an dieser Stelle an Carsten Möller, Mark Bormann, Christopher Bisping, Daniel Quathamer und Sibylle Ehrke für ihre Unterstützung.

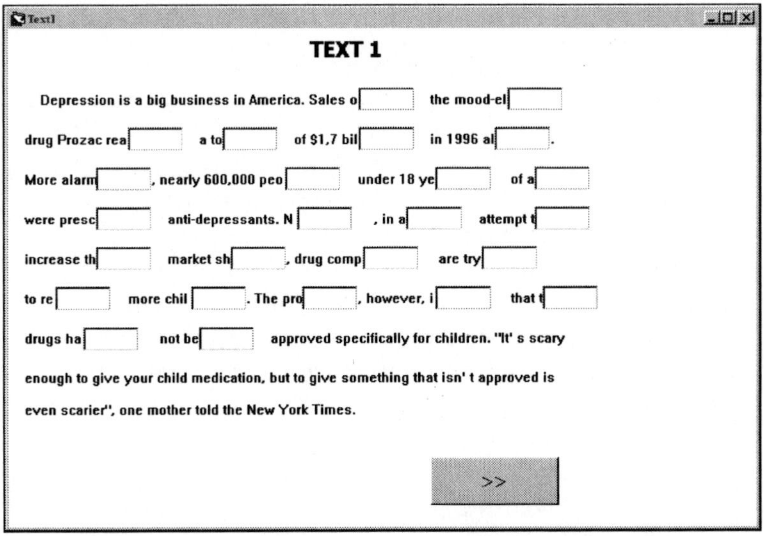

Zur Validität von Computer-C-Tests 151

Abbildung 3: Ein zu bearbeitender Text des Computer-C-Tests

Nach dem Test erhielten die Vpn eine Rückmeldung über ihre Leistung auf dem Bildschirm und hatten die Möglichkeit, ihrerseits einen Kommentar einzugeben.

Aus organisatorischen Gründen war es leider nicht möglich, die Reihenfolge zu permutieren. Alle Studierenden mussten mit dem DELTA beginnen und haben dann nach der Pause in Gruppen zuerst den Computer-Konzentrationstest und dann den computerisierten C-Test absolviert. Allerdings haben Mazzeo & Harvey (1988) in ihrer Literaturübersicht zum Vergleich von computerisierten und traditionellen Tests darauf hingewiesen, dass es teilweise einen *asymmetrischen Lerneffekt* gibt (Probanden, die die Computerversion vor der Papier&Bleistift-Version bearbeiteten, hatten einen höheren Lernzuwachs als Probanden, die mit der Papier&Bleistift-Version begannen). Folglich wäre die Wiederholungsmessung auch bei permutierter Reihenfolge vielleicht nicht ganz unproblematisch gewesen. Als ungünstig zu verzeichnen ist weiterhin die Tatsache, dass von den gut 100 Teilnehmern am DELTA 17 aus verschiedenen Gründen nicht an den Computertests teilnahmen und einige Ergebnisse auf Grund von technischen Problemen nicht verwertbar waren. Auswertbar waren aber 60 Ergebnisse. Insgesamt handelte es sich um einen einfaktoriellen (Messmethode), multivariaten Versuchsplan mit Wiederholungsmessung.

2.2. Ergebnisse

Bezüglich des Computer-C-Tests wurde zunächst einmal überprüft, ob die beiden Versionen (Form A/B) vergleichbar waren. 36 Vpn bearbeiteten die A-Version des Computer-C-Tests und 24 Vpn die B-Version. Der Mittelwert lag in der Version A bei 61.0 Punkten (s = 13.6), in der Version B bei 62.6 Punkten (s = 15.7). Signifikant ist weder der Mittelwertsunterschied (t = $-$.42; p = .53) noch der Unterschied der Standardabweichungen (F = .75; p = .45), so dass im Folgenden die beiden Teilstichproben (A/B) zusammengelegt werden. Nach einem Kolmogorov-Smirnov-Test mit Lilliefors Signifikanzkorrektur kann man die Ergebnisse im Computer-C-Tests als normalverteilt ansehen (p > .20). Die einzelnen für die weitere Auswertung benutzten Testteile werden in Abbildung 4 veranschaulicht.

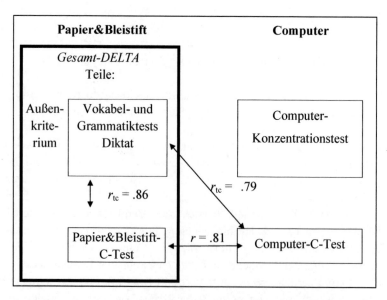

Abbildung 4: Veranschaulichung der verschiedenen Testteile

Die Reliabilität des Computer-C-Tests, geschätzt mit Cronbachs Alpha, liegt bei r_{tt} = .88. Die Korrelation zum Papier&Bleistift-C-Test beträgt r = .81. Weiterhin soll überprüft werden, wie es sich mit der **Übereinstimmungsvalidität** der C-Tests verhält. Als Außenkriterium wird die Summe der Testergebnisse der im DELTA enthaltenen Vokabel- und Grammatiktests sowie des Diktats herangezogen (vgl. Abbildung 5).

Wenn man den Papier&Bleistift-C-Test mit dem Außenkriterium korreliert, ergibt sich eine Übereinstimmungsvalidität von $r_{tc} = .86$. Die Übereinstimmungsvalidität des Computer-C-Tests mit dem Außenkriterium ist etwas niedriger mit $r_{tc} = .79$. Der Unterschied ist allerdings nicht signifikant ($z = .63$ – Test nach Olkin und Siotani, vgl. Bortz, 1999, S. 213).

Weiterhin sollte natürlich geprüft werden, ob der Computer-Konzentrationstest als Suppressortest dienen kann. Tatsächlich zeigten sich die folgenden Korrelationen zwischen Papier&Bleistift-C-Test, Computer-C-Test und Computer-Konzentrationstest:

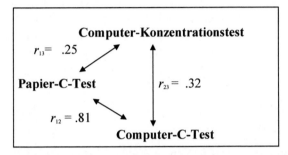

Abbildung 5: Korrelationen zwischen den Einzeltests

Zunächst einmal ist es stimmig, dass die Korrelation zwischen den beiden C-Tests mit $r_{12} = .81$ relativ hoch liegt, während Papier&Bleistift-C-Test und Computer-Konzentrationstest nur niedrig korrelieren ($r_{13} = .25$). Wenn nun die Korrelation zwischen Computer-C-Test und Computer-Konzentrationstest hoch gewesen wäre, wäre das ein Hinweis auf den Einfluss der Messmethode (Computer). Tatsächlich ist die Korrelation mit $r_{23} = .32$ nicht signifikant höher als r_{13} ($z = .90$ – Test nach Olkin und Siotani, vgl. Bortz, 1999, S. 213).

Dementsprechend kann man auch von einer partiellen Korrelation, bei der die Einflüsse des Computer(-Konzentrationstests) aus der Korrelation zwischen Papier- und Computer-C-Test herausgerechnet sind, nicht viel erwarten. Sie liegt bei $r_{(12)3} = .80$.

2.3. Diskussion

In Bisping & Raatz (2002) war die Übereinstimmungsvalidität des Computer-C-Tests etwas geringer als die des Papier&Bleistift-C-Tests. Dabei wurden Schulnoten als Außenkriterium herangezogen. Auch bei diesem Experiment war die Übereinstimmungsvalidität des Computer-C-Tests (diesmal mit Teilen des

DELTA) etwas geringer als die des Papier&Bleistift-C-Tests. Der Unterschied war allerdings in beiden Fällen nicht signifikant.

Wenn der Umfang des Computer-C-Tests dem des Papier&Bleistift-C-Tests voll entsprochen hätte (also nicht nur 4 Texte mit insgesamt 100 Lücken am Computer, sondern ebenfalls 6 Texte mit insgesamt 120 Lücken wie in der Papier&Bleistift-Version), wäre der Unterschied wahrscheinlich noch kleiner ausgefallen, denn längere Tests haben im Allgemeinen eine höhere Reliabilität, was wiederum ein wichtiger Faktor für die Höhe der Validität ist (vgl. Lienert & Raatz, 1998, S. 11, 33).

Auch die Analyse der Korrelationen zum Computer-Konzentrationstest lässt nicht auf einen Methodeneffekt durch die Messung am Computer schließen. Der Konzentrationstest konnte keine Suppressorfunktion übernehmen. Es sieht danach aus, dass der C-Test in dieser Untersuchung so robust ist, dass die Computerisierung des C-Tests der Validität nicht schadet.

3. Experiment 2

3.1. Problemstellung

Da sich der Computer-C-Test in Experiment 1 als recht valide erwiesen hatte, sollte in Experiment 2 untersucht werden, ob sich die Reliabilität und Validität verändert, wenn man den Vpn weniger Bearbeitungszeit am Computer gibt. Falls sich die Validität verschlechtert, soll geprüft werden, ob dieser Verlust durch einen Suppressortest ausgleichbar ist.

3.2. Methode

Der Versuch fand während eines Aufenthalts des Autors in der Slowakei statt. An der Matej-Bel Universität Banká Bystrica gibt es einen Studiengang Übersetzer/Dolmetscher für Deutsch in Kombination mit einer weiteren Fremdsprache. Studierende der ersten zwei Studienjahre, die an Kommunikationskursen teilnahmen, wurden für den Versuch rekrutiert.

Die Vpn absolvierten zwei C-Tests. Ein C-Test wurde regulär mit Papier&Bleistift durchgeführt. Er umfasste fünf Texte à 25 Lücken, zu deren Bearbeitung eine Gesamtzeit von 25 Minuten vorgesehen war. Nach jeweils fünf Minuten bekamen die Vpn den Hinweis, mit dem nächsten Text fortzufahren. Der Computer-C-Test umfasste ebenfalls 5 Texte à 25 Lücken, hier wurde das Zeitbudget jedoch auf drei Minuten pro Text (also 15 Minuten insgesamt) gekürzt. Dadurch erhöht sich natürlich die Speedkomponente des C-Tests. Nach jeweils drei Minuten mussten die Vpn mit dem nächsten Text fortfahren. Bei beiden C-Tests gab es also eine separate Zeitvorgabe. Nach Sternberg (1999) führt dies zur Erhöhung der Schwierigkeitsgrade und der Reliabilität (vgl. auch Aguado, Grotjahn & Schlak, 2006). Leider standen keine normierten C-Tests zur Verfügung, so dass davon ausgegangen werden muss, dass die C-Tests unterschiedlich schwer waren. Die Beschädigung der Texte war nicht ganz orthodox. Bei einer ungeraden Anzahl n von Buchstaben eines Wortes betrug die Zahl der getilgten Buchstaben $(n-1)/2$. Dies hat die C-Tests leichter gemacht.

Im ersten Experiment hatte sich gezeigt, dass ein an den d2 angelehnter Computer-Konzentrationstest sich nicht als Suppressor eignete, daher wurde der Konzentrationstest dem Verfahren des PAULI-Tests von Arnold bzw. des Konzentrations-Leistungs-Tests von Dücker und Lienert ähnlicher gemacht. Die Vpn sollten innerhalb von einer Minute so viele leichte Rechenaufgaben wie möglich lösen. Es handelte sich um Additions- und Subtraktionsaufgaben wie $54 + 3$ oder $41 - 6$. Wie beim C-Test mussten mit der Maus Lücken angeklickt und Eingaben über die Tastatur gemacht werden. Abbildung 6 veranschaulicht den Test auf dem Bildschirm. Durch die Zeitvorgabe von nur einer Minute sollte die Speedkomponente des Tests verstärkt werden.

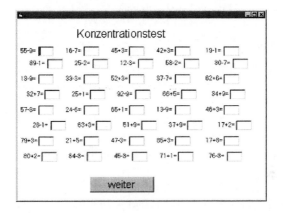

Abbildung 6: Veranschaulichung des Computer-Konzentrationstests

Um auch eine Auswertung nach dem Multitrait-Multimethod-Ansatz zu ermöglichen, machten die Vpn den Konzentrationstest sowohl mit Papier&Bleistift als auch am Computer (mit unterschiedlichen Aufgaben). Auch für den Papier&Bleistift-Konzentrationstest stand nur eine Minute Bearbeitungszeit zur Verfügung.

Abbildung 7 veranschaulicht den Versuchsplan. Es handelt sich um einen zweifaktoriellen, bivariaten Plan.

Faktor B: Reihenfolge	Faktor A: Messmethode			
	Papier&Bleistift		Computer	
	Konzentrationstest (1 min)	C-Test (25 min)	Konzentrationstest (1 min)	C-Test (15 min)

Abbildung 7: Versuchsplan des zweiten Experiments

Die Reihenfolge der Messmethode wurde permutiert: 25 Vpn machten zunächst die Papier&Bleistift-Tests und dann die Computertests, während bei 31 Vpn die Reihenfolge umgekehrt war. Die Reihenfolge der Subtests (erst Konzentrations- dann C-Test) konnte jedoch aus organisatorischen Gründen nicht permutiert werden. Per Fragebogen wurde auch noch erhoben, ob die Vpn einen Computer besitzen, wie viel Zeit sie durchschnittlich täglich am Computer verbringen (keine Zeit / bis ½ Stunde / ½-1 Stunde pro Woche / 1-2 Stunden / mehr als 2 Stunden) und wie häufig sie Texte am Computer oder mit der Schreibmaschine tippen (täglich / 3-4 Mal pro Woche / 1-2 Mal pro Woche / 1-2 Mal pro Monat / 3-4 Mal pro Jahr / seltener).

3.3. Ergebnisse

Zunächst einmal soll geprüft werden, ob die Reihenfolge einen Einfluss hat, insbesondere ob, wie bei Mazzeo & Harvey (1988) berichtet, ein asymmetrischer Lerneffekt auftritt.

Tabelle 1 gibt eine Übersicht über die Testergebnisse.

Es fällt auf, dass Gruppe B in allen vier Tests etwas besser abschneidet. Allerdings sind die Unterschiede unter Berücksichtigung der Standardabweichungen eher gering.

Im Papier&Bleistift-C-Test wurden im Mittel $\bar{x}$ = 98.6 Punkte erreicht. Die Vpn, die mit der Papier&Bleistift-Version begannen, erreichten durchschnittlich $\bar{x}$ = 97.7 Punkte, diejenigen die mit dem Computer anfingen, erreichten im Papier&Bleistift-C-Test $\bar{x}$ = 99.3 Punkte.

Ähnlich ist die Lage beim Computer-C-Test; insgesamt wurden $\bar{x}$ = 83.4 Punkte erreicht. Die Vpn, die die Computerversion zuerst machten, hatten $\bar{x}$ = 83.8 Punkte, während die andere Gruppe $\bar{x}$ = 82.9 Punkte erreichte. Nach varianzanalytischer Auswertung weist die Reihenfolge keinen signifikanten Einfluss auf ($F = 0.08$; $p = .79$). Das Gleiche gilt für die Wechselwirkung Messmethode*Reihenfolge ($F = 0.04$; $p = .84$).

Tabelle 1: Übersicht über die C-Test- und Konzentrationstestergebnisse getrennt nach Messmethode (Computer vs. Papier&Bleistift) und Reihenfolge

	P&B-C-Test	Computer-C-Test	P&B-Konzentrationstest	Computer-Konzentrationstest
Gesamt (Gruppe A+B) $N = 56$	$\bar{x} = 98.6$ $s = 14.5$	$\bar{x} = 83.4$ $s = 19.8$	$\bar{x} = 19.5$ $s = 8.2$	$\bar{x} = 15.6$ $s = 4.5$
Gruppe A Papier&Bleistift zuerst $n = 25$	$\bar{x} = 97.7$ $s = 15.5$	$\bar{x} = 82.9$ $s = 19.6$	$\bar{x} = 18.4$ $s = 9.3$	$\bar{x} = 15.0$ $s = 4.3$
Gruppe B Computer zuerst $n = 31$	$\bar{x} = 99.3$ $s = 13.9$	$\bar{x} = 83.8$ $s = 20.4$	$\bar{x} = 20.3$ $s = 7.2$	$\bar{x} = 16.0$ $s = 4.6$

Demgegenüber gibt es einen deutlichen Unterschied zwischen den Ergebnissen im Papier&Bleistift-C-Test und im Computer-C-Test. Während mit Papier und Bleistift durchschnittlich $\bar{x} = 98.6$ Punkte erreicht wurden, waren es am Computer nur $\bar{x} = 83.4$. Die Messmethode (Papier&Bleistift vs. Computer) ist ein hochsignifikanter Haupteffekt ($F = 86.9$; $p < .001$). Der Unterschied zeigt sich auch in den unterschiedlichen Schwierigkeitsgraden der einzelnen Texte (vgl. Tabelle 2).

Tabelle 2: Schwierigkeitsgrade der 5 Texte des Papier&Bleistift-C-Tests und der 5 Texte des computerisierten C-Tests

	Text 1	Text 2	Text 3	Text 4	Text 5
Papier&Bleistift	78	74	82	78	83
Computer	73	65	61	66	71

Die Ergebnisse bei den Konzentrationstests waren ähnlich. Die Messmethode (Computer vs. Papier) ist ein signifikanter Faktor ($F = 15.5$; $p < .001$), die Reihenfolge ($F = 0.99$; $p = .33$) und die Wechselwirkung Messmethode*Reihenfolge jedoch nicht ($F = 0.25$; $p = .62$).

Nach Kolmogorov-Smirnov-Tests mit Lilliefors Signifikanzkorrektur kann man bei beiden C-Tests von einer Normalverteilung ausgehen (Papier&Bleistift-C-Test $p > .20$; Computer-C-Test $p = .18$). Die Reliabilität des Computer-C-Tests, geschätzt mit Cronbachs Alpha, lag bei $r_{tt} = .90$, die des Papier&Bleistift-C-Tests bei $r_{tt} = .92$.

Interessant ist an dieser Stelle, wie die Produkt-Moment-Korrelation zwischen den C-Tests aussieht. Wenn man sich Tabelle 3 ansieht, fällt auf, dass die Korrelation des computerisierten C-Tests (mit nur 15 Minuten Durchführungszeit) zum Papier&Bleistift-C-Test in der gleichen Größenordnung liegt wie die Korrelation des Computer-C-Tests (20 Minuten Durchführungszeit) zum Papier&Bleistift-C-Test im ersten Experiment. Beide Korrelationen sind nicht wesentlich geringer als die Übereinstimmungsvalidität des Papier&Bleistift-C-Tests im ersten Experiment ($r_{tc} = .86$). Allerdings sei auch darauf hingewiesen, dass eine Korrelation von $r = .79$ nur auf 62 Prozent gemeinsame Varianz schließen lässt.

Tabelle 3: Korrelationen der C-Tests in den zwei Experimenten

Experiment 2 Computerisierter C-Test (15 min) und Papier&Bleistift-C-Test	Experiment 1 Computerisierter C-Test (20 min) und Papier&Bleistift-C-Test	Experiment 1 Papier&Bleistift-C-Test und andere DELTA-Testteile (Übereinstimmungsvalidität)
$r = .79$	$r = .81$	$r_{tc} = .86$

Nach diesen Betrachtungen zur Übereinstimmungsvalidität, auch konvergente Validität genannt, soll im Folgenden die diskriminante Validität im Sinne von Campbell & Fiske (1959) untersucht werden. Ein Testverfahren soll nicht nur deutliche Überstimmung mit anderen Verfahren aufweisen, die das Gleiche messen, sondern auch deutliche Unterschiede zu Verfahren, die zwar die gleiche Messmethode benutzen, aber inhaltlich etwas Anderes messen sollen. Im vorliegenden Fall sollte sich nicht nur zeigen, dass ein Computer-C-Test hoch mit einem Papier&Bleistift-C-Test korreliert, sondern auch, dass ein Computer-C-Test und ein Computer-Konzentrationstest nur niedrig korrelieren, obwohl beide am Computer durchgeführt werden.

Erstellt man nach den Anregungen von Campbell & Fiske eine Multitrait-Multimethod-Matrix für die vorliegende Untersuchung, so ergibt sich das Bild in Abbildung 8.

		Papier&Bleistift		Computer	
		C	K	C	K
Papier & Bleistift	C	$r_{tt} = .92$			
	K	$r = .31$ (HTMM)	r_{tt}		
Computer	C	$r = .79$ (V)	$r = .28$ (HTHM)	$r_{tt} = .90$	
	K	$r = .43$ (HTHM)	$r = .47$ (V)	$r = .54$ (HTMM)	r_{tt}

C = C-Test, K = Konzentrationstest,
r_{tt} monotrait-monomethod   Reliabilität
V   monotrait-heteromethod   konvergente Validität
HTMM   heterotrait-monomethod
HTHM   heterotrait-heteromethod

Abbildung 8: Multitrait-Multimethod-Matrix für das zweite Experiment

Campbell & Fiske (1959) stellen vier Forderungen an eine Multitrait-Multimethod-Matrix:
1. Die (traditionell beachteten) konvergenten Validitätskoeffizienten (das sind die monotrait-heteromethod Werte) müssen ausreichend groß sein, um eine weitere Untersuchung zu rechtfertigen. Für den C-Test finden wir eine annehmbare Validität von $r = .79$.
2. Als absolute Minimalanforderung muss die konvergente Validität größer sein als die Korrelationen zwischen unterschiedlichen Traits, die (auch noch) mit unterschiedlichen Methoden gemessen wurden (heterotrait-heteromethod Einträge der gleichen Spalte/Zeile). Beim C-Test ist dies der Fall. Die konvergente Validität liegt höher als die Korrelation zwischen Papier&Bleistift-C-Test und Computer-Konzentrationstest ($.79 > .43$; $t = 3.15$; $p < .01$) und zwischen Papier&Bleistift-Konzentrationstest und Computer-C-Test ($.79 > .28$; $t = 4.03$; $p < .01$).
3. Die konvergente Validität muss höher sein als die Korrelation zwischen zwei Verfahren, die zwar einen anderen Trait untersuchen sollen, aber „zufälligerweise" die gleiche Methode benutzen. Die (konvergente) Validität muss höher sein als die entsprechenden heterotrait-monomethod Werte. Beim C-Test trifft dies zu. Die konvergente Validität ist höher als die Korrelation zwischen Papier&Bleistift-C-Test und Papier&Bleistift-Konzentrationstest ($.79 > .31$; $t = 3.87$; $p < .01$) und auch als die Korrelation zwischen Computer-C-Test und Computer-Konzentrationstest ($.79 > .54$; $t = 2.41$; $p = .02$).
4. Die Trait-Interkorrelationsmuster in den Heterotrait-Blöcken müssen gleich sein. Diese Forderung ist in der hier gegebenen kleinen Matrix nicht relevant.

Weiterhin fällt auf, dass die Korrelationen der Fragebogendaten mit den C-Test-Ergebnissen des Computer-C-Tests nur gering und nicht signifikant waren, während die Korrelationen zu den Resultaten des Computer-Konzentrationstests schon höher und teils signifikant waren (vgl. Tabelle 4). Dies deutet darauf hin, dass der Computer-Konzentrationstest nicht nur das Konzentrationsvermögen, sondern auch Computererfahrung misst. Dadurch könnte er eventuell als Suppressor nützlich sein. Abbildung 9 zeigt die Korrelationen zwischen den relevanten Einzeltests.

Tabelle 4: Korrelationen der Fragebogendaten zu den Testergebnissen

	Computer-C-Test	Computer-Konzentrationstest
Computerbesitz	$r_{p\,bis} = .03$	$r_{p\,bis} = .18$
Am Computer verbrachte Zeit	$r = .13$	$r = .45*$
Tipphäufigkeit	$r = .19$	$r = .47*$

* $p < .05$

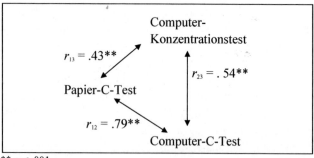

** $p < .001$

Abbildung 9: Korrelationen zwischen den Einzeltests

Interessant ist, dass die Korrelation zwischen den beiden am Computer durchgeführten Tests höher ist als im ersten Experiment (.54 > .32). Dies spricht auf den ersten Blick dafür, dass die Methode „Messung am Computer" einen Einfluss hat, denn man würde eine hochsignifikante Korrelation zwischen Konzentrationsvermögen (Kopfrechnen) und Fremdsprachenkenntnissen nicht unbedingt erwarten. Allerdings ist die Korrelation zwischen dem Papier&Bleistift-C-Test und Computer-Konzentrationstest mit $r = .43$ nicht wesentlich geringer.

Bei der gegebenen Konstellation von Korrelationen kann wiederum mit keinem großem Suppressoreffekt gerechnet werden. Tatsächlich erreicht eine partielle Korrelation nur $r_{(12)3}$ = .73. Auf dieses Sinken der Korrelation wird in der Diskussion weiter eingegangen.

4. Diskussion und Ausblick

Zum zweiten Experiment muss zunächst einmal festgehalten werden, dass es einen bedeutsamen Mittelwertunterschied bei den C-Test-Ergebnissen zwischen Computer und Papier&Bleistift gab. Dieser und auch die Höhe der Korrelation von r = .79 zwischen den beiden C-Tests kann durch die folgenden Faktoren (und deren Wechselwirkungen) bedingt sein:
1. unterschiedliche Schwierigkeit der Texte
2. Messmethode (Papier&Bleistift bzw. Computer)
3. unterschiedliches Zeitbudget und damit erhöhter Speedfaktor (15 vs. 25 Minuten).

Welchen Einfluss jeder dieser drei Faktoren für sich allein genommen hat, kann in der vorliegenden Untersuchung nicht beantwortet werden. Wenn man einen C-Test computerisiert und die Durchführungszeit verkürzt, muss mit einem unterschiedlichen Mittelwert gerechnet werden. Folglich müssen auch evtl. für eine Papierversion festgelegte kritische Punktwerte neu festgesetzt werden. Interessant war beim zweiten Experiment die Untersuchung der Validität. Es zeigte sich, dass die Korrelation des computerisierten C-Tests (Durchführungszeit 15 min) mit r = .79 mit einem Papier&Bleistift-C-Test (Durchführungszeit 25 min) korreliert und damit nicht bedeutsam niedriger war als die entsprechende Korrelation im ersten Experiment (vgl. Tabelle 3).

Im Hinblick auf einen möglichen Suppressoreffekt ist interessant, dass die Fragebogendaten (zu am Computer verbrachter Zeit und Tipphäufigkeit) keine signifikanten Korrelationen zu den C-Testergebnissen aufwiesen (vgl. Tabelle 4). Demgegenüber korrelierten die Fragebogendaten jedoch hochsignifikant mit den Ergebnissen des Computer-Konzentrationstests, der ja mit nur einer Minute Durchführungszeit eine starke Speedkomponente hatte. Dies deutet darauf hin, dass bei einem C-Test – selbst wenn die Durchführungszeit auf 15 Minuten begrenzt ist – Computererfahrung und Tipphäufigkeit nicht so ins Gewicht fallen. Die Powerkomponente scheint noch eindeutig höher zu sein als die Speedkomponente.

Tatsächlich führte ein Herauspartialisieren des Computer-Konzentrationstests zu einem Absinken der Korrelation von .79 auf .73. Dieses Absinken macht zunächst stutzig oder skeptisch, denn es bedeutet, dass Computer und Papier&Bleistift-C-Test bei Herausrechnung der durch den Konzentrationstest erfassten Varianzanteile nur noch 53 Prozent gemeinsame Varianz haben. Da allerdings der Computer-Konzentrationstest auch hochsignifikant mit dem Papier&Bleistift-C-Test korreliert (mit immerhin .43), ist das Absinken wahrscheinlich dadurch zu erklären, dass der Computer-Konzentrationstest auch irgendetwas zu messen scheint, das der Papier&Bleistift ebenfalls erfasst. Hätte die Korrelation zwischen Computer-Konzentrationstest und Papier&Bleistift-C-Test statt bei .43 wie im ersten Experiment bei nur .25 gelegen, hätte sich für die partielle Korrelation ein leichter Anstieg auf .80 ergeben. Somit hat sich ein Computer-Konzentrationstest ein zweites Mal nicht als brauchbarer Suppressor erwiesen, obwohl er entsprechend den Fragebogendaten auch Computer- und Tipperfahrung erfasst und damit ein aussichtsreicher Kandidat gewesen wäre.

Insgesamt sprechen die Ergebnisse in Bisping & Raatz (2002) und der hier beschriebenen zwei Experimente für die große Robustheit des C-Tests. Wenngleich es sich natürlich nicht um einen endgültigen Nachweis handelt, deuten folgende Aspekte darauf hin, dass computerisierte C-Tests nicht weniger valide sind als traditionelle:

a) In drei Experimenten mit unterschiedlichen Außenkriterien konnte keine signifikant niedrigere Validität gefunden werden.

b) Es konnte kein bedeutsamer Zusammenhang zwischen Variablen wie Computerangst und -erfahrung mit den C-Test-Ergebnissen bei computerisierten C-Tests festgestellt werden.

c) Zwei Versuche, einen Suppressortest zu finden, mit dem der Einfluss der Messmethode reduziert werden sollte, schlugen fehl.

d) Der Computer-C-Test wies eine hinreichende diskriminante Validität im Sinne von Campbell & Fiske (1959) auf.

Wenn die Konsequenzen von C-Test-Ergebnissen weniger folgenreich sind[3] und man berücksichtigt, dass ggfs. kritische Punktwerte neu festgelegt werden müssen, scheint es durchaus vertretbar, die Testzeit bei computerisierten C-Tests zu verkürzen – auch ohne Suppressor.

---

[3] Wenn es beispielsweise nicht um einen Studienplatz geht, sondern vielleicht „nur" um die Einteilung von Lernern in Gruppen Anfänger/Fortgeschrittene unterschiedlichen Grades.

Literaturverzeichnis

Aguado, Karin, Grotjahn, Rüdiger & Schlak, Torsten. (2006). Erwerbsalter und Sprachlernerfolg: zeitlimitierte C-Tests als Instrument zur Messung prozeduralen sprachlichen Wissens. In Helmut J. Vollmer (Hrsg.), *Empirische Zugänge in der Fremdsprachenforschung: Herausforderungen und Perspektiven*. Frankfurt am Main: Lang (im Druck).
Bisping, Meikel & Raatz, Ulrich. (2002). Sind computerisierte und Papier&Bleistift Versionen des C-Tests äquivalent? Rüdiger Grotjahn (Hrsg.), *Der C-Test. Theoretische Grundlagen und praktische Anwendungen* (Bd. 4, S. 131–155). Bochum: AKS-Verlag.
Bortz, Jürgen. (1999). *Statistik für Sozialwissenschaftler*. Berlin: Springer.
Campbell, Donald T. & Fiske, Donald W. (1959). Convergent and discriminant validation by the multitrait-multimethod matrix. *Psychological Bulletin, 56*(2), 81–105.
Kesper, Ute. (1995). *Konstruktvalidität von muttersprachlichen C-Tests*. Unveröffentlichte Staatsexamensarbeit, Gerhard-Mercator Universität-GH Duisburg, Fachbereich Psychologie.
Lienert, Gustav A. & Raatz, Ulrich. (1998). *Testaufbau und Testanalyse*. Weinheim: Beltz.
Luchins, Abraham S. & Luchins, Edith H. (1996). Einstellungs-Effekte. Der Einfluss von EDV-gestützter versus schriftlicher Aufgabenpräsentation bei den klassischen Wasserkrugproblemen. *Gestalt Theory, 18*, 143–147.
Mazzeo, John & Harvey, Anne L. (1988). *Equivalence of scores from automated and conventional educational and psychological tests: A review of the literature* (College Board Report No. 88-8). Princeton, NJ: Educational Testing Service.
Raatz, Ulrich. (1985). Investigating dimensionality of language tests – a new solution to an old problem. In Viljo Kohonen, Hilkka van Essen & Christine Klein-Braley (Hrsg.), *Practice and problems in language testing 8* (S. 123–136). Tampere: AFinLa.
Schwibbe, Gudrun & Schwibbe, Michael. (1987). Validierungsuntersuchungen zum Duisburg English Language Test for Advanced Students (DELTA). In Rüdiger Grotjahn, Christine Klein-Braley & Douglas K. Stevenson (Hrsg.), *Taking their measure: The validity and validation of language tests* (S. 255–274). Bochum: Brockmeyer.
Sternberg, Gerald. (1999). *Zusammenhänge zwischen der Position von Texten und ihrem Schwierigkeitsgrad bei muttersprachlichen C-Tests*. Unveröffentlichte Staatsexamensarbeit, Gerhard-Mercator-Universität Duisburg, Fachbereich Psychologie.
Wildgrube, Wolfgang. (1990). Computergestützte Diagnostik in einer Großorganisation. *Diagnostica, 36*, 127–147.

Anhang

C-Test-Texte

Die Texte des Papier&Bleistift-C-Test innerhalb des DELTA sind geschützt und können daher nicht veröffentlicht werden.

Texte des Computer-C-Tests (1. Experiment)

Britain is unique in keeping a second house of Parliament with a mainly hereditary membership. Hardly anyone seriously defends this survival from the past, but attempts at fundamental reform have been frustrated by disagreements about proposed solutions. To be a member you must either inherit a peerage, from father or ancestor, or have a peerage conferred on you by the Queen, on the Prime Minister's advice. The numbers are not fixed, and have increased up to the present total of around 1200.
Bromhead, P. (1985). *Life in Modern Britain*. Harlow: Longman. S. 53.

The English are great lovers of competitive sports. The game peculiarly associated with England is cricket. Many other games too are English in origin, but have been adopted with enthusiasm in other countries; but cricket has been seriously and extensively adopted only in the Commonwealth, particularly in Australia, India, Pakistan and the West Indies. So a liking for cricket seems to go along with an English spirit and attitude and English institutions.
Bromhead, P. (1985). *Life in Modern Britain*. Harlow: Longman. S.102.

Depression is a big business in America. Sales of the mood-elevating drug Prozac reached a total of $1,7 billion in 1996 alone. More alarmingly, nearly 600,000 people under 18 years of age were prescribed anti-depressants. Now, in an attempt to increase their market share, drug companies are trying to reach more children. The problem, however, is that the drugs have not been approved specifically for children. 'It's scary enough to give your child medication, but to give something that isn't approved is even scarier', one mother told the New York Times.
Spotlight 1/98, S. 8.

For the second time in 250 years, the Canadian province of Nova Scotia is facing a wave of German immigration. The first wave took place on the province's South Shore, which was settled by German and Swiss immigrants in the 1750s. The second wave is made up of affluent Germans seeking to escape over-crowded conditions at home. The new immigrants are choosing fine old farmhouses, often on lakes, rivers or the ocean. Many of the properties have woods for hunting and streams full of fish.
Spotlight 2/98, S. 50.

Texte des Computer-C-Tests (2. Experiment)

Der Schlaf ist eine wichtige Aktivität des Körpers. Täglich verbringen wir mehrere Stunden damit, zu schlafen. Als Durchschnitt wird ein Schlafbedürfnis von acht Stunden angesehen. Es gibt jedoch Menschen, die erheblich weniger oder auch deutlich mehr Schlaf brauchen. Kinder schlafen sehr viel, ältere Menschen hingegen weniger. Während des Schlafes ist der Körper nicht „abgeschaltet". Atmung und Herzschlag sowie andere Stoffwechselprozesse gehen weiter. Auch für die Psyche ist Schlaf wichtig. Im Traum verarbeiten wir viele Erlebnisse des Tages.

Zur Validität von Computer-C-Tests   165

Kaum eine Freizeitbeschäftigung ist so vielfältig und wird so unterschiedlich intensiv betrieben wie Sport. Manche Sportarten werden in Mannschaften gespielt. Dazu gehören zum Beispiel Fußball, Basketball oder Eishockey. Bei anderen hingegen spielt zumeist ein einzelner Spieler gegen einen zweiten Spieler. Man denke an Tennis, Squash oder Badminton. Interessant ist auch die unterschiedliche Intensität mit der gespielt wird. Manche Menschen treiben gar keinen Sport oder gehen nur gelegentlich joggen, während andere in Vereinen organisiert sind, mehrmals wöchentlich spielen und an Wochenenden an Turnieren teilnehmen.

Uhren, umgangssprachlich auch „Zeiteisen" genannt, gibt es in den unterschiedlichsten Varianten. Für den Herrn von Welt war es in früheren Zeiten schick, eine reich verzierte oder auch recht schlichte Taschenuhr an einer Kette in der Tasche zu haben. Heutige Armbanduhren für Herrn gibt es in allen Preislagen. Von der sportlichen Uhr für wenig Geld, bis zur teuren, eleganten Uhr aus Gold. Bei Damenuhren ist die Vielfalt noch größer. Von winzig kleinen Uhren bis zu sehr großen in einer Fülle von Formen und Farben.

Ein neuer Trend sind so genannte Einkaufszentren. Früher musste man für seine Einkäufe zu unterschiedlichen Geschäften gehen. Fleisch kaufte man zum Beispiel beim Metzger, Brot beim Bäcker, einen Fernseher im Elektrogeschäft. Heute gibt es jedoch mehr und mehr Einkaufszentren, wie z.B. Tesco, in denen man alle diese Dinge besorgen kann. Im gleichen Geschäft kauft man Getränke, Nahrungsmittel, Elektrogeräte, vielleicht sogar ein Auto. Obwohl das sehr praktisch ist, hat es auch Nachteile. Denn viele kleine Geschäfte kommen in Schwierigkeiten und geben auf.

Die Ernährungsgewohnheiten in Deutschland haben sich im letzten Jahrhundert stark geändert. Im zweiten Weltkrieg war nicht nur die Versorgung der Soldaten schlecht. Auch die Zivilbevölkerung hatte Hunger zu leiden. Mangelerscheinungen aus dieser Zeit hatten oft langfristige Folgen. Als die Versorgung nach dem Krieg wieder besser wurde, gönnte man sich täglich viel von dem, was man vorher entbehren musste. Jeden Tag musste Fleisch auf den Tisch. Seit einiger Zeit gibt es jedoch auch Trends, weniger Fleisch zu essen und auf eine gesunde, ausgewogene Ernährung zu achten.

Texte des Papier&Bleistift-C-Tests (2. Experiment)

Es folgt die Wettervorhersage für die nächsten Tage. In der Nacht von heute auf morgen wird die Temperatur auf etwa 4° C abfallen. Es wird eine sternklare Nacht und es bleibt trocken. Dennoch ist morgens mit Nebel zu rechnen. Die Sichtweite könnte unter 100m liegen. Im Laufe des Morgens klart es jedoch auf und die Sonne scheint. Nur vereinzelt ist es bewölkt. Die Temperatur steigt auf 18 bis 20 Grad. Ähnliche Verhältnisse sind für die nächsten Tage zu erwarten.

Sammeln ist bei jungen wie älteren Menschen ein beliebtes Hobby. Viele kleine Kinder fangen an, etwas zu sammeln. Manchmal sind es Steine, Puppen oder Briefmarken. Manchmal auch exotischere Dinge. Während einige Sammelleidenschaften recht günstig sind, man denke beispielsweise an Postkarten oder Aufkleber, kosten andere sehr viel Geld, z.B. bei seltenen Briefmarken oder gar Autos. Darüber, warum Sammler etwas sammeln, gibt es gibt verschiedene Spekulationen, aber solange der Platz (und das Geld) reicht, sollte man ihnen ihre Leidenschaft ruhig lassen.

Ohne Möbel ist keine Wohnung vollständig. Manche Menschen bevorzugen alte oder sogar antike Möbel für ihre Wohnung, die eine besondere Atmosphäre schaffen. Oft sind diese auch sehr teuer. Sehr alte Möbelstücke kann man sogar in Museen ansehen. Andere Menschen ziehen hingegen neuartige Möbel vor, wobei es wiederum große Unterschiede gibt. Von recht einfachen und günstigen Möbeln, die man oft selbst zusammenbauen muss, bis hin zu teuren, extravaganten Designerstücken ist alles zu haben.

Politik ist ein Thema, das die Gemüter heute in unterschiedlichem Maße berührt. Für manche Leute ist Politik nach wie vor ein heiß diskutiertes Thema. Die Vor- und Nachzüge einzelner Parteien und Politiker werden diskutiert. Auch bei einzelnen Themen gehen die Meinungen oft weit auseinander. Sollen die Steuern gesenkt oder gar erhöht werden? Sind die Renten sicher? Wie können wir der Arbeitslosigkeit Herr werden? Andere Menschen hingegen interessieren sich kaum noch oder gar nicht mehr für politische Fragen.

Arbeitslosigkeit ist in vielen Ländern ein großes Problem. Immer wieder hört man von Statistiken in den Nachrichten. Für den Staat ist Arbeitslosigkeit ein Problem, weil er die Arbeitslosen finanziell unterstützen muss. Jenseits von Statistiken und Politik ist Arbeitslosigkeit aber auch für den Einzelnen ein großes persönliches Problem. Man kann sich viele Dinge nicht leisten und viele Arbeitslose fühlen sich auch nutzlos. Neben guter Politik ist es wichtig, dass die Ausbildung ständig verbessert wird.

*Grotjahn, Rüdiger (Ed.) (2006). Der C-Test: Theorie, Empirie, Anwendungen/
The C-Test: Theory, Empirical Research, Applications. Frankfurt/M.: Lang*

C-Tests als Anker für TestDaF: Rasch-Analysen mit dem kontinuierlichen Ratingskalen-Modell

Thomas Eckes und Rüdiger Grotjahn[*]

The paper examines the psychometric properties of the C-test with respect to its suitability as an anchoring instrument for use with the reading and listening subtests of the *Test Deutsch als Fremdsprache* (TestDaF; Test of German as a Foreign Language). To serve its purpose well, an anchor test should allow highly objective, reliable, stable, and valid measurements of the ability in question. Based on results from a test construction study, a C-test consisting of four texts with 20 blanks each was selected and presented to four independent samples of participants (total $N = 843$). In each case, the C-test was inserted between the reading and listening subtests administered at TestDaF trialling examinations. In order to test for possible effects of the scoring procedure, four scoring methods were employed with each sample. Methods differed as to whether or not only correctly spelled originals and variants were scored as valid responses and whether or not responses that were correct from the point of view of content but grammatically incorrect were accepted. Use of an item response model specifically designed for the analysis of continuous ratings (Müller, 1987, 1999) showed that item difficulty measures were significantly different from each other and, more importantly, highly stable across different scoring methods and test administrations. Various fit statistics (i.e., the adjusted dispersion parameter, the outfit index, the item-Q index, and the generalized part-whole correlation) consistently indicated an excellent model fit. Though, overall, the reliability of the C-test measures was satisfactorily high, the most reliable measures were produced by the most restrictive scoring method counting as valid responses only correctly spelled originals and variants. It is concluded that the fine psychometric quality of the C-test under consideration renders it well suited for use as an anchoring instrument.

1. C-Tests und TestDaF

Bereits Arras, Eckes & Grotjahn (2002) diskutierten C-Tests in ihrer möglichen Funktion als Ankertests im Rahmen des TestDaF (Test Deutsch als Fremdsprache; siehe im Internet unter www.testdaf.de). Ein Ankertest dient allgemein gesprochen dazu, die Messergebnisse (z.B. Summenscores) zweier verschiedener Tests, die dasselbe Merkmal erfassen sollen, so zu adjustieren, dass die resultierenden Scores direkt miteinander vergleichbar sind. Mit anderen Worten, die Prozedur der Verankerung stellt auf statistischem Wege sicher, dass Unterschie-

---

[*] **Korrespondenzadressen:** PD Dr. Thomas Eckes, TestDaF-Institut, Feithstr. 188, D-58084 Hagen. E-mail: thomas.eckes@testdaf.de. Prof. Dr. Rüdiger Grotjahn, Ruhr-Universität Bochum, Seminar für Sprachlehrforschung, D-44780 Bochum. E-mail: ruediger.grotjahn@ruhr-uni-bochum.de.
Wir danken Ulrike Arras für hilfreiche Kommentare zu einer früheren Fassung dieses Beitrags.

de in der Schwierigkeit der beiden Tests bei der Fähigkeitsschätzung nicht ins Gewicht fallen (Kolen & Brennan, 2004; Wright & Stone, 1979). Personen, die eine hohe Fähigkeit besitzen, sollten nach Durchführung einer Verankerung bei einem relativ schwierigen Test die gleiche Einstufung ihrer Fähigkeit erfahren wie bei einem relativ leichten Test.

In jedem Jahr werden weltweit mehrere TestDaF-Prüfungen mit je unterschiedlichen Testsätzen (d.h. mit je anderen Sammlungen von Aufgaben und Items) durchgeführt. Folglich ist eine präzise Verankerung jedes neu erstellten Testsatzes notwendig, um allen Prüfungsteilnehmerinnen und -teilnehmern unabhängig von der Schwierigkeit des gerade verwendeten Testsatzes die gleichen Chancen für das Erreichen eines guten Testergebnisses einzuräumen. Da TestDaF ein "high-stakes"-Test ist, mit dessen Ergebnissen für alle Beteiligten, natürlich besonders für die Prüfungsteilnehmerinnen und -teilnehmer, weitreichende Konsequenzen verbunden sind, kommt der Auswahl einer geeigneten Sammlung von Ankeritems große Bedeutung zu. Schließlich tragen die auf einem TestDaF-Zeugnis zu den vier Sprachfertigkeiten festgehaltenen Niveaustufen wesentlich zur Entscheidung über die Zulassung ausländischer Studienbewerberinnen und -bewerber zu einem Studium an einer deutschen Hochschule bei.

Für einen Ankertest kommen insbesondere solche Items in Frage, die sich in empirischen Untersuchungen durch hohe psychometrische Qualität ausgezeichnet haben (Henning, 1987; Wright & Stone, 1979). Ankeritems sollten (a) eine hinreichende Differenzierung der Personen hinsichtlich der zu messenden Fähigkeit erlauben (d.h., sie sollten für die Personen weder zu leicht noch zu schwer sein), (b) die intendierte Fähigkeit und nur diese messen (d.h., sie sollten eindimensional sein), (c) Schwierigkeitsmaße aufweisen, die sich über verschiedene Testanwendungen hinweg nicht oder nur unwesentlich verändern, (d) eine ökonomische Durchführung ermöglichen und (e) eine vom Testanwender unabhängige Auswertung gewährleisten. Kurz, ein Ankertest sollte besonders objektive, reliable, stabile und valide Messungen der fraglichen Fähigkeit erlauben.

Arras, Eckes & Grotjahn (2002) berichteten erste Untersuchungsbefunde, die die Verwendung von C-Tests als Ankertests im Rahmen von TestDaF-Prüfungen als einen viel versprechenden Ansatz erscheinen ließen. Der nach einer sorgfältigen Konstruktions- und Validierungsphase ausgewählte, aus vier Texten bestehende C-Test war (a) hoch reliabel, (b) eindimensional im Sinne der Messung globaler Sprachkompetenz, (c) systematisch abgestuft hinsichtlich der Schwierigkeit der Texte, (d) relativ hoch mit den vier Subtests des TestDaF korreliert (Spearman-Rang-Korrelationen zwischen 0.64 und 0.68) und zudem (e) ökonomisch und objektiv auswertbar.

2. Scoringkategorien und Scoringmethoden

In der vorliegenden Arbeit wird der Forschungsansatz von Arras, Eckes & Grotjahn in mehrfacher Hinsicht erweitert. Ziel war es, auf der Grundlage einer detaillierten Analyse von C-Test-Daten aus mehreren TestDaF-Erprobungsprüfungen zu einer empirisch abgesicherten Entscheidung über die Verwendung des betrachteten C-Tests als Ankertest im Rahmen von TestDaF-Prüfungen zu kommen.

Dabei wurden nicht nur vier verschiedene Erprobungsstichproben untersucht, sondern auch jeweils vier verschiedene Scoring- oder Auswertungsmethoden für die Kodierung der im C-Test erbrachten Leistungen systematisch miteinander verglichen. Diesen Scoringmethoden wurde ein differenziertes Kategoriensystem mit sieben Scoringkategorien zugrunde gelegt.

Im Mittelpunkt der quantitativen Evaluation stand die Skalierung der C-Test-Texte anhand des **kontinuierlichen Ratingskalen-Modells** ("Continuous Rating Scale Model", CRSM; Müller, 1987, 1999). Dieses Item-Response-Modell wurde in der Untersuchung von Arras, Eckes & Grotjahn (2002) erstmals und mit Erfolg zur C-Test-Skalierung eingesetzt.

2.1. Das Kategoriensystem

In allen hier untersuchten Erprobungsprüfungen wurde dasselbe siebenstufige Kategoriensystem verwendet. Die Scoringkategorien lauteten:

Kategorie 1: unausgefüllt
Kategorie 2: orthografisch richtiges Original
Kategorie 3: inhaltlich nicht akzeptabel
Kategorie 4: orthografisch richtige Variante
Kategorie 5: orthografisch falsches Original
Kategorie 6: orthografisch falsche Variante
Kategorie 7: inhaltlich akzeptabel, aber grammatisch falsch

Eine ausführliche Diskussion dieses Kategoriensystems und verschiedener damit verbundener Auswertungsprobleme findet sich in Arras, Eckes & Grotjahn (2002, S. 182–187). Hier sei nur kurz darauf hingewiesen, dass das ursprünglich sechsstufige Kategoriensystem, mit der dritten Kategorie „grammatisch und/oder inhaltlich nicht akzeptabel", modifiziert wurde, um eine genauere Fehlerzuordnung bzw. Fehleranalyse durchführen zu können. Insbesondere sollte unterschieden werden zwischen Personen, die auf der Makroebene die erforderliche Textverstehenskompetenz besitzen und deshalb zwar lexikalisch richtig, aber z.B. morphologisch falsch ergänzen, und solchen Personen, die eine kontextuell unangemessene lexikalische Ergänzung vornehmen. Bei Kategorie 7 spielten Orthografiefehler keine Rolle, d.h., auch orthografisch falsche Antworten wurden als „richtig" gewertet.

Das neue Kategoriensystem wurde ab der Erprobungsprüfung E005 eingesetzt. Arras, Eckes & Grotjahn (2002) hatten sich bei ihrer Analyse auf die Prüfung E004 beschränkt, sodass sie die Auswirkungen der beschriebenen Modifikation auf die C-Test-Ergebnisse und auf die psychometrischen Eigenschaften der C-Test-Texte noch nicht untersuchen konnten. Dieses sollte nun anhand der Daten aus den Prüfungen E005, E006, E007 und E008 sowie anhand der aggregierten Daten für die Gesamtstichprobe geleistet werden.

2.2. Die Scoringmethoden

Um mögliche Effekte der Kategorie 7 gezielt analysieren zu können, wurden vier Scoringmethoden unterschieden. Neben den beiden Methoden, die schon Arras, Eckes & Grotjahn (2002) verwendet hatten (Methoden A und B), wurden die nachfolgend definierten Methoden C und D neu eingeführt.

Methode A:
Orthografisch richtige Originale (Kategorie 2) und orthografisch richtige Varianten (Kategorie 4) werden als korrekt gewertet.

Methode B:
Sowohl orthografisch richtige als auch orthografisch falsche Originale und Varianten (Kategorien 2, 4, 5 und 6) werden als korrekt gewertet.

Methode C:
Orthografisch richtige Originale (Kategorie 2), orthografisch richtige Varianten (Kategorie 4) und inhaltlich akzeptable, aber grammatisch falsche Ergänzungen (Kategorie 7) werden als korrekt gewertet.

Methode D:
Sowohl orthografisch richtige als auch orthografisch falsche Originale und Varianten (Kategorien 2, 4, 5 und 6) sowie inhaltlich akzeptable, aber grammatisch falsche Ergänzungen (Kategorie 7) werden als korrekt gewertet.

Tabelle 1 gibt eine übersichtliche Darstellung der verwendeten Scoringmethoden bzw. Scoringregeln.

Tabelle 1: Definition der Scoringmethoden

Methode	Kat. 1	Kat. 2	Kat. 3	Kat. 4	Kat. 5	Kat. 6	Kat. 7
A	0	1	0	1	0	0	0
B	0	1	0	1	1	1	0
C	0	1	0	1	0	0	1
D	0	1	0	1	1	1	1

Anmerkung: Die Scoringkategorien 1 bis 7 sind im Text erläutert. Eine 0 steht für die Wertung „falsch", eine 1 für die Wertung „richtig".

3. Untersuchungsfragen

Im Wesentlichen sollten mit dieser Untersuchung die folgenden Fragen beantwortet werden.

1. Welchen Einfluss hat die Scoringmethode auf die Ergebnisse im C-Test? Wie hoch korrelieren die nach den verschiedenen Scoringmethoden gewonnenen Ergebnisse miteinander?
2. Wie schwierig bzw. leicht sind die vier C-Test-Texte? Sind die Schwierigkeiten der Texte über die verschiedenen Erprobungsprüfungen hinweg hinreichend stabil?
3. Lässt sich die Hypothese der Eindimensionalität des C-Tests in allen Erprobungsstichproben und in der Gesamtstichprobe aufrechterhalten? Gilt das kontinuierliche Ratingskalen-Modell in allen untersuchten Stichproben?
4. Wie groß ist die Differenzierungsfähigkeit des C-Tests im Hinblick auf die Sprachkompetenz der Prüfungsteilnehmerinnen und -teilnehmer?
5. Welcher Scoringmethode ist im Hinblick auf den Einsatz des C-Tests als Ankertest der Vorzug zu geben? Wie ist die Eignung des C-Tests im Hinblick auf seine Funktion als Ankertest einzuschätzen?

Hauptmerkmale der vorliegenden Studie sind die Verwendung eines siebenfach gestuften Kategoriensystems, die Unterscheidung von vier Scoringmethoden, die Betrachtung von vier Erprobungsstichproben sowie die Anwendung eines Item-Response-Modells, das eine differenzierte Analyse von C-Test-Daten erlaubt. Im Folgenden werden die methodischen Details des Untersuchungsansatzes erläutert.

4. Methode

4.1. Die Erprobungsprüfungen

Der C-Test wurde im Rahmen von TestDaF-Erprobungsprüfungen zur Bearbeitung vorgelegt. Diese Erprobungsprüfungen haben einmal die Funktion, eine eingehende psychometrische Qualitätskontrolle neu zusammengestellter und bereits vorerprobter Testsätze zu ermöglichen. Sie sollen aber auch die für eine Verankerung der Scores in den rezeptiven TestDaF-Subtests „Leseverstehen" und „Hörverstehen" notwendigen Daten liefern (vgl. Eckes, 2003, 2005).

Zwischen dem ersten Testteil (Leseverstehen) und dem zweiten Testteil (Hörverstehen) hatten die Prüfungsteilnehmerinnen und -teilnehmer (im Folgenden auch Probanden oder Pbn) zunächst kurze Lückentexte und anschließend den C-Test zu bearbeiten. Die Lückentexte waren Ende der 1990er Jahre am *University of Cambridge Local Examinations Syndicate* (UCLES) entwickelt worden und umfassten insgesamt 15 dichotome Grammatik- bzw. Lexik-Items. Diese Items hatten im Vorfeld früherer TestDaF-Prüfungen wiederholt zur Verankerung der Scores in den Subtests Leseverstehen bzw. Hörverstehen gedient und sollten nun durch die neu entwickelten C-Test-Texte ersetzt werden.

Die gleichzeitige Vorgabe von UCLES-Lückentexten und C-Test-Texten war erforderlich, um eine gemeinsame Kalibrierung der Itemschwierigkeiten vornehmen zu können. Erst eine Kalibrierung der insgesamt 19 Items (15 Lückentext-Items und 4 C-Test-Texte) auf einer gemeinsamen linearen Skala (d.h. der Logitskala) und eine entsprechende Verankerung der C-Test-Texte erlaubten es, den C-Test als neuen Ankertest einzuführen. Mit anderen Worten, es erfolgte eine Kalibrierung der Schwierigkeiten der C-Test-Texte auf der Basis der UCLES-Ankeritems, um die so kalibrierten C-Test-Texte später zur Verankerung der Itemschwierigkeiten in den rezeptiven Testteilen Leseverstehen und Hörverstehen einsetzen zu können (vgl. auch Henning, 1987, S. 131–133). Die UCLES-Ankeritems fungierten also gleichsam als „Starthilfe" für die neuen C-Test-Ankeritems.

Insgesamt wurden die C-Test-Daten in vier unabhängigen Erprobungsprüfungen erhoben (Gesamt-N = 843). Es handelte sich um die Prüfungen E005 (N = 144; Oktober 2001), E006 (N = 226), E007 (N = 235) und E008 (N = 238; jeweils März 2002). Die Probanden gehörten sämtlich zur TestDaF-Zielgruppe, d.h., es handelte sich um Studierende, die entweder bereits in Deutschland studienvorbereitende Deutschkurse besuchten oder – noch im Heimatland – einen Studienaufenthalt in Deutschland planten. Alle Erprobungsprüfungen wurden an lizenzierten TestDaF-Testzentren im In- und Ausland durchgeführt.

An E005 hatten sich fünf inländische Testzentren und sieben ausländische Testzentren aus ganz unterschiedlichen Teilen der Welt (in den Ländern Frankreich, Kasachstan, Kolumbien, Lettland, Russland, Spanien und Südafrika) beteiligt. Die Beteiligung an E006 war ähnlich weit gestreut: vier inländische Testzentren und sieben ausländische Testzentren (Bulgarien (2), Kasachstan, Kirgisistan, Kolumbien (2), Mongolei). Die Prüfung E007 wurde an drei inländischen Testzentren und acht ausländischen Testzentren (in Polen, Rumänien, Russland (5) und Spanien) abgenommen. Schließlich verteilten sich die Pbn der Prüfung E008 auf drei inländische Testzentren und sechs ausländische Testzentren (Bulgarien, Niederlande, Russland (2), Südkorea, Zypern).

4.2. Der C-Test

Der C-Test bestand aus vier Texten mit jeweils 20 Lücken. Die einzelnen Texte betrafen den akademischen Kontext und entsprachen hinsichtlich Thematik dem TestDaF-Format. Sie waren nach aufsteigender Schwierigkeit angeordnet; für diese Anordnung wurden die Schwierigkeitsschätzungen aus der früheren Analyse (Arras, Eckes & Grotjahn, 2002, S. 197) herangezogen. Zur Bearbeitung standen pro Text fünf Minuten zur Verfügung.

Die Texte folgten in der Regel dem klassischen Tilgungsprinzip, d.h., beginnend mit dem zweiten Satz wurde die zweite Hälfte jedes zweiten Wortes getilgt. Am Ende jedes Textes verblieb ein unversehrter (Teil-)Satz. Von der Tilgung ausgenommen blieben Eigennamen und Abkürzungen (vgl. ausführlicher hierzu Grotjahn, 1995).

Bei allen Testdurchführungen blieben die Reihenfolge der Texte innerhalb des C-Tests wie auch die Darbietung des C-Tests im unmittelbaren Anschluss an den Leseverstehenstest konstant. Die Auswertung der Pbn-Leistungen erfolgte in allen Fällen nach dem oben dargestellten siebenstufigen Kategoriensystem durch eine speziell geschulte und erfahrene Kodiererin.

4.3. Ein Item-Response-Modell

Bei der testmethodischen Analyse von C-Test-Daten ist grundsätzlich zu beachten, dass die einzelnen Lücken innerhalb eines gegebenen Textes voneinander abhängig sind. Sie dürfen daher nicht im üblichen Sinne wie Items eines Tests behandelt werden. Um das **Problem der lokalen Abhängigkeit** der Lücken eines Textes zu umgehen, ist der Text als Ganzes als so genanntes Testlet, d.h. als eine Art „Superitem", aufzufassen und entsprechend zu analysieren. Dies bedeutet, dass ein C-Test-Text als ein Item mit $m + 1$ Itemwerten zu verstehen ist, wobei m die Anzahl der Lücken des Textes ist. Im vorliegenden Fall von Texten mit je 20 Lücken konnte also ein Item des C-Tests 21 verschiedene Werte (d.h. Werte im Intervall zwischen 0 und 20) annehmen. Ganz offenkundig stellt das Antwortformat von C-Test-Items besondere Anforderungen an testanalytische Modelle und Prozeduren. Eine diesem Format angemessene, differenzierte Evaluation der psychometrischen Qualität von C-Tests erlauben Item-Response-Modelle (vgl. z.B. Bond & Fox, 2001; Embretson & Reise, 2000; Rost, 2004). Da sich das Antwortformat eines C-Test-Items als quasi-kontinuierlich auffassen lässt, verwendeten wir in dieser Arbeit ein Testmodell, das gezielt zur Analyse kontinuierlicher Items bzw. Ratingskalen entwickelt wurde. Es handelte sich, wie bereits erwähnt, um das kontinuierliche Ratingskalen-Modell (CRSM; Müller, 1987, 1999). Andere Item-Response-Modelle, die ebenfalls für eine Skalierung von C-Test-Items in Frage kommen, wie das (diskrete) Ratingskalen-Modell von Andrich (1978, 1982) oder das Partial-Credit-Modell von Masters (1982), werden in einem separaten Beitrag ausführlich beschrieben und in Relation zu Müllers Modellansatz diskutiert (Eckes, 2006).

Das kontinuierliche Ratingskalen-Modell gehört zur Klasse der Rasch-Modelle. Im Unterschied zum dichotomen Rasch-Modell wird im CRSM die Form der Antwortverteilung (oder genauer: die Dichtefunktion) nicht nur von der Differenz zwischen Personenparameter (Fähigkeit) und Itemparameter (Schwierigkeit), sondern auch vom sog. **Dispersionsparameter** bestimmt. Der Dispersionsparameter gibt (vereinfacht gesprochen) an, inwieweit die Schwellenwerte entlang der kontinuierlichen Ratingskala monoton steigen. Anders ausgedrückt, benutzen Personen ein kontinuierliches Item tatsächlich als ein solches, dann nimmt der Dispersionsparameter Werte größer 0 an (regulärer Fall). Benutzen sie es dagegen eher als ein dichotomes Item, dann tendiert der Dispersionsparameter gegen 0 (degenerierter Fall). Negative Werte des Dispersionsparameters schließlich zeigen eine klare Modellverletzung an (irregulärer Fall); eine Verletzung der Modellannahme könnte z.B. auf die ausgeprägte Tendenz von Personen zurückgehen, extreme Antworten zu geben.

Die CRSM-Analysen der C-Test-Daten aus den Prüfungen E005 bis E008 (wie auch die Analyse der aggregierten Daten für die Gesamtstichprobe) wurden anhand des Programms CRSM ("Continuous Rating Scale Model", Version 1.3; vgl. Müller, 1999, S. 177) vorgenommen. Dieses Programm erlaubt die Schätzung von Item-, Person- und Dispersionsparametern sowie die Berechnung verschiedener Kenngrößen für die Güte der Modellanpassung.

5. Ergebnisse

5.1. Deskriptiv-statistische Analysen

Zunächst soll der Frage nachgegangen werden, wie sich die Antworten auf die sieben Scoringkategorien verteilen. Tabelle 2 gibt die entsprechende Häufigkeitsverteilung für die Gesamtstichprobe ($N = 843$) wieder. Zusätzlich wurde hierbei eine Unterteilung in eine schwache und eine starke Leistungsgruppe berücksichtigt. Die Gruppeneinteilung erfolgte auf der Basis des Medians, der (im Vorgriff auf die später berichteten Ergebnisse) anhand der nach Scoringmethode A ermittelten Testscores berechnet worden war (Median = 51 Punkte; Pbn mit einem Score unterhalb des Medians bildeten die schwache Leistungsgruppe, Pbn mit einem Score größer oder gleich 51 bildeten die starke Leistungsgruppe).

Tabelle 2: Häufigkeiten der sieben Auswertungskategorien in der Gesamtstichprobe getrennt nach Leistungsgruppen

Kategorie	Schwache Leistungsgruppe ($N = 412$)		Starke Leistungsgruppe ($N = 431$)		Gesamtgruppe ($N = 843$)	
	Häufigkeit	%	Häufigkeit	%	Häufigkeit	%
1	8065	24.47	2079	6.03	10144	15.04
2	14780	44.84	25676	74.47	40456	59.99
3	5609	17.02	3685	10.69	9294	13.78
4	491	1.49	589	1.71	1080	1.60
5	315	1.00	187	0.54	502	0.74
6	29	0.09	44	0.13	73	0.11
7	3671	11.14	2220	6.44	5891	8.74
Total	32960	100	34480	100	67440	100

Anmerkung: Kategorie 1 = unausgefüllt; Kategorie 2 = orthografisch richtiges Original; Kategorie 3 = inhaltlich nicht akzeptabel; Kategorie 4 = orthografisch richtige Variante; Kategorie 5 = orthografisch falsches Original; Kategorie 6 = orthografisch falsche Variante; Kategorie 7 = inhaltlich akzeptabel, aber grammatisch falsch

Ganz offensichtlich liegen enorme Unterschiede in den Kategorienhäufigkeiten vor. Die in der Gesamtgruppe wie auch in den beiden Leistungsgruppen mit Abstand häufigste Scoringkategorie ist die Kategorie 2 (orthografisch richtiges Original), gefolgt von den Kategorien 1 (unausgefüllt), 3 (inhaltlich nicht akzeptabel) und 7 (inhaltlich akzeptabel, aber grammatisch falsch). Dagegen sind die Kategorien 4 (orthografisch richtige Variante), 5 (orthografisch falsches Original) und 6 (orthografisch falsche Variante) ausgesprochen schwach besetzt. Ein großer Effekt der Wertung von Orthografiefehlern als „richtig" auf die Ergebnisse im C-Test ist aufgrund dieser Häufigkeitsbetrachtung nicht zu erwarten. Wie bereits erwähnt, lagen nach der früheren Analyse von Arras, Eckes & Grotjahn erste Schätzungen der Schwierigkeiten der vier Texte vor. Die Anordnung der Texte im C-Test folgte diesen anfänglichen Schwierigkeitsschätzungen. Text 1 war der leichteste und wurde als erster Text dargeboten, Text 2 der zweitleichteste, er wurde an zweiter Stelle dargeboten usw. Tabelle 3 gibt die Mittelwerte und Standardabweichungen für die vier Texte getrennt nach den Scoringmethoden A bis D wieder, und zwar für die Erprobungsstichproben E005 bis E008 sowie für die Gesamtstichprobe mit den über die vier Erprobungsstichproben aggregierten Daten.

Vergleicht man zunächst die Mittelwerte für die Texte innerhalb der Scoringmethoden (spaltenweise Betrachtung), so stimmt in allen Fällen die Höhe der Mittelwerte mit dem früher ermittelten Schwierigkeitsniveau der Texte überein: Der Mittelwert für Text 1 ist der höchste, der Mittelwert für Text 2 der zweithöchste usw. Im Vergleich der Mittelwerte für einen gegebenen Text über die Scoringmethoden hinweg (zeilenweise Betrachtung) ergibt sich wiederum eine klare Systematik: Die Mittelwerte steigen von Methode A bis Methode D ohne eine Ausnahme an. Natürlich ist dieser Anstieg angesichts der Definition der Scoringregeln alles andere als unerwartet, denn Scoringmethode A ist restriktiver als Methode B (d.h., Methode A lässt weniger Antworten als korrekt gelten), C ist restriktiver als D und Methoden A und B sind restriktiver als Methoden C und D.

Wenn man die Ebene der einzelnen C-Test-Texte verlässt und den C-Test als Ganzes betrachtet, ergeben sich die in Tabelle 4 zusammengefassten, wieder nach Scoringmethoden und Erprobungsstichproben unterschiedenen Statistiken.

Tabelle 3: Mittelwerte und Standardabweichungen der vier C-Test-Texte unterschieden nach Scoringmethoden

C-Test-Text	Methode A		Methode B		Methode C		Methode D	
	M	*SD*	*M*	*SD*	*M*	*SD*	*M*	*SD*
E005 (*N* = 144)								
Text 1	15.24	3.46	15.61	3.31	16.74	2.60	17.12	2.47
Text 2	12.57	4.95	12.76	4.93	14.17	4.99	14.36	4.97
Text 3	11.90	4.04	12.12	4.02	13.24	3.96	13.47	3.94
Text 4	10.26	4.70	10.35	4.71	12.22	4.71	12.31	4.72
E006 (*N* = 226)								
Text 1	14.08	3.74	14.41	3.57	15.86	2.85	16.19	2.72
Text 2	11.62	4.23	11.72	4.27	13.58	4.18	13.69	4.21
Text 3	10.42	3.99	10.67	4.02	11.89	3.90	12.14	3.91
Text 4	8.63	3.84	8.67	3.86	11.18	3.52	11.22	3.53
E007 (*N* = 235)								
Text 1	14.71	3.61	14.99	3.56	16.23	2.74	16.51	2.67
Text 2	12.51	4.46	12.64	4.47	14.28	4.14	14.41	4.14
Text 3	11.70	4.54	11.86	4.52	12.89	4.29	13.06	4.28
Text 4	10.28	4.43	10.35	4.38	12.55	3.97	12.62	3.92
E008 (*N* = 238)								
Text 1	15.72	3.29	15.98	3.22	17.08	2.46	17.34	2.41
Text 2	13.52	4.06	13.58	4.07	15.57	3.73	15.63	3.75
Text 3	12.68	4.08	12.90	4.08	13.95	3.91	14.16	3.91
Text 4	11.25	3.98	11.27	3.98	13.41	3.58	13.44	3.57
Gesamt (*N* = 843)								
Text 1	14.92	3.58	15.22	3.48	16.46	2.71	16.76	2.61
Text 2	12.57	4.43	12.68	4.44	14.44	4.26	14.55	4.27
Text 3	11.67	4.26	11.88	4.26	12.98	4.09	13.19	4.09
Text 4	10.11	4.31	10.16	4.30	12.37	3.97	12.42	3.96

Anmerkung: als „richtig" gewertet: Methode A – Kategorien 2 und 4; Methode B – Kategorien 2, 4, 5 und 6; Methode C – Kategorien 2, 4 und 7; Methode D – Kategorien 2, 4, 5, 6 und 7

Tabelle 4: Summarische Statistiken für den C-Test (4 Texte)

Methode	M	SD	Schiefe	Min	Max	Alpha
E005 (N = 144)						
A	49.96	15.23	−0.59	8	77	.903
B	50.84	14.98	−0.61	10	77	.896
C	56.37	14.38	−1.00	11	77	.884
D	57.26	14.16	−1.02	11	77	.877
E006 (N = 226)						
A	44.76	13.75	−0.20	7	77	.892
B	45.47	13.62	−0.22	8	77	.888
C	52.52	12.21	−0.59	11	79	.858
D	53.23	12.09	−0.62	12	79	.851
E007 (N = 235)						
A	49.20	15.24	−0.24	5	79	.913
B	49.85	15.12	−0.23	6	79	.912
C	55.95	13.22	−0.58	16	79	.885
D	56.60	13.09	−0.59	17	79	.882
E008 (N = 238)						
A	53.17	13.09	−0.88	8	78	.868
B	53.74	13.02	−0.91	9	78	.866
C	60.01	11.57	−1.20	18	79	.854
D	60.57	11.52	−1.24	19	79	.852
Gesamt (N = 843)						
A	49.26	14.58	−0.43	5	79	.899
B	49.94	14.44	−0.44	6	79	.896
C	56.25	13.00	−0.78	11	79	.876
D	56.93	12.87	−0.80	11	79	.871

Anmerkung: als „richtig" gewertet: Methode A – Kategorien 2 und 4; Methode B – Kategorien 2, 4, 5 und 6; Methode C – Kategorien 2, 4 und 7; Methode D – Kategorien 2, 4, 5, 6 und 7

Wie nach der Einzelbetrachtung der Texte nicht anders zu erwarten, nehmen in jeder Erprobungsstichprobe die Mittelwerte von Scoringmethode A über die Methoden B und C bis Methode D zu. Darüber hinaus zeigen t-Tests für gepaarte Stichproben, dass alle Mittelwertsunterschiede zwischen den Scoringmethoden signifikant sind (jeweils $p < .001$ nach Bonferroni-Adjustierung des 5%-Niveaus). Für die in der dritten Spalte wiedergegebenen Standardabweichungen (bzw. die entsprechenden Varianzen) resultiert in allen Stichproben das gleiche Ergebnismuster: Die Varianzen der nach Methoden A und B ermittelten C-Test-Scores sind größer als die Varianzen der nach Methoden C und D ermittelten

Scores. In der Gesamtstichprobe sind zudem diese Unterschiede auf dem Bonferroni-adjustierten 5%-Niveau signifikant; innerhalb der beiden Methodengruppen gibt es dagegen keine signifikanten Unterschiede (nach F-Test). Es ist weiter festzuhalten, dass sich der eindeutige Trend zu höheren Scores beim Übergang von Methode A zu B bzw. C und D auch in einem Anstieg der Rechtssteilheit der zugehörigen Score-Verteilungen niederschlägt. Hierauf verweisen die zunehmend niedrigeren Schiefewerte (Spalte 4).

Von besonderem Interesse sind die in der letzten Spalte von Tabelle 4 aufgeführten Reliabilitätsschätzungen nach Cronbachs Alpha. Diese Schätzungen bewegen sich zwar insgesamt auf einem hohen Niveau, zeigen aber in allen Erprobungsstichproben die gleiche fallende Tendenz. Scoringmethode A weist dabei die höchste Reliabilität auf, gefolgt von Methoden B, C und D. Ein Signifikanztest für Reliabilitätsunterschiede im Falle abhängiger Gruppen (Feldt, Woodruff & Salih, 1987, S. 99) bestätigt, dass in allen Erprobungsstichproben die Methoden A und B reliablere Werte liefern als die Methoden C und D. Ferner ist in der Mehrzahl der Fälle Methode A signifikant reliabler als Methode B; analog erweist sich Methode C (außer in E008) als reliabler als Methode D (jeweils $p <$ .01, zweiseitiger Test).

Das monotone Absinken der Reliabilität kann wenigstens zum Teil auf eine sukzessive Varianzeinschränkung in den Verteilungen der nach den verschiedenen Methoden ermittelten C-Test-Scores zurückgeführt werden. Wie schon Arras, Eckes & Grotjahn (2002, S. 191) für den Vergleich zwischen Methode A und Methode B ausführten, nimmt mit zunehmender Zahl orthografisch richtiger Originale bzw. Varianten die Zahl der orthografisch falschen Originale bzw. Varianten zwangsläufig ab. Dies führt in der Regel zu einer Verringerung der Varianz der Scores nach Methode B relativ zur Varianz der Scores nach Methode A. Analog ließe sich für die anderen Methodenvergleiche argumentieren, dass die Reliabilitätsdifferenzen mitbedingt sind durch methodenabhängige Varianzeinschränkungen.

Die Produkt-Moment-Korrelationen zwischen den Testscores, getrennt ermittelt nach den verschiedenen Scoringmethoden, gibt Tabelle 5 wieder.

Tabelle 5: Korrelationen zwischen den Scoringmethoden

Methode	A	B	C	D
E005 (N = 144)				
A	—	.998	.974	.969
B		—	.973	.973
C			—	.998
D				—
E006 (N = 226)				
A	—	.998	.965	.962
B		—	.963	.964
C			—	.998
D				—
E007 (N = 235)				
A	—	.998	.971	.969
B		—	.968	.970
C			—	.998
D				—
E008 (N = 238)				
A	—	.998	.968	.964
B		—	.967	.967
C			—	.998
D				—
Gesamt (N = 843)				
A	—	.998	.970	.967
B		—	.968	.969
C			—	.998
D				—

Anmerkung: Alle Korrelationen sind statistisch hochsignifikant ($p < .001$).

Nahezu perfekte und in der Höhe identische Korrelationen finden sich zwischen den Methoden A und B einerseits und den Methoden C und D andererseits. Zwischen den einzelnen Methoden beider Methodengruppen bestehen etwas niedrigere Korrelationen. Dieser Befund steht in Einklang mit den etwas niedrigeren Reliabilitäten der Methoden C und D relativ zu den Methoden A und B.

Um zu prüfen, inwieweit die hohen nachgewiesenen Zusammenhänge auch für unterschiedliche Leistungsgruppen Gültigkeit besitzen, wurde die Gesamtstichprobe in eine schwache und eine starke Leistungsgruppe unterteilt. Die Teilung erfolgte getrennt nach den Scoringmethoden am jeweiligen Median. Für die vier Methoden ergaben sich die folgenden Mediane: 51 Punkte für Methode A, 52 Punkte für Methode B und jeweils 58 Punkte für Methoden C bzw. D. In Tabelle 6 sind die resultierenden Korrelationen dargestellt. Die Korrelationen für die schwache Leistungsgruppe finden sich in der unteren Dreiecksmatrix, die Korrelationen für die starke Leistungsgruppe finden sich in der oberen Dreiecksmatrix.

Tabelle 6: Korrelationen zwischen den Scoringmethoden in der Gesamtstichprobe getrennt nach Leistungsgruppen (schwache Leistungsgruppe unterhalb der Hauptdiagonalen, starke Leistungsgruppe oberhalb der Hauptdiagonalen)

Methode	A	B	C	D
A	—	.994 (419)	.918 (405)	.910 (412)
B	.995 (409)	—	.910 (400)	.914 (407)
C	.935 (381)	.932 (385)	—	.991 (436)
D	.929 (363)	.934 (367)	.995 (382)	—

Anmerkung: In Klammern die jeweiligen Stichprobenumfänge. Alle Korrelationen sind statistisch hochsignifikant ($p < .001$).

Die Korrelation zwischen den Scores nach Methoden A und B ist in beiden Leistungsgruppen beinahe identisch (.995 für die schwache Leistungsgruppe gegenüber .994 für die starke Leistungsgruppe). Gleiches kann über Methoden C und D gesagt werden (.995 gegenüber .991). Die Korrelationen zwischen Scores nach Methoden A bzw. B und Methoden C bzw. D liegen (bedingt durch die Varianzminderung infolge der Gruppeneinteilung) im Niveau etwas niedriger als für die Gesamtstichprobe, zeigen aber im Vergleich der beiden Leistungsgruppen keine auffälligen Unterschiede.

Daraus lässt sich folgern, dass es im Hinblick auf die relative Höhe der ermittelten Testscores für leistungsschwächere wie leistungsstärkere Pbn gleichermaßen unerheblich ist, ob Orthografiefehler als „richtig" oder als „falsch" gewertet werden (wie zudem Tab. 2 zeigt, sind die entsprechenden Scoringkategorien sehr schwach besetzt). Auch die Hinzunahme der Scoringkategorie 7 ändert an dieser Feststellung nichts.

5.2. Rasch-Skalierung der Texte

In Tabellen 7 bis 11 sind die Resultate der CRSM-Analysen in den Erprobungsstichproben E005 bis E008 und in der Gesamtstichprobe dargestellt.

Tabelle 7: Ergebnisse der Rasch-Analysen für E005

Text	β	SE	adj. λ	U	Q	gen. r_{it}
Methode A						
Text 1	−5.38	.62	8.10	.81	.07	.85
Text 2	−0.20	.41	6.05	.81	.04	.91
Text 3	1.35	.43	8.24	.82	.06	.86
Text 4	4.23	.54	8.79	.71	.04	.91
Methode B						
Text 1	−5.58	.64	7.68	.80	.07	.84
Text 2	−0.16	.42	6.02	.80	.04	.91
Text 3	1.34	.43	7.25	.86	.07	.85
Text 4	4.40	.55	8.81	.68	.04	.91
Methode C						
Text 1	−5.41	.63	6.92	.77	.08	.80
Text 2	−0.07	.38	2.96	.88	.04	.91
Text 3	2.13	.48	9.91	.69	.06	.88
Text 4	3.35	.47	6.83	.71	.05	.90
Methode D						
Text 1	−5.87	.68	6.72	.77	.08	.79
Text 2	0.04	.40	2.82	.86	.04	.91
Text 3	2.18	.48	8.87	.74	.06	.86
Text 4	3.65	.50	6.91	.68	.04	.90

Anmerkung: β = Itemparameter (Schwierigkeit in Logits); SE = Standardfehler; Adj. λ = adjustierter Dispersionsparameter (Göbel et al., 1999; U = Ungewichteter Mean-Square Fit-Index (Wright & Masters, 1982); Q = Item-Q Index (Rost & von Davier, 1994); Gen. r_{it} = generalisierte Itemtrennschärfe (Göbel et al., 1999). Als „richtig" gewertet: Methode A – Kategorien 2 und 4; Methode B – Kategorien 2, 4, 5 und 6; Methode C – Kategorien 2, 4 und 7; Methode D – Kategorien 2, 4, 5, 6 und 7. Die Rasch-Analysen wurden nach dem kontinuierlichen Ratingskalen-Modell (Müller, 1999; Programm CRSM 1.3) durchgeführt.

Tabelle 8: Ergebnisse der Rasch-Analysen für E006

Text	β	SE	adj. λ	U	Q	gen. r_{it}
Methode A						
Text 1	−5.98	.55	8.71	.81	.07	.87
Text 2	−0.90	.35	5.83	.94	.07	.86
Text 3	1.35	.39	10.39	.73	.06	.88
Text 4	5.52	.53	12.33	.62	.05	.89
Methode B						
Text 1	−6.31	.57	9.05	.77	.07	.86
Text 2	−0.70	.35	5.42	.94	.07	.86
Text 3	1.28	.40	10.09	.73	.06	.88
Text 4	5.73	.54	11.86	.63	.05	.89
Methode C						
Text 1	−6.08	.56	9.51	.74	.09	.82
Text 2	−0.74	.33	4.67	.95	.06	.86
Text 3	2.24	.36	7.25	.81	.07	.85
Text 4	4.58	.48	13.13	.59	.06	.87
Methode D						
Text 1	−6.35	.58	9.04	.70	.09	.80
Text 2	−0.59	.33	4.15	.95	.06	.86
Text 3	2.16	.37	7.26	.79	.07	.85
Text 4	4.78	.50	12.76	.60	.06	.87

Anmerkung: β = Itemparameter (Schwierigkeit in Logits); SE = Standardfehler; Adj. λ = adjustierter Dispersionsparameter (Göbel et al., 1999; U = Ungewichteter Mean-Square Fit-Index (Wright & Masters, 1982); Q = Item-Q Index (Rost & von Davier, 1994); Gen. r_{it} = generalisierte Itemtrennschärfe (Göbel et al., 1999). Als „richtig" gewertet: Methode A – Kategorien 2 und 4; Methode B – Kategorien 2, 4, 5 und 6; Methode C – Kategorien 2, 4 und 7; Methode D – Kategorien 2, 4, 5, 6 und 7. Die Rasch-Analysen wurden nach dem kontinuierlichen Ratingskalen-Modell (Müller, 1999; Programm CRSM 1.3) durchgeführt.

Tabelle 9: Ergebnisse der Rasch-Analysen für E007

Text	β	SE	adj. λ	U	Q	gen. r_{it}
Methode A						
Text 1	−5.10	.47	9.21	.75	.06	.88
Text 2	−0.19	.34	9.00	.71	.04	.91
Text 3	1.20	.34	7.99	.79	.05	.90
Text 4	4.08	.41	9.20	.73	.05	.90
Methode B						
Text 1	−5.57	.51	9.70	.75	.05	.88
Text 2	−0.04	.35	8.80	.73	.04	.91
Text 3	1.21	.34	7.71	.79	.05	.90
Text 4	4.39	.44	9.43	.73	.05	.90
Methode C						
Text 1	−4.96	.47	8.16	.79	.08	.81
Text 2	−0.39	.32	6.21	.81	.05	.88
Text 3	2.29	.36	8.95	.70	.05	.90
Text 4	3.05	.38	9.97	.72	.05	.88
Methode D						
Text 1	−5.48	.51	8.63	.79	.08	.81
Text 2	−0.23	.33	5.77	.85	.05	.88
Text 3	2.32	.37	8.62	.70	.05	.90
Text 4	3.39	.40	10.16	.72	.05	.88

Anmerkung: β = Itemparameter (Schwierigkeit in Logits); SE = Standardfehler; Adj. λ = adjustierter Dispersionsparameter (Göbel et al., 1999; U = Ungewichteter Mean-Square Fit-Index (Wright & Masters, 1982); Q = Item-Q Index (Rost & von Davier, 1994); Gen. r_{it} = generalisierte Itemtrennschärfe (Göbel et al., 1999). Als „richtig" gewertet: Methode A – Kategorien 2 und 4; Methode B – Kategorien 2, 4, 5 und 6; Methode C – Kategorien 2, 4 und 7; Methode D – Kategorien 2, 4, 5, 6 und 7. Die Rasch-Analysen wurden nach dem kontinuierlichen Ratingskalen-Modell (Müller, 1999; Programm CRSM 1.3) durchgeführt.

Tabelle 10: Ergebnisse der Rasch-Analysen für E008

Text	β	SE	adj. λ	U	Q	gen. r_{it}
Methode A						
Text 1	−4.52	.43	7.29	.80	.09	.83
Text 2	−0.14	.31	7.93	.71	.06	.87
Text 3	1.01	.30	6.74	.79	.07	.85
Text 4	3.65	.38	8.27	.71	.07	.86
Methode B						
Text 1	−4.78	.45	6.97	.83	.09	.82
Text 2	0.01	.32	7.70	.71	.06	.87
Text 3	0.88	.31	6.67	.79	.07	.85
Text 4	3.89	.39	8.42	.71	.07	.86
Methode C						
Text 1	−4.51	.44	5.63	.80	.11	.75
Text 2	−0.97	.35	7.28	.74	.06	.88
Text 3	2.10	.34	7.76	.69	.06	.87
Text 4	3.39	.39	10.04	.68	.07	.85
Methode D						
Text 1	−4.89	.47	5.13	.84	.11	.74
Text 2	−.79	.36	6.96	.74	.06	.88
Text 3	1.99	.35	7.64	.69	.06	.87
Text 4	3.69	.40	10.12	.69	.06	.85

Anmerkung: β = Itemparameter (Schwierigkeit in Logits); SE = Standardfehler; Adj. λ = adjustierter Dispersionsparameter (Göbel et al., 1999; U = Ungewichteter Mean-Square Fit-Index (Wright & Masters, 1982); Q = Item-Q Index (Rost & von Davier, 1994); Gen. r_{it} = generalisierte Itemtrennschärfe (Göbel et al., 1999). Als „richtig" gewertet: Methode A – Kategorien 2 und 4; Methode B – Kategorien 2, 4, 5 und 6; Methode C – Kategorien 2, 4 und 7; Methode D – Kategorien 2, 4, 5, 6 und 7. Die Rasch-Analysen wurden nach dem kontinuierlichen Ratingskalen-Modell (Müller, 1999; Programm CRSM 1.3) durchgeführt.

Tabelle 11: Ergebnisse der Rasch-Analysen für die Gesamtgruppe

Text	β	SE	adj. λ	U	Q	gen. r_{it}
Methode A						
Text 1	–5.12	.25	8.17	.79	.07	.86
Text 2	–0.36	.17	7.29	.78	.05	.89
Text 3	1.21	.18	8.24	.77	.06	.88
Text 4	4.28	.22	9.48	.69	.05	.89
Methode B						
Text 1	–5.44	.26	8.21	.79	.07	.86
Text 2	–0.22	.18	7.03	.79	.05	.89
Text 3	1.15	.18	7.90	.78	.06	.88
Text 4	4.51	.23	9.47	.69	.05	.89
Methode C						
Text 1	–5.09	.25	7.24	.78	.09	.80
Text 2	–0.58	.17	5.40	.83	.05	.88
Text 3	2.16	.19	8.39	.71	.06	.88
Text 4	3.51	.21	10.08	.66	.06	.88
Methode D						
Text 1	–5.48	.27	7.08	.78	.09	.79
Text 2	–0.43	.17	5.01	.84	.05	.88
Text 3	2.12	.19	8.07	.71	.06	.88
Text 4	3.79	.22	10.06	.66	.05	.88

Anmerkung: β = Itemparameter (Schwierigkeit in Logits); SE = Standardfehler; Adj. λ = adjustierter Dispersionsparameter (Göbel et al., 1999; U = Ungewichteter Mean-Square Fit-Index (Wright & Masters, 1982); Q = Item-Q Index (Rost & von Davier, 1994); Gen. r_{it} = generalisierte Itemtrennschärfe (Göbel et al., 1999). Als „richtig" gewertet: Methode A – Kategorien 2 und 4; Methode B – Kategorien 2, 4, 5 und 6; Methode C – Kategorien 2, 4 und 7; Methode D – Kategorien 2, 4, 5, 6 und 7. Die Rasch-Analysen wurden nach dem kontinuierlichen Ratingskalen-Modell (Müller, 1999; Programm CRSM 1.3) durchgeführt.

Zunächst sei eine eine kurze Erläuterung zu den statistischen Schätz- bzw. Kenngrößen in Spalten 2 bis 7 der Ergebnistabellen 7 bis 11 gegeben. Der Itemparameter (Spalte 2) gibt (wie in Rasch-Modellen üblich) die Schwierigkeit eines Items (d.h. C-Test-Textes) in Einheiten der Logitskala an (höhere Werte stehen für eine größere Itemschwierigkeit). Die Höhe des mit diesen Messungen verbundenen Standardfehlers (SE) ist Spalte 3 zu entnehmen.

Die **adjustierten Werte des Dispersionsparameters** (Spalte 4) liefern eine grobe Schätzung der itemspezifischen Parameterwerte (vgl. Göbel, Müller &

Moosbrugger, 1999). Damit lässt sich die Modellannahme eines für alle Items konstanten Dispersionsparameters überprüfen. Zugleich geben die adjustierten Werte des Dispersionsparameters Hinweise auf Items mit degenerierter Antwortverteilung (Werte um 0) oder mit irregulärer Antwortverteilung (negative Schätzwerte; vgl. Müller, 1999, S. 150).

Der *U*-Index (Spalte 5) dient der Kontrolle der Modellgeltung. Diese auf Wright und Masters (1982) zurückgehende Fehlerstatistik basiert auf den standardisierten Residuen (d.h. auf den standardisierten Abweichungen der beobachteten von den aufgrund des Rasch-Modells erwarteten Antworten). In der Tradition der Chicagoer Schule der Rasch-Skalierung wird dieser Index auch Outfit-Statistik genannt (vgl. Bond & Fox, 2001, S. 176). Der Erwartungswert des *U*-Index beträgt 1, der Wertebereich liegt zwischen 0 und unendlich. Zunehmend von der Erwartung abweichende Werte zeigen ein steigendes Maß an Modellverletzungen an. Werte deutlich größer 1 verweisen darauf, dass die Daten nur schlecht mit den Modellannahmen übereinstimmen ("underfit"). Umgekehrt indizieren Werte deutlich kleiner 1, dass die Daten „zu gut" auf das Modell passen ("overfit") bzw. weniger Variation zeigen als vorhergesagt. Linacre (2002) hat grobe Richtwerte für die Interpretation dieser Statistik vorgeschlagen. Danach sind Infit- bzw. Outfit-Werte im Intervall zwischen 0.5 und 1.5 messmethodisch akzeptabel.

Ebenfalls zur Kontrolle der Modellgeltung kann der in Spalte 6 wiedergegebene *Q*-Index (Rost & von Davier, 1994; vgl. auch Rost, 2004, S. 373f.) eingesetzt werden. Dieser Index, der Werte zwischen 0 und 1 annimmt, drückt aus, wie weit die Wahrscheinlichkeit des beobachteten Antwortmusters vom Minimum bzw. Maximum entfernt ist. Anders als beim *U*-Index zeigen niedrigere *Q*-Werte eine größere Modellgültigkeit an, d.h., je kleiner der *Q*-Index, desto besser das Item. Nach einem Vorschlag von Göbel, Müller & Moosbrugger (1999) sollte der *Q*-Index weniger als 0.5 betragen.

In der letzten Spalte ist die **generalisierte Itemtrennschärfe** aufgeführt. Dieser Index ist definiert als die Korrelation zwischen den Itemwerten und den aufgrund der Modellannahmen erwarteten Werten (Göbel, Müller & Moosbrugger, 1999). Er ist analog zum Trennschärfeindex der Klassischen Testtheorie interpretierbar.

Wie ein Vergleich der Schätzungen von Itemparametern anhand der Tabellen 7 bis 10 zeigt, liegt ein außerordentlich hohes Maß an Stabilität hinsichtlich der Schwierigkeiten der einzelnen Texte vor. Über die vier Erprobungsstichproben hinweg entsprechen die relativen Schwierigkeiten der vier Texte der anfänglichen Abstufung. Text 1 ist der mit Abstand leichteste, Text 4 der schwerste.

Legt man die zugehörigen Standardfehler zugrunde, so sind sämtliche Unterschiede zwischen den Itemschwierigkeiten hochsignifikant.

Es ist weiterhin bemerkenswert, dass die Schätzungen des adjustierten Dispersionsparameters auf durchgängig hohem Niveau liegen. Lediglich Text 2 zeigt in den Stichproben E005, E006 und E007 leicht verringerte Parameterwerte (verglichen mit den drei übrigen Texten). Aber auch in diesen Fällen sind die Dispersionswerte deutlich größer Null. Daraus kann der Schluss gezogen werden, dass für alle Texte in allen Erprobungsstichproben der reguläre Fall des CRSM gegeben ist.

Im Hinblick auf den U-Index ergeben sich Werte, die in allen Fällen messmethodisch einwandfrei sind. Die meisten Werte bewegen sich im Intervall zwischen 0.70 und 0.80. Es ist auffällig, dass in keinem einzigen Fall U- bzw. Outfit-Werte resultieren, die größer als der Erwartungswert von 1.0 sind. Insgesamt lässt sich damit eine leichte Tendenz in Richtung auf Overfit feststellen. Das heißt, das Modell erwartet etwas mehr Varianz, als in den Daten tatsächlich vorhanden ist.

Ein hohes Maß an Modellkonformität indizieren auch die Ergebnisse für den Q-Index und die generalisierte Itemtrennschärfe. Mit nur zwei Ausnahmen liegen die Q-Werte unter 0.1, und die generalisierte Trennschärfe erreicht in der Mehrzahl der Fälle Werte zwischen 0.85 und 0.90.

5.3. Summarische Betrachtung der Rasch-Analysen

Eine zusammenfassende Darstellung der Ergebnisse für den gesamten C-Test, ergänzt um vier Statistiken, die genauere Aufschlüsse über die Differenzierungsfähigkeit des Tests geben, findet sich in Tabelle 12.

Bei den vier ergänzend in die Tabelle aufgenommenen Statistiken handelt es sich um den Separationsindex und die Separationsreliabilität, jeweils berechnet für die Items und die Personen.

Der **Separationsindex** ist ein Maß für die Streubreite der Maße (Itemschwierigkeit bzw. Personenfähigkeit) relativ zu ihrer Genauigkeit (Wright & Masters, 1982, S. 106). Diese Separation wird ausgedrückt als das Verhältnis von „wahrer" Streuung der Maße (d.h. der Streuung der Maße nach Standardfehlerkorrektur) und dem „durchschnittlichen" Standardfehler der Leistungsmaße ("Root Mean Square Error").

Der Separationsindex für die Items gibt an, wie verlässlich zwischen den Items anhand ihrer Schwierigkeitsmaße unterschieden werden kann. Im Fall der Personen liefert dieser Index Information über den Grad der Unterscheidbarkeit anhand der Fähigkeitsmaße.

Tabelle 12: Summarische Rasch-Statistiken für die Erprobungsstichproben und die Gesamtstichprobe

Me-thode	M (adj. λ)	M (SE)	Item-Separ.-Index	Item-Separ.-Reliabilität	Person-Separ.-Index	Person-Separ.-Reliabilität	M (U)	M (Q)	M (gen. r_{it})
	E005 ($N = 144$)								
A	7.79	.51	7.87	.984	2.90	.894	.79	.05	.88
B	7.44	.52	8.02	.985	2.78	.886	.78	.06	.88
C	6.66	.50	7.71	.983	2.44	.856	.76	.05	.87
D	6.33	.52	7.93	.984	2.35	.847	.76	.06	.87
	E006 ($N = 226$)								
A	9.31	.46	10.36	.991	2.92	.895	.78	.06	.88
B	9.11	.47	10.51	.991	2.86	.891	.77	.06	.87
C	8.64	.44	10.34	.991	2.47	.859	.77	.07	.85
D	8.30	.45	10.49	.991	2.41	.853	.76	.07	.84
	E007 ($N = 235$)								
A	8.85	.40	9.64	.989	3.02	.901	.75	.05	.90
B	8.91	.42	9.94	.990	3.01	.900	.75	.05	.90
C	8.23	.39	9.30	.989	2.51	.863	.76	.06	.87
D	8.30	.41	9.64	.989	2.48	.860	.76	.06	.87
	E008 ($N = 238$)								
A	7.56	.36	9.44	.989	2.43	.855	.75	.07	.85
B	7.44	.37	9.66	.989	2.40	.852	.76	.07	.85
C	7.68	.38	9.13	.988	2.10	.815	.73	.07	.84
D	7.46	.40	9.38	.989	2.06	.810	.74	.07	.84
	Gesamt ($N = 843$)								
A	8.29	.21	18.80	.997	2.85	.891	.76	.06	.88
B	8.15	.22	19.21	.997	2.81	.887	.76	.06	.88
C	7.78	.21	18.34	.997	2.40	.852	.74	.06	.86
D	7.56	.22	18.82	.997	2.35	.846	.75	.06	.86

Anmerkung: Als „richtig" gewertet: Methode A – Kategorien 2 und 4. Methode B – Kategorien 2, 4, 5 und 6. Methode C – Kategorien 2, 4 und 7. Methode D – Kategorien 2, 4, 5, 6 und 7. Die Rasch-Analysen wurden nach dem kontinuierlichen Ratingskalen-Modell (Müller, 1999; Programm CRSM 1.3) durchgeführt.

Auf der Basis des Separationsindex lässt sich ein Index der Klassenseparation berechnen. Dieser Index schätzt die Anzahl der aufgrund der Messwerte potenziell unterscheidbaren Klassen von Items bzw. Personen („number of strata" bei Wright & Masters, 1982). So würde z.B. ein Wert der Item-Klassenseparation von 5.5 besagen, dass die Messung es erlaubt, die Menge der Items in ca. fünfeinhalb statistisch zuverlässig unterscheidbare Klassen einzuteilen.

Eine weitere, sehr informative Separationsstatistik ist die **Separationsreliabilität**. Diese lässt sich ausdrücken als Verhältnis von messfehlerkorrigierter Varianz zur beobachteten Varianz. Im Fall der Personen ist diese Statistik Cronbachs Alpha vergleichbar, d.h., sie gibt den Grad der Genauigkeit an, mit der Unterscheidungen zwischen den Personen hinsichtlich ihrer Fähigkeit getroffen werden können. Was die Items betrifft, gilt analog, dass ein hoher Wert der Separationsreliabilität auf große Unterschiede in den Schwierigkeitsmaßen verweist.

Tabelle 12 enthält zu den bereits bekannten Rasch-Statistiken die entsprechenden Mittelwerte (jeweils berechnet über die vier Texte). Die Mittelwerte der Schätzungen für den adjustierten Dispersionsparameter verdeutlichen, dass nach allen Scoringmethoden Werte resultieren, die für den regulären Fall sprechen, d.h., dass jeweils Modellkonformität vorliegt. Dieses Gesamtbild wird gestützt durch die Mittelwerte für den U-Index, den Item-Q-Index und die generalisierte Trennschärfe. Im Vergleich der Erprobungsstichproben zeigen diese Mittelwerte nur eine vernachlässigbar geringe Schwankung.

Der Item-Separationsindex liegt ebenso wie die Item-Separationsreliabilität sehr hoch. Damit wird der aus der Einzelanalyse der Texte bereits bekannte Sachverhalt ausgedrückt, dass sich die Schwierigkeitsmaße der Texte hochsignifikant voneinander unterscheiden. In den Index der Klassenseparation für Items übersetzt heißt dies, dass z.B. in E005 nach Scoringmethode A knapp 11 Klassen von Items statistisch reliabel unterschieden werden können (der Index der Klassenseparation beträgt 10.83). Da im vorliegenden Fall lediglich vier Items bzw. Texte vorhanden sind, ist dieser Wert so zu interpretieren, dass wenigstens sieben weitere Items eingefügt werden könnten, ohne die Unterscheidbarkeit der Itemklassen deutlich zu verringern.

Die personbezogene Klassenseparation und die entsprechende Separationsreliabilität liegen deutlich niedriger als es für die Items der Fall ist. Dennoch lassen sich z.B. in E005 nach Scoringmethode A ca. 4 Klassen von Personen statistisch reliabel unterscheiden (der Indexwert beträgt 4.2). Betrachtet man als zuverlässigste Basis für entsprechende Schlussfolgerungen die Ergebnisse in der Gesamtstichprobe, dann wird deutlich, dass anhand der Scoringmethoden A und B mehr Unterscheidbarkeit zwischen Personen erreichbar ist als anhand der Scoringmethoden C und D. Die Werte für den Index der Personenklassenseparation betragen im ersten Fall 4.13 bzw. 4.08, im zweiten Fall 3.53 bzw. 3.47. Der Unterschied zwischen den Scoringmethoden beläuft sich also auf etwas mehr als eine halbe Personenklasse.

6. Zusammenfassung und Diskussion

Die hier vorgelegten Datenanalysen dienten der Beantwortung der Frage, inwieweit der untersuchte C-Test als Ankertest im Rahmen von TestDaF geeignet ist. Im Einzelnen lassen sich, in der Reihenfolge der weiter oben gestellten Untersuchungsfragen, die folgende Resultate festhalten:

1. Die Anwendung der verschiedenen Scoringmethoden hatte eine Reihe von systematischen Auswirkungen auf die Ergebnisse im C-Test:
   (a) Die Mittelwerte der C-Test-Scores stiegen von Methode A über Methoden B und C bis zu Methode D monoton an.
   (b) In der Gesamtstichprobe fielen die Varianzen der nach Methoden A und B ermittelten Scores höher aus als die Varianzen der Scores, die sich nach Methoden C und D ergeben hatten.
   (c) Methoden A und B lieferten in allen Stichproben (auf insgesamt sehr hohem Niveau) eine noch höhere Reliabilität der Messungen als Methoden C und D; Methode A lieferte in zwei der vier Erprobungsstichproben und in der Gesamtstichprobe signifikant reliablere Messwerte als B, und Methode C lieferte in drei der vier Erprobungsstichproben und in der Gesamtstichprobe reliablere Messwerte als D.
   (d) Die Methoden korrelierten zwar insgesamt sehr hoch miteinander, aber die Korrelationen zwischen A und B einerseits und C und D andererseits waren höher als die Korrelationen zwischen Methoden dieser beiden Gruppen. Die Wertung von Orthografiefehlern als „richtig" blieb damit ohne nennenswerte Auswirkung auf die relative Höhe der nach Methoden A und B bzw. C und D ermittelten Testscores.
   (e) Die Unterscheidung zwischen einer starken und einer schwachen Leistungsgruppe lieferte im Hinblick auf die Höhe dieser Korrelationen keine differierenden Ergebnisse.
2. Der Vergleich zwischen den vier Texten des C-Tests erbrachte klare Belege dafür, dass (a) die Texte in hohem Maße unterschiedliche Schwierigkeiten besaßen und (b) diese Schwierigkeitsunterschiede über die Erprobungsstichproben hinweg nahezu unverändert blieben.
3. Die verschiedenen Teststatistiken für die Kontrolle der Modellgeltung (adjustierter Dispersionsparameter, U-Index, Q-Index, generalisierte Trennschärfe) sprachen eindeutig für die Angemessenheit der Skalierung der C-Test-Texte

auf der Basis des kontinuierlichen Ratingskalen-Modells. Damit konnte die Hypothese der Eindimensionalität des C-Tests aufrechterhalten werden. Dies galt gleichermaßen in allen analysierten Erprobungsstichproben und der Gesamtstichprobe.

4. Die Fähigkeit des C-Tests, zwischen den Pbn im Hinblick auf ihre Sprachkompetenz zu differenzieren, erwies sich als zufriedenstellend hoch. Diese Differenzierungsfähigkeit war für die Scoringmethoden A bzw. B etwas stärker ausgeprägt als für die Methoden C bzw. D.

5. Auf der Basis dieser Einzelbefunde lassen sich zwei Schlussfolgerungen ableiten:

(a) Wenn es das Ziel der Anwendung eines C-Tests ist, auf möglichst ökonomische, objektive und reliable Weise die Sprachfähigkeit von Personen abzuschätzen, ist der Scoringmethode A eindeutig der Vorzug zu geben. Diese Methode, in der nur orthografisch richtige Originale bzw. Varianten als korrekte Antwort gewertet werden, zeichnete sich in der vorliegenden Studie durch eine außerordentlich hohe psychometrische Qualität aus. Die anderen Scoringmethoden, insbesondere jene, die zusätzlich die Scoringkategorie 7 berücksichtigten, lieferten keine Ergebnisse, die den zum Teil deutlich erhöhten Kodieraufwand rechtfertigten.

(b) Die Frage nach der Eignung des C-Tests als Ankertest im Rahmen von TestDaF ist uneingeschränkt positiv zu beantworten. Alle in der Einleitung angesprochenen Kriterien für einen guten Ankertest werden vom vorliegenden C-Test erfüllt.

In dieser Untersuchung wurde auf eine eingehendere Betrachtung der Konstruktvalidität des C-Tests verzichtet. Vor allem die Frage nach den Beziehungen von C-Test-Leistungsmaßen zu den Leistungsmaßen in den einzelnen Subtests des TestDaF (Leseverstehen, Hörverstehen, Schriftlicher Ausdruck, Mündlicher Ausdruck) verlangt nach einem methodisch differenzierten Forschungsansatz.

Ergebnisse einer neueren Untersuchung zu dieser Frage (Eckes & Grotjahn, im Druck) belegten, dass der C-Test nicht nur eindimensional ist, sondern auch als ein Messinstrument zur Erfassung der allgemeinen Sprachfähigkeit verstanden werden kann. Die dabei aufgezeigten Beziehungen zum TestDaF erwiesen sich als derart eng, dass die Eignung des C-Tests als Instrument zur Verankerung von Scores im Leseverstehen und Hörverstehen außer Frage steht.

Literaturverzeichnis

Andrich, David. (1978). A rating formulation for ordered response categories. *Psychometrika, 43*, 561–573.
Andrich, David. (1982). An extension of the Rasch model for ratings providing both location and dispersion parameters. *Psychometrika, 47*, 105–113.
Arras, Ulrike, Eckes, Thomas & Grotjahn, Rüdiger. (2002). C-Tests im Rahmen des „Test Deutsch als Fremdsprache" (TestDaF): Erste Forschungsergebnisse. In Rüdiger Grotjahn (Hrsg.), *Der C-Test: Theoretische Grundlagen und praktische Anwendungen* (Bd. 4, S. 175–209). Bochum: AKS-Verlag.
Bond, Trevor G. & Fox, Christine M. (2001). *Applying the Rasch model: Fundamental measurement in the human sciences*. Mahwah, NJ: Erlbaum.
Eckes, Thomas. (2003). Qualitätssicherung beim TestDaF: Konzepte, Methoden, Ergebnisse. *Fremdsprachen und Hochschule, 69*, 43–68.
Eckes, Thomas. (2005, Mai). *Assuring the quality of TestDaF examinations*. Vortrag gehalten auf der 2. Internationalen Konferenz der ALTE (Association of Language Testers in Europe), Berlin.
Eckes, Thomas. (2006). Rasch-Modelle zur C-Test-Skalierung. In Rüdiger Grotjahn (Hrsg.), *Der C-Test: Theorie, Empirie, Anwendungen* (S. 1–44). Frankfurt/M.: Lang.
Eckes, Thomas & Grotjahn, Rüdiger. (im Druck). A closer look at the construct validity of C-tests. *Language Testing*.
Embretson, Susan E. & Reise, Steven P. (2000). *Item response theory for psychologists*. Mahwah, NJ: Erlbaum.
Feldt, Leonard S., Woodruff, David J. & Salih, Fathi A. (1987). Statistical inference for coefficient alpha. *Applied Psychological Measurement, 11*, 93–103.
Göbel, Silke, Müller, Hans & Moosbrugger, Helfried. (1999). *Überprüfung einer NEO-FFI-Version mit kontinuierlichen Items*. Poster präsentiert auf der 4. Tagung der Fachgruppe Methoden, Universität Leipzig.
Grotjahn, Rüdiger. (1995). Der C-Test: State of the Art. *Zeitschrift für Fremdsprachenforschung, 6*(2), 37–60.
Henning, Grant. (1987). *A guide to language testing: Development, evaluation, research*. Boston, MA: Heinle & Heinle.
Kolen, Michael J. & Brennan, Robert L. (2004). *Test equating, scaling, and linking: Methods and practices* (2. Aufl.). New York: Springer-Verlag.
Linacre, John M. (2002). What do infit and outfit, mean-square and standardized mean? *Rasch Measurement Transactions, 16*(2), 878.
Masters, Geofferey N. (1982). A Rasch model for partial credit scoring. *Psychometrika, 47*, 149–174.
Müller, Hans. (1987). A Rasch model for continuous ratings. *Psychometrika, 52*, 165–181.
Müller, Hans. (1999). *Probabilistische Testmodelle für diskrete und kontinuierliche Ratingskalen: Einführung in die Item-Response-Theorie für abgestufte und kontinuierliche Items*. Bern: Huber.
Rost, Jürgen. (2004). *Lehrbuch Testtheorie, Testkonstruktion* (2. Aufl.). Bern: Huber.
Rost, Jürgen & von Davier, Matthias. (1994). A conditional item-fit index for Rasch models. *Applied Psychological Measurement, 18*, 171–182.
Wright, Benjamin D. & Masters, Geofferey N. (1982). *Rating scale analysis*. Chicago: MESA Press.
Wright, Benjamin D. & Stone, Mark H. (1979). *Best test design*. Chicago: MESA Press.

Grotjahn, Rüdiger (Ed.) (2006). Der C-Test: Theorie, Empirie, Anwendungen/
The C-Test: Theory, Empirical Research, Applications. Frankfurt/M.: Lang

Erste Erprobung eines Multiple Choice C-Tests

Gerhard Jakschik und Hella Klemmert[*]

The Psychological Service of the German Federal Employment Services (Bundesagentur für Arbeit, BA), which provides services to all 184 local employment offices, uses a variety of psychological tests. Since 1994 a C-Test, the "C-Test für erwachsene Zweitsprachler" (Jakschik, 1992, 1994, 1996), has been used by the psychologists of the BA. This C-Test is given to persons who speak German as a second language in order to assess their general proficiency in German. The results are used to support decisions about the client's aptitude for particular kinds of vocational training. On the initiative of the Central Research and Development Division this paper-and-pencil test was transformed into a multiple choice test. By modifying the C-Test it was possible to integrate it with the Delta computer based test system of the BA. The user interface of Delta consists of a PC monitor, headphones and a mouse; a keyboard is not required. For each blank of the C-Test four distractors were constructed, based on experience with the conventional C-Test version. In the present study, 188 participants completed the traditional "C-Test für erwachsene Zweitsprachler" as well as a paper-and-pencil version of the new multiple choice C-Test. As expected, the multiple choice test was easier than the conventional C-Test. Furthermore, both test formats showed an extremely high correlation of .90. Variance and internal consistency of the test formats were comparable. The possibility of relating the results of the multiple choice C-Test to cut offs from the conventional C-Test was explored. Preliminary analyses showed a strictly increasing but non-linear relationship between the two test formats. Due to the lack of a confirmed theoretical model of the relationship between the two measures, it was decided to use equipercentile equating in the future. The assessment of the multiple choice C-Test based on methods of classical test theory gained further support by analyses according to the partial credit model (PCM) (Masters, 1982) – the only appropriate Rasch model for our C-Tests whose number of blanks vary between 18 and 22. The main finding was that according to the PCM the new multiple choice test is unidimensional and in addition can be scaled on the same dimension as the paper-and-pencil test. Results will be verified in a larger follow-up study.

1. Einführung

Die Psychologischen Dienste der Agenturen für Arbeit in Deutschland verwenden eine Vielzahl psychologischer Testverfahren im Rahmen von Eignungsuntersuchungen, unter anderem einen C-Test, nämlich den *C-Test für erwachsene Zweitsprachler* (Jakschik, 1992, 1994, 1996). Dieses Verfahren wurde im Jahre 1994 zum allgemeinen Gebrauch eingeführt (Form A; Parallelform B folgte 1998). Man verwendet es, neben anderen Testverfahren, dazu, um die Beherr-

---

[*] **Korrespondenzadressen:** Gerhard Jakschik, Agentur für Arbeit Stuttgart, Psychologischer Dienst, Heilmannstr. 3–5, D-70190 Stuttgart. E-Mail: gerhard.jakschik@arbeitsagentur.de; Dr. Hella Klemmert, Bundesagentur für Arbeit, Service-Haus, ZAP, Regensburger Str. 104, D-90478 Nürnberg. E-Mail: hella.klemmert@arbeitsagentur.de

schung der deutschen Sprache bei Personen einzuschätzen, die Deutsch als Zweitsprache sprechen. Es existieren empirisch ermittelte Orientierungswerte, die Aussagen dazu erlauben, ob bestimmte Bildungsmaßnahmen, beispielsweise kaufmännische Umschulungen, empfohlen werden können oder aber eine vorherige Sprachförderung ratsam wäre. Es handelt sich um einen Papier-und-Bleistift-Test.

Von Seiten der Zentralen Arbeitsgruppe für Grundlagenarbeiten im Psychologischen Dienst (ZAP) wurde Interesse signalisiert, diesen C-Test auch in das Delta-System zu integrieren. „Delta" ist das computergestützte Testsystem der Bundesagentur für Arbeit (BA). Aus grundsätzlichen Überlegungen heraus wurde Delta so konzipiert, dass es über eine einfache Benutzeroberfläche verfügt. Alle Tests werden allein mit einer Maus beantwortet. Eine Tastatur ist nicht integriert. Im Gegensatz zum „klassischen" C-Test, der frei zu ergänzen ist, enthält der für Delta entwickelte C-Test deshalb Mehrfachwahlantworten (Multiple Choice). Andere Methoden – insbesondere die freie Beantwortung über ein mit der Maus zu bedienendes Alphabet – hätten diverse Nachteile mit sich gebracht; vor allem wäre ein solches Verfahren für die Probanden nur sehr mühsam zu handhaben gewesen. Für jede Lücke des Tests – es handelt sich um einen C-Test mit 6 Texten und insgesamt 120 Lücken – werden in einer Antwortzeile 5 Antwortmöglichkeiten vorgegeben, neben der richtigen Antwort noch 4 falsche Ergänzungen (Distraktoren). Die insgesamt 480 Distraktoren erarbeitete der Testautor mit Hilfe von Lexika, wobei seine Erfahrungen mit dem Test einflossen, das heißt es wurden viele „beliebte" falsche Ergänzungen aufgenommen. Die Distraktoren wurden später noch so verändert, dass nach inhaltlichen, grammatischen und orthographischen Fehlern (und Kombinationen davon) unterschieden werden kann. Der Hauptzweck des Verfahrens ist es jedoch nach wie vor, einen Globalindex für die Sprachbeherrschung zu ermitteln, und der konkrete praktische Nutzen der weiteren Auswertungsoptionen ist noch zu klären. Es wurde beschlossen, das Verfahren im Jahre 2005/2006 umfassend zu erproben, damit es bei positiven Ergebnissen anschließend eingeführt werden kann. Da noch keinerlei empirische Daten vorlagen, um die Erfolgschancen des Projektes einschätzen zu können, sollte zunächst eine kleinere Erprobung in ausgewählten Arbeitsagenturen stattfinden. Die Ergebnisse dieser Vorerprobung werden hier beschrieben.

2. Vorgehen

Der Multiple Choice C-Test für Delta musste für die Vorerprobung zunächst in eine Papiervariante übertragen werden. Die Distraktoren stehen bei dieser Variante neben jeder Lücke untereinander in abgeteilten Kästchen und können vom Probanden angekreuzt werden. Hier ein Beispiel:

Der Super	männer		hat he	ikel		ganz fris	che		Obst.
	benzin			ute			iert		
	leicht			imisch			ches		
	nova			izen			tlos		
	markt			ktisch			chen		

Die Erprobung wurde im Rahmen von regulären psychologischen Eignungsuntersuchungen durchgeführt. Eine solche Untersuchung dauert etwa 4-5 Stunden, wenn ein umfassendes Leistungsbild erhoben werden soll, und etwa 2 Stunden bei eingegrenzter Fragestellung (wenn es z. B. nur um den Sprachstand geht).

Es wurde entschieden, dass alle Probanden zuerst die Form B des C-Tests bearbeiten, und zwar am Anfang der Testuntersuchung, und ihnen später, gegen Ende der Untersuchung, der Multiple Choice C-Test präsentiert wird (der inhaltlich der Form A entspricht). Die Reihenfolge wurde nicht variiert, weil sich in der bundesweiten Erprobung der Form B kein Hinweis auf einen Effekt der Reihenfolge ergeben hatte. Ferner zeigten die Erfahrungen der Paralleltesterprobung, dass die Vorgabe zweier kompletter C-Tests die Probanden in der weit überwiegenden Mehrzahl nicht überfordert. Es sollten erwachsene Personen getestet werden, die Deutsch nicht als Muttersprache sprechen und bei denen sich im Rahmen der Begutachtung die Notwendigkeit ergibt, ihren Sprachstand im Deutschen zu erfassen. Nach etwa der Hälfte der Zeit wurde das Kriterium insofern gelockert, als auch 17-jährige Probanden einbezogen werden konnten.

Die Erprobung wurde von Mitte Januar bis Ende März 2005 in 20 Arbeitsagenturen durchgeführt. Insgesamt wurden 192 Personen einbezogen. Die Dateneingabe erfolgte zentral in der ZAP. Nach Sichtung der Daten wurden vier Datensätze aus der Stichprobe entfernt – bei ihnen ergaben sich deutliche Hinweise auf eine irreguläre Bearbeitung –, so dass schließlich ein N von 188 resultierte, auf dem die Berechnungen basieren.

3. Ergebnisse

3.1. Kennwerte im Rahmen der Klassischen Testtheorie

3.1.1. Verteilungscharakteristika

Für die Form B des C-Tests ergibt sich ein durchschnittlicher Gesamtrohwert von 62.2, für den Multiple Choice C-Test lautet der entsprechende Wert 72.6. Der Multiple Choice C-Test ist somit erwartungsgemäß einfacher als die Form B des herkömmlichen C-Tests, der Unterschied fällt aber mit knapp über 10 Rohwertpunkten nicht dramatisch aus, zumal man berücksichtigen muss, dass sich auch die beiden eingeführten Parallelformen des C-Tests um etwa zwei Punkte unterscheiden (B ist geringfügig schwieriger). Berücksichtigt man die bekannte Differenz von zwei Punkten, bleibt lediglich ein Mittelwertsunterschied von etwa 8.5 Punkten, der auf die Bearbeitungsform zurückgeführt werden kann.

Die Standardabweichungen (SD) liegen mit 25.7 (Form B) und 23.0 (Multiple Choice) in einer ähnlichen Größenordnung. Tabelle 1 gibt einen Überblick über die Ergebnisse für beide Tests.

Tabelle 1: Mittelwerte (und Standardabweichungen) der beiden C-Tests

	Form B	Multiple Choice
RW Text 1	13.0 (5.2)	13.3 (3.4)
RW Text 2	10.6 (4.7)	11.6 (4.6)
RW Text 3	10.1 (4.5)	12.3 (4.5)
RW Text 4	9.3 (3.7)	10.9 (3.8)
RW Text 5	10.0 (4.8)	13.1 (4.6)
RW Text 6	9.5 (4.9)	11.5 (5.0)
Gesamtrohwert	62.2 (25.7)	72.6 (23.0)

Tests nach Kolmogorov-Smirnov zeigen, dass die Hypothese der Normalverteilung für beide Tests (Gesamtrohwerte) aufrechterhalten werden kann ($p = .48$ für Form B und $p = .69$ für Multiple Choice). Betrachtet man die Verteilungen der einzelnen Texte, findet man signifikante Abweichungen von der Normalverteilungsannahme bei Text 6 von Form B sowie bei den Texten 1, 3 und 5 des Multiple Choice C-Tests. Dies sind keine überraschenden Befunde. Auch in früheren Erhebungen zum *C-Test für erwachsene Zweitsprachler* hat sich gezeigt, dass sich die Gesamtrohwerte der Tests normal verteilen, während man bei den Einzeltexten immer wieder Abweichungen von der Normalverteilung findet. Entscheidend sind letztlich die Verteilungen der Gesamtrohwerte.

3.1.2. Korrelation zwischen den Tests und innere Konsistenz

Die Korrelation nach Spearman zwischen den beiden Tests beträgt .90.[1] Dies ist ein sehr hoher Zusammenhang, der darauf hindeutet, dass die beiden Tests trotz der unterschiedlichen Bearbeitungsmodi etwas sehr Ähnliches erfassen.

Betrachtet man die Interkorrelationen der Untertexte, dann ergeben sich für die Form B Werte (nach Spearman) zwischen .75 und .87. Beim Multiple Choice C-Test liegen die Korrelationskoeffizienten zwischen .70 und .82. Beide Tests sind sehr homogen (Cronbachs Alpha: .96 für Form B, .94 für Multiple Choice).

3.1.3. Equating der Rohwerte

Für die eingeführten Papierversionen gibt es Orientierungswerte, welche Rohwerte potenzielle Umschüler für verschiedene Berufsbereiche erreichen sollten. Diese Orientierungswerte sollen auch für den Multiple Choice C-Test verwendbar bleiben. Allerdings lassen die Rohwerte sich nicht eins zu eins übertragen, da die Multiple Choice Variante einfacher als der bisherige C-Test ist. Auch eine simple lineare Transformation der Rohwerte ineinander, etwa indem man 10 Punkte vom Ergebnis des Multiple Choice Tests abzieht, gibt den Zusammenhang nur unzureichend wieder.

Der Scatterplot in Abbildung 1 zeigt, welche Ergebnisse die Personen in den beiden Tests erzielt haben. Zur Modellierung des Zusammenhangs eignet sich am besten eine quadratische Funktion, die im unteren Bereich etwas flacher ist und nach oben hin zunehmend ansteigt. Im unteren Fähigkeitsbereich sind demnach mit dem Multiple Choice Test schnellere Zuwächse zu erwarten. Im oberen Fähigkeitsbereich nähern sich die beiden Testergebnisse einander an, wobei auch dort mit dem Multiple Choice Verfahren mehr Punkte zu erwarten sind als mit dem freien Ausfüllen der Lücken.

Ad hoc könnte man die Regressionskurve so interpretieren, dass es bei den schwächeren Probanden einige gibt, die mangelhafte sprachproduktive Fertigkeiten mit einer besser entwickelten Lesekompetenz (Wiedererkennen von Wörtern) im Multiple Choice Test merklich kompensieren können. Mit zunehmendem Grad der Sprachbeherrschung verliert diese Diskrepanz an Bedeutung.

---

[1] Der Koeffizient nach Pearson ist identisch.

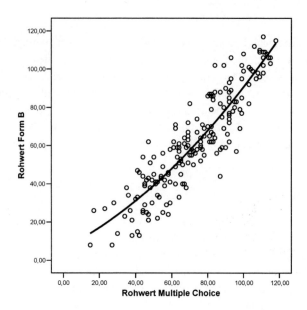

Abbildung 1: Scatterplot der beiden C-Test Rohwerte

Für die tatsächliche Umrechnung der Werte soll aber keine Regressionsgleichung verwendet werden, denn auch der hier dargestellte quadratische Zusammenhang gibt die tatsächlichen Verteilungen nur näherungsweise wieder. Außerdem ist die theoretische Fundierung der quadratischen Gleichung zumindest unsicher. Statt dessen sollen die beiden Ergebnisverteilungen ineinander überführt werden, indem Rohwerte mit gleichen Prozenträngen als Indikatoren gleicher Fähigkeit gelten. Dieses so genannte Equiperzentil-Equating ist ein häufig verwendeter Weg, um zwei Testergebnisse ineinander zu transformieren (Holland & Rubin, 1982). Voraussetzung ist, dass die Tests das gleiche Merkmal messen und die verwendeten Stichproben äquivalent sind. Verteilungsannahmen werden nicht getroffen. Allerdings müssen die Stichproben groß genug sein, damit die Verteilungen zuverlässig geschätzt werden können (van der Linden, 2000).

Die hier verwendete Stichprobe ist deutlich zu klein. Abbildung 2 gibt nur einen groben Eindruck von der Transformation. Sie steigt streng monoton, d.h. höhere Werte im einen Test gehen mit höheren Werten im anderen einher. Der Anstieg scheint aber nicht gleichmäßig, sondern mal schneller, mal langsamer. Für eine zuverlässige Umrechnung müssen die Ergebnisse der bundesweiten Erprobung abgewartet werden.

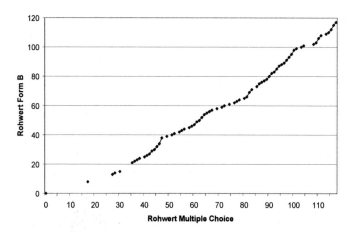

Abbildung 2: Equiperzentil-Equating der beiden C-Tests

3.1.4. Schwierigkeitsindizes und Trennschärfekoeffizienten

Die Schwierigkeitsindizes der einzelnen Texte der Form B bewegen sich zwischen .62 (Text 1) und .45 (Text 6). Beim Multiple Choice C-Test liegen die Schwierigkeitsindizes zwischen .70 (Text 1) und .55 (Text 2).[2] Mit anderen Worten, die Schwierigkeiten der Untertexte der Form B liegen eher im günstigen mittleren Bereich als die des Multiple Choice C-Tests.

Die Trennschärfen der Untertexte der beiden Testformen sind sehr ähnlich, wobei die Koeffizienten der Form B tendenziell etwas höher ausfallen (vgl. Tabelle 2).

3.1.5. Distraktoren

Tabelle 3 zeigt, wie viele Lücken es im Multiple Choice C-Test gibt, bei denen nicht alle Distraktoren von den Probanden gewählt wurden. Insgesamt gibt es in der Stichprobe 15 solche Lücken. Es handelt sich durchweg um die Variante, dass von den vier zusätzlich zur richtigen Lösung angebotenen Distraktoren nur drei gewählt wurden. Das heißt bei insgesamt 480 Distraktoren, dass nur knapp über drei Prozent der Distraktoren eine sehr geringe Attraktivität besitzen. Eine Überarbeitung der Distraktoren scheint im Lichte dieses Ergebnisses nicht drin-

---

[2] Bei der Form A des C-Tests wurde es seinerzeit versäumt, den schwierigen Text 2 ans Ende des Tests zu setzen.

gend erforderlich zu sein. Dennoch wäre es wünschenswert, einige Distraktoren nach Möglichkeit gegen bessere zu ersetzen, insbesondere bei Text 4.

Tabelle 2: Trennschärfen der einzelnen Texte – Form B und MC C-Test (Korrelationen nach Spearman nach Part-Whole-Korrektur)

	Form B	MC C-Test
Text 1	.88	.82
Text 2	.88	.85
Text 3	.90	.88
Text 4	.83	.85
Text 5	.85	.86
Text 6	.86	.80

Tabelle 3: Anzahl der Lücken, bei denen nicht alle Distraktoren gewählt wurden

Text 1	3
Text 2	1
Text 3	3
Text 4	5
Text 5	2
Text 6	1

3.1.6. Arbeitszeit

Im Mittel arbeiteten die Probanden 31 Minuten lang am Multiple Choice C-Test (SD: 9,7 Minuten). Die veranschlagte Arbeitszeit von 45 Minuten ist für die meisten Probanden ausreichend. Es ist jedoch zu bedenken, dass die Probanden die Zeit, die sie bei den einfacheren Texten „eingespart" haben, benutzen können, um sich den schwierigeren Texten intensiver zu widmen. Derartige „Zeitguthaben" können bei der Vorgabe über Delta nicht aufgebaut werden, da dort jeder Text als abgeschlossener Untertest behandelt wird. Daher sollte bei Delta eine Zeitvorgabe von 8 Minuten pro Text nicht unterschritten werden.[3]

---

[3] Inzwischen wurde die Arbeitszeit auf 9 Minuten pro Text festgelegt.

3.2. Analysen im Rahmen der probabilistischen Testtheorie

Die sehr hohen Trennschärfen der einzelnen Texte und die hohe Korrelation der beiden Gesamtwerte weisen bereits deutlich darauf hin, dass die Texte aus Form B und der Multiple Choice C-Test ein gemeinsames Merkmal messen. Mit Analysen nach dem probabilistischen Testmodell soll die Homogenität weiter untersucht werden. Zusätzlich werden hier einige Kennwerte der einzelnen Texte betrachtet, die im Rahmen des Klassischen Testmodells so nicht verfügbar sind.

Das zur Analyse verwendete probabilistische Testmodell geht von einigen Grundannahmen aus (vgl. Eckes, 2006). Zuerst einmal sollen alle Items die gleiche Fähigkeit messen. Eine weitere Forderung ist die so genannte „lokale stochastische Unabhängigkeit" der Antworten. Das bedeutet, dass die Wahrscheinlichkeit einer bestimmten Antwort nicht davon abhängen darf, welche Antwort man bei einem anderen Item gegeben hat. Die lokale stochastische Unabhängigkeit ist für die einzelnen Lücken eines Textes nicht gesichert. Es ist gut möglich, dass nach einer falsch ausgefüllten Lücke die Wahrscheinlichkeit erhöht ist, dass auch die nächste Lücke in dem Satz falsch ausgefüllt wird, nämlich dann, wenn die Person versucht, einen falschen Sinnzusammenhang zu konstruieren. Daher kann man die Texte nicht auf Itemebene auswerten. Die verschiedenen Texte sind dagegen voneinander unabhängig. Die Antworten, die jemand bei Text 1 gegeben hat, haben keinen Einfluss auf die Antworten bei einem folgenden Text.

Analyseeinheit ist also – wie im klassischen Modell – der einzelne Text. Das Modell geht davon aus, dass es bei jedem Text-Item einen klaren Zusammenhang zwischen der Fähigkeit einer Person und der Wahrscheinlichkeit einer richtigen Antwort gibt. Je höher die Fähigkeit, desto wahrscheinlicher ist eine richtige Antwort bzw. – genauer gesagt – die Wahrscheinlichkeit, eine bestimmte Mindestpunktzahl zu erreichen. Die Items haben ja kein dichotomes Antwortformat, das nur richtige und falsche Lösungen unterscheidet, sondern mehrstufige Antwortskalen, die zudem unterschiedlich lang sind. Das Modell ist das so genannte Partial Credit Modell (PCM) von Masters (1982).

Die C-Tests werden also so modelliert, dass jeder Text ein Item mit einem mehrstufigen Antwortformat darstellt. Die Antwortskalen sind unterschiedlich lang, da die Texte unterschiedlich viele Lücken haben. Bei den Multiple Choice Texten liegt die Anzahl zwischen 18 und 22 Lücken, bei den Form B Texten zwischen 18 und 21 Lücken. Jeder Text wird mit einer eigenen Antwortskala modelliert, d.h. dass die Abstände auf der latenten Skala zwischen zwei Antwortkategorien bei jedem C-Text anders sein können. Auf der Basis dieses Modells wird versucht, die Texte und die Personen gemeinsam zu skalieren. Das bedeutet, dass die Schwierigkeiten der Texte und die Fähigkeiten der Personen auf einer gemeinsamen Skala geschätzt werden. Der Nullpunkt der Skala wird hier so festgelegt, dass die Itemschwierigkeiten im Mittel Null ergeben. Voraussetzung für die Interpretierbarkeit der Schätzungen ist, dass die Daten hinreichend gut mit den Modellvoraussetzungen übereinstimmen.

Im Folgenden wird zuerst die Modellkonformität der Multiple Choice Texte untersucht. Danach werden die Textschwierigkeiten im probabilistischen Modell denjenigen des klassischen Modells gegenübergestellt. Anschließend wird untersucht, inwieweit Multiple Choice und Form B Texte ein gemeinsames Merkmal messen. Zuletzt werden die wichtigsten Ergebnisse zusammengefasst. Für die Berechnung der probabilistischen Kennwerte wird die Software Winsteps (Version 3.57) (Linacre, 2005) verwendet.

3.2.1. Modellkonformität der Multiple Choice Texte

Als Erstes soll untersucht werden, ob die 6 Multiple Choice Texte überhaupt eine gemeinsame Skala bilden. Wenn ja, dann kann man die Personenfähigkeiten und Itemschwierigkeiten interpretieren. Die gestellte Frage ist die gleiche wie zu Beginn einer klassischen Itemanalyse. Zur Beantwortung betrachtet man im klassischen Modell meist die Trennschärfen und ggf. auch die Faktorladungen der Items. Sind die Kennwerte zufrieden stellend, dann interpretiert man die Itemsumme als Fähigkeit des Untersuchten und den Itemmittelwert als Schwierigkeit des Items.

Im probabilistischen Modell kann man die Modellgüte anhand verschiedener Kennwerte beurteilen. Winsteps bietet dazu die Kennwerte Infit und Outfit an (Linacre, 2002). Beide Werte sind aus den z-standardisierten Abweichungen der beobachteten von den erwarteten Daten berechnet. Sie haben näherungsweise die Form Chisquare/df und einen Erwartungswert von 1, wenn das Modell gültig ist. Liegt ein Fit-Index über 1.4 oder 1.5, dann gilt das als schlechte Modellanpassung. Ein hoher Outfit weist auf „Ausreißer" hin wie beispielsweise falsche Antworten von fähigen Personen bei sehr leichten Items. Gründe für einen schlechten Infit sind schwerer zu erkennen, da der Infit auf unerwartete Antworten im mittleren Bereich mit nicht so extremen Antwortwahrscheinlichkeiten reagiert. Ein schlechter Infit ist eher ein Hinweis auf ein insgesamt wenig modellkonformes Antwortmuster. Die Fit-Indizes lassen sich auch in approximativ standardnormalverteilte z-Werte umrechnen. Diese sollten nach den gängigen Richtlinien nicht größer als 2 sein. Allerdings scheint die Approximation an die Standardnormalverteilung bei typischen Testlängen und Stichprobengrößen nicht besonders gut zu sein. Wang & Chen (2005) stellten zumindest für das dichotome Rasch-Modell und das Rating-Skalen-Modell von Andrich fest, dass

die Streuungen der z-Werte eher bei 0.8 bis 0.9 liegen. Danach würden bereits Werte von 1.6 bis 1.8 auf einen schwachen fit hindeuten.
Die Anpassungsgüte der einzelnen Texte zeigt Tabelle 4, sortiert nach Misfit. Die meisten Texte lassen sich gut skalieren. Nur Text 6 (Zugunglück) fällt mit *infit* = 1.26 und *outfit* = 1.29 (z-Werte 2.3 bzw. 2.4) deutlich heraus.

Tabelle 4: Modellgüte der 6 Multiple Choice Texte

INFIT	ZSTD	OUTFIT	ZSTD	ITEMS
1.26	2.3	1.29	2.4	MC 6 Zugunglück
1.00	.1	1.02	.2	MC 1 Tierpfleger
.99	.0	.99	-.1	MC 2 Chemieangestellte
.91	-.8	.94	-.5	MC 5 Tierversuche
.85	-1.4	.82	-1.7	MC 3 Wohngeld
.85	-1.5	.85	-1.4	MC 4 Friseure

Einen Hinweis, woran die schlechte Modellpassung von Text 6 liegt, gibt die Tabelle 5. In dieser Tabelle sind die Antworten aufgelistet, die besonders unerwartet und damit besonders unverträglich mit dem Modell sind.

Tabelle 5: Besonders unerwartete Antworten auf die MC-Texte

OBSERVED	EXPECTED	RESIDUAL	ST. RES.	ITEM	PERSON
4	15.30	-11.30	-5.75	Zugunglück	33305
4	12.95	-8.95	-4.62	Zugunglück	67702
4	11.89	-7.89	-4.14	Zugunglück	33303
0	7.06	-7.06	-3.40	Wohngeld	67744
5	10.33	-5.33	-2.75	Tierpfleger	43102
19	13.64	5.36	2.71	Zugunglück	53105
16	18.29	-2.29	-2.62	Tierpfleger	96204

Auf den ersten drei Plätzen stehen die Ergebnisse von drei Personen in Text 6. Diese Personen haben jeweils 4 Punkte erhalten (Spalte OBSERVED). Sie waren aber ansonsten nicht schlecht, daher hätten sie eigentlich erheblich mehr Punkte erreichen müssen (Spalte EXPECTED). Bedenkt man, dass Text 6 der letzte Text war, der zudem gegen Ende der gesamten Untersuchung vorgelegt wurde, dann liegt die Vermutung nahe, dass die Personen einfach keine große Lust mehr hatten. Dafür spricht auch das Antwortmuster dieser Personen, die nur verstreut einzelne Lücken bearbeitet haben. Die schlechte Modellpassung könnte also eher mit der Position des Texts als mit den Textinhalten zusammenhängen.

3.2.2. Schwierigkeit der Multiple Choice Texte

Da die Modellgüte der Daten akzeptabel ist, soll nun die Schwierigkeit der Texte betrachtet werden. Im klassischen Modell ist die Schwierigkeit (bzw. Leichtigkeit) des Textes einfach der mittlere Prozentsatz richtiger Lösungen. Im üblichen Rasch-Modell mit dichotomen Items ist die Itemschwierigkeit der Punkt auf der latenten Skala, ab dem die Wahrscheinlichkeit für eine richtige Antwort größer als die einer falschen Antwort ist. Dieser Punkt charakterisiert die Lage des Items auf der latenten Skala eindeutig. Im PCM gibt es nun mehrere Antwortkategorien. Zwischen je zwei benachbarten Kategorien gibt es eine Schwelle, ab der die höhere Kategorie wahrscheinlicher ist als die niedrigere. In Analogie zum dichotomen Rasch-Modell ist die Schwierigkeit im PCM der Mittelwert aus diesen einzelnen Schwellen-Parametern. Die konkrete Bedeutung dieser Schwierigkeit ist aber schwer interpretierbar, da die Verteilung der Schwellen bei jedem Item anders ist. Manche Autoren versehen Items im PCM überhaupt nicht mit einem Kennwert für die Schwierigkeit (z.B. Embretson & Reise, 2000). Ihre Interpretierbarkeit ist hier auch noch zusätzlich eingeschränkt, da bei einigen Texten nicht alle Kategorien besetzt sind. Beispielsweise haben bei „Tierpfleger" alle Personen mindestens 3 Punkte erreicht. Dadurch fehlen die unteren Schwellen, und der Mittelwert wird bei der Berechnung künstlich erhöht.

Trotz dieser begrenzten praktischen Bedeutsamkeit sind die Schwierigkeiten der Texte im klassischen und probabilistischen Modell in der Grafik gegenübergestellt. Der leichteste Text ist beides Mal der erste Text „Tierpfleger", der schwerste Text beides Mal „Chemieangestellte". Dazwischen liegen im klassischen Modell die übrigen vier Texte mit Schwierigkeiten zwischen 0.60 und 0.62 sehr nah beieinander. Im probabilistischen Modell scheint dagegen der Text „Tierversuche" mit einer Schwierigkeit von 0.21 fast genauso schwer wie „Chemieangestellte". Allerdings gibt es bei allen Texten schwach besetzte Kategorien, deren Schwellen nur ungenau geschätzt werden können. Zudem sind bei „Tierversuche" (und anderen Texten) mehrere Kategorien leer, was die Unzuverlässigkeit der Schätzungen weiter verstärkt. Insbesondere Vertauschungen

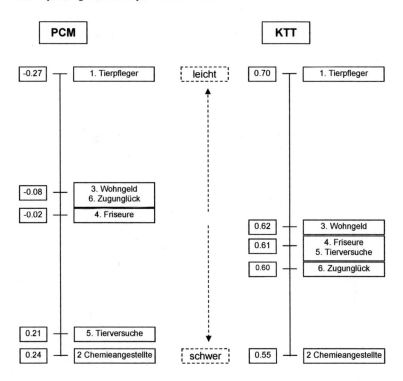

Abbildung 3: Textschwierigkeiten gemäß PCM und klassischem Modell

der Reihenfolge der Schwierigkeiten zwischen klassischem und probabilistischem Modell sollten nicht vorkommen, da auch das PCM ein Rasch-Modell ist und somit das spezifische Antwortmuster des Items keinen Einfluss auf die Schwierigkeit haben darf. Die Darstellung dient hier eher dazu, ein Gefühl für den Kennwert „Schwierigkeit" im PCM zu bekommen. Günstiger wäre es, wenn alle Texte gleich lang wären. Dann könnte man versuchen, alle Texte mit einer gemeinsamen Rating-Skala zu modellieren, und die Schwierigkeit würde – wie im dichotomen Rasch-Modell – die Position des Texts auf dem latenten Kontinuum eindeutig festlegen.

3.2.3. Homogenität von Multiple Choice und Form B Texten

Nun soll noch überprüft werden, ob alle 12 Texte im probabilistischen Modell eine gemeinsame Skala bilden. Wenn ja, wäre dies ein starker Hinweis darauf, dass mit beiden Testvarianten die gleiche Fähigkeit erfasst wird.

Tabelle 6: Modellfit aller 12 Texte bei gemeinsamer Skalierung

INFIT	ZSTD	OUTFIT	ZSTD	ITEMS
1.41	3.4	1.49	3.9	MC 6 Zugunglück
1.16	1.4	1.20	1.8	MC 1 Tierpfleger
1.10	.9	1.13	1.2	MC 5 Tierversuche
1.04	.4	1.03	.3	FB 5 Pilotenausbildung
.99	-.1	1.00	.0	FB 2 Vogelfütterung
.97	-.2	1.00	.0	MC 2 Chemieangestellte
.98	-.2	.99	-.1	FB 1 Mondlandung
.97	-.2	.98	-.2	FB 4 Goldschmiede
.94	-.6	.96	-.4	FB 6 Schwarzer Freitag
.88	-1.1	.87	-1.2	MC 3 Wohngeld
.84	-1.6	.83	-1.7	MC 4 Friseure
.71	-3.1	.69	-3.2	FB 3 Attentat

Die Fit-Indizes aus der gemeinsamen Skalierung zeigt Tabelle 6. Die meisten Texte lassen sich sehr gut zusammen skalieren. Am wenigsten passt – wie bei der getrennten Skalierung der 6 Multiple Choice Texte – der letzte Multiple Choice Text „Zugunglück". Mit *infit* = 1.41 und *outfit* = 1.49 sind seine Kennwerte noch etwas schlechter als bei der getrennten Skalierung. Als Ursache wurde bereits die ungünstige Position des Textes am Ende der gesamten Untersuchung vermutet. Die Fit-Werte der übrigen Texte sind unauffällig. Allenfalls der dritte Form B Text „Attentat" mit seinen extrem niedrigen Werten fällt etwas heraus. Ein extrem niedriger Fit-Wert (etwa unter 0.7) ist ein Zeichen dafür, dass zu wenig Zufallsvariation in den Daten ist. In gewisser Weise passen diese Items „zu gut" zum Modell. Fast immer haben die Schwächeren weniger Punkte erreicht und die Stärkeren mehr. Das Analogon im klassischen Testmodell wären Items mit einer extrem hohen Trennschärfe. Solche Items sind inhaltlich nicht problematisch. Es besteht kein Anlass, sie zu eliminieren, weil sie etwa die Aussagekraft der Ergebnisse mildern könnten. Es kann allerdings sein, dass die Antworten auf diese Items durch die anderen Items relativ gut vorhersagbar sind und insofern diese Items wenig Zusatzinformation bringen. Kritisch sind aber in erster Linie die Items mit zu hohen Fit-Indizes. Insgesamt kann man sagen, dass sich auch im probabilistischen Sinn – wie aufgrund der klassischen Analysen – die Einzelergebnisse (evtl. bis auf „Zugunglück") durch eine gemeinsame Fähigkeit erklären lassen.

4. Fazit

Die Ergebnisse der Vorerprobung sind sehr ermutigend: Sie zeigen, dass der Multiple Choice C-Test – jedenfalls in der hier verwendeten Papiervariante – etwas sehr Ähnliches misst wie der herkömmliche C-Test, und das bei vergleichbarer Streuung, Verteilungsform, innerer Konsistenz und Trennschärfe.

Als Hauptergebnisse der probabilistischen Analysen kann man erstens festhalten, dass die Multiple Choice Texte eine gemeinsame Skala bilden. Nur der letzte Text passt schlecht zu dieser Skala, da einige fähige Personen sehr wenig Punkte erreicht haben. Es gibt Anhaltspunkte dafür, dass die Position und nicht der Inhalt des Texts für die abweichenden Antwortmuster verantwortlich ist. Zweitens bilden die Multiple Choice Texte auch zusammen mit den herkömmlichen Texten der Form B eine gemeinsame Skala, abgesehen vom letzten Multiple Choice Text. Beide Testvarianten sind also auch im untersuchten probabilistischen Sinn homogen. Wie die Analysen nach dem klassischen Modell weisen auch diese Ergebnisse darauf hin, dass hinter den Testleistungen bei beiden Varianten eine gemeinsame Fähigkeit steht.

Erwartungsgemäß ist der Multiple Choice C-Test einfacher als der „traditionelle" C-Test, im Mittel jedoch nur ungefähr 9 Rohwertpunkte, wenn man die 2 Punkte in Rechnung stellt, welche die Form B von der Form A unterscheiden. Die Ergebnisse zeigen aber auch, dass man sich bei der Umrechnung des MC-Wertes in ein Äquivalent des herkömmlichen C-Tests nicht auf die Methode der linearen Regression stützen sollte: Der dargestellte quadratische Zusammenhang erlaubt zwar eine Annäherung an die Daten, erscheint letztlich aber doch etwas willkürlich gewählt und theoretisch nicht ausreichend fundiert. Günstiger, weil nur an den empirischen Gegebenheiten orientiert und damit sozusagen „theoriefrei", ist die Methode des Perzentil-Equatings. Hierbei werden Perzentile bzw. Perzentilbereiche der beiden Verteilungen einander zugeordnet, es handelt sich also im Wesentlichen um eine Flächentransformation. Kleinere Abweichungen von „idealtypischen" Verläufen sind hier kein Problem. Allerdings benötigt man eine wesentlich größere Stichprobe als hier in der Vorerprobung, um die Verteilung mit genügender Sicherheit zu schätzen. Sekundär bietet sich aber trotzdem die Möglichkeit, die empirischen Zusammenhänge auch in einer Gleichung auszudrücken und inhaltlich zu interpretieren.

Literaturverzeichnis

Eckes, Thomas. (2006). Rasch-Modelle zur C-Test-Skalierung. In Rüdiger Grotjahn (Hrsg.), *Der C-Test: Theorie, Empirie, Anwendungen* (S. 1–44). Frankfurt am Main: Lang.

Embretson, Susan E. & Reise, Steven P. (2000). *Item response theory for psychologists.* Mahwah, NJ: Erlbaum.

Holland, Paul W. & Rubin, Donald B. (Hrsg.). (1982). *Test equating.* New York: Academic Press.

Jakschik, Gerhard. (1992). Zum Einsatz des C-Tests in den Psychologischen Diensten der Arbeitsämter. Ein C-Test für Deutsch als Zweitsprache. In Rüdiger Grotjahn (Hrsg.), *Der C-Test: Theoretische Grundlagen und praktische Anwendungen* (Bd. 1, S. 297–311). Bochum: Brockmeyer.

Jakschik, Gerhard. (1994). Der C-Test für erwachsene Zweitsprachler als Einstufungsinstrument bei der Schulausbildung. In Rüdiger Grotjahn (Hrsg.) *Der C-Test: Theoretische Grundlagen und praktische Anwendungen* (Bd. 2, S. 259–278). Bochum: Brockmeyer.

Jakschik, Gerhard. (1996). Validierung des C-Tests für erwachsene Zweitsprachler. Eine Längsschnittuntersuchung bei Trägern von beruflichen Bildungsmaßnahmen. In Rüdiger Grotjahn (Hrsg.) *Der C-Test: Theoretische Grundlagen und praktische Anwendungen* (Bd. 3, S. 235–277). Bochum: Brockmeyer.

Linacre, John M. (2002). What do infit and outfit, mean-square and standardized mean? *Rasch Measurement Transactions, 16*(2), 878.

Linacre, John M. (2005). *WINSTEPS Rasch measurement computer program.* Chicago: Winsteps.com

Masters, Geoffferey N. (1982). A Rasch model for partial credit scoring. *Psychometrika, 47*, 149–174.

van der Linden, Wim. (2000). A test-theoretic approach to observed-score equating. *Psychometrika, 65*(4), 437–456.

Wang, Wen-Chung & Chen, Cheng-Te. (2005). Item parameter recovery, standard error estimates, and fit statistics of the winsteps program for the family of Rasch models. *Educational and Psychological Measurement, 65*(3), 376–404.

*Grotjahn, Rüdiger (Ed.) (2006). Der C-Test: Theorie, Empirie, Anwendungen/
The C-Test: Theory, Empirical Research, Applications. Frankfurt/M.: Lang*

Über den Zusammenhang zwischen Testleistung und Klassenstufe bei muttersprachlichen C-Tests

Verena Wockenfuß und Ulrich Raatz[*]

A major empirical investigation was conducted to chart the results of German pupils in a German C-Test, and to determine the concurrent validity of this test with regard to school grade respectively to age. For this purpose, two parallel German C-Tests with 100 gaps were developed and administered to a group of 1051 pupils in grades 5 to 10 in a *Hauptschule*, a *Realschule* and a *Gymnasium*. The results were: (1) C-Tests become easier from 5th to 10th grade. The relation may be described by a special square root function for which there is a theoretical explanation. (2) In every grade, the mean C-Test score of the pupils of the *Gymnasium* are the highest, the mean scores of the pupils of the *Hauptschule* are the lowest. (3) The concurrent validity decreases with increasing grade.

1. Einleitung

Muttersprachliche C-Test sind so konzipiert, dass sie von der 2. Klasse an (hier ist der Test frühestens einsetzbar) immer leichter werden müssen, bis ein gebildeter Erwachsener alle Lücken richtig ergänzen kann. Es erhebt sich die Frage, wann dieser Zeitpunkt erreicht ist, und nach welcher Gesetzmäßigkeit der Leistungszuwachs in Abhängigkeit vom Lebensalter erfolgt.

In den bisher zu dieser Fragestellung durchgeführten Untersuchungen (Debertin, 1983; Steeger, 1982; siehe auch Klein-Braley, 1985a; Raatz & Klein-Braley, 1983) hatte sich ergeben, dass dieser Zusammenhang in erster Näherung als linear angesehen werden kann, allerdings nur in einem bestimmten Altersbereich.

Bei Debertin (1983, siehe auch Klein-Braley, 1985a) setzte sich die untersuchte Stichprobe aus Schülern und Schülerinnen von Hauptschulen, Realschulen und Gymnasien zusammen. Zwischen diesen drei Schulformen ergaben sich in allen untersuchten Klassenstufen bei einer zusätzlichen Analyse Leistungsunterschiede. Bei einer Untersuchung des Zusammenhangs zwischen C-Test-Leistung und Alter bzw. Klassenstufe sollte deshalb die besuchte Schulform als moderierende Variable einbezogen werden.

Leider waren die Stichprobenumfänge in allen beschriebenen Untersuchungen sehr gering, meist nur eine Klasse pro Klassenstufe und Schulform.

---

[*] **Korrespondenzadresse**: Prof. Dr. U. Raatz, Schwarzbachstr. 23, D-40625 Düsseldorf; e-mail: Raatz@uni-duisburg.de.
Der vorliegende Artikel stellt eine überarbeitete Kurzfassung der Diplomarbeit von Verena Wockenfuß (= Gummich, 1997) dar.

Bei der Schätzung der Übereinstimmungsvalidität von muttersprachlichen C-Tests wird als Außenkriterium meist die letzte Schulnote im muttersprachlichen Unterricht herangezogen. Dieses Kriterium ist in der Regel leicht zu ermitteln, jedoch wegen der geringeren Objektivität von Noten und wegen des klasseninternen Maßstabs (Ingenkamp, 1995) ziemlich problematisch.

Trotzdem sind die entsprechenden Korrelationen meist bemerkenswert hoch, allerdings nur für jüngere Schüler (z.B. Raatz & Klein-Braley, 1992, für Schüler der 4. Klasse). Bei älteren Schülern oder Studierenden scheint der Zusammenhang dagegen nur niedrig zu sein (Kesper, 1995). Möglicherweise deutet sich auch hier eine Abhängigkeit der Übereinstimmungsvalidität von muttersprachlichen C-Tests von der Klassenstufe bzw. dem Lebensalter an.

Daraus ergeben sich die Fragestellungen der vorliegenden Grundlagenstudie: Einmal soll der Zusammenhang zwischen dem Lebensalter – hier operationalisiert durch die Klassenstufe – und der Leistung in einem muttersprachlichen C-Test bei einer größeren Stichprobe analysiert werden, wobei die Schulform (Hauptschule, Realschule, Gymnasium) als moderierende Variable betrachtet werden soll. Gleichzeitig soll untersucht werden, ob die Übereinstimmungsvalidität der verwendeten C-Tests ebenfalls systematisch vom Lebensalter abhängt.

Dabei soll die an sich sinnvolle, aber technisch nicht realisierbare Längsschnittstudie durch eine Folge von Querschnittstudien ersetzt werden.

2. Problemstellung

2.1. Zur Entwicklung der Muttersprache

Die wohl ältesten Versuche, etwas über die Sprachentwicklung zu erfahren (vor zweieinhalb Jahrtausenden durch den ägyptischen König Psammetich I), basierten auf der Idee, man müsse die Sprache eines Kindes, das von allen menschlichen Lebewesen isoliert wird, beobachten. Man werde dann erkennen können, wie das Kind die Sprache lernt und vor allem, welche es erwirbt, denn diese müsse die „Ursprache" sein (Zimmer, 1995).

Die Frage nach dem Ursprung der Sprache und der Ontogenese sprachlicher Fähigkeiten und Fertigkeiten hat die Wissenschaft bis heute nicht losgelassen. Ehlich (1996) weist in seinem Buch „Kindliche Sprachentwicklung" darauf hin, dass die Erforschung der Sprachentwicklung keinesfalls als abgeschlossen gelten kann.

Bei der anfänglichen Erforschung des kindlichen Spracherwerbs bildete die Erwachsenensprache das Zielkriterium der Entwicklung (vgl. Oerter, 1976, S. 535).

In der modernen Entwicklungspsychologie hat sich die Frageperspektive verschoben. Man unterstellt, dass ein Kind nicht einfach weniger und schlechter spricht als ein Erwachsener, sondern über eine andere Sprache mit eigenem Wortschatz und eigener Grammatik verfügt, welche nun zu erforschen ist.

Wendet man sich der Spracherwerbsforschung zu, so trifft man auf unterschiedliche Denkrichtungen. Der amerikanische Psychologe B. F. Skinner, einer der führenden Lerntheoretiker, vertritt den Standpunkt, dass alle menschlichen Leistungen auf Lernvorgänge zurückzuführen sind. Für Skinner (1957) ist die Sprache eine Form von Verhalten. Sprache wird bei ihm nach denselben Prinzipien wie alles andere Verhalten gelernt. Sie wird dem Individuum im Verlaufe der Sprachentwicklung nach dem Prinzip des „bedingten Reflexes" ankonditioniert, d.h., der Spracherwerb erfolgt nach dem Lerngesetz des Reiz-Reaktions-Schemas. Kinder imitieren das Sprachverhalten der Erwachsenen ihrer Umwelt. Erteilt die Umwelt Lob, Zustimmung oder Bestätigung, so wird die Reaktion verstärkt, und das Wort wird bei mehrfacher Wiederholung gelernt.

Dieser jahrelang vorherrschenden Spracherwerbstheorie des Behaviorismus trat in den frühen sechziger Jahren der amerikanische Linguist Noam Chomsky (1974) entgegen. Er wies nach, dass die Sprachen regelgeleitet sind, am deutlichsten in Bezug auf die Grammatik. Der Behaviorismus konnte nach seiner Meinung den Erwerb und den kreativen Gebrauch regelgeleiteter und zugleich produktiver Systeme nicht angemessen erklären.

Zimmer (1995, S. 63) bemerkt dazu, dass „der Behaviorismus vor allem einem Faktum in keiner Weise gerecht [wird]: der Offenheit und Kreativität der Sprache", denn Kinder sind sehr wohl in der Lage, nie gehörte Sätze selbst zu produzieren. „Das Kind imitiert die Erwachsenensprache in keinem nennenswerten Maß".

Für Lenneberg (1972) und Chomsky (1973a) ist der Mensch für den Spracherwerb vorprogrammiert. Die Fähigkeit des Menschen, sprechen zu lernen, ist nach ihrer Ansicht angeboren und nicht angelernt.

Chomskys Idee der angeborenen Spracherwerbsvorrichtung (*Language Acquisition Device – LAD*) fasst Trautner (1991, S. 278) folgendermaßen zusammen:

1. die Fähigkeit, Hypothesen über die Beschaffenheit des Regelsystems der Sprache seiner Umwelt zu bilden;
2. die Disposition zur Ausbildung sprachlicher Universalien;

3. die Fähigkeit, verschiedene Hypothesen miteinander zu vergleichen und zu bewerten.[1]

Eine von Chomskys (1973a) wesentlichen Annahmen ist die Kreativität, die sich darin zeigt, dass Sprache unabhängig von Reizkontrolle ist. Die Äußerung, die jemand bei einer bestimmten Gelegenheit macht, ist im Prinzip nicht vorhersagbar und kann nicht als „Reaktion" auf irgendeinen identifizierbaren sprachlichen oder außersprachlichen Reiz angemessen beschrieben werden (vgl. Aitchison, 1982, S. 29f.).

Chomsky (1973b) unterscheidet weiter zwischen der Kompetenz und der Performanz eines Sprechers. Die sprachliche Kompetenz ist der Teil des Wissens, seiner Kenntnis des Sprachsystems als solchem, das ihm ermöglicht, die unendlich große Menge von Sätzen zu produzieren, die eine Sprache ausmacht. Unter Performanz hingegen versteht er das Sprachverhalten. Dieses Sprachverhalten wird nicht nur von der sprachlichen Kompetenz des Sprechers bestimmt, sondern auch von einer Vielzahl außersprachlicher Faktoren. Diese umfassen soziale Konventionen, Vorstellungen über die Welt, die emotionale Einstellung des Sprechers zu dem, was er sagt usw.

Szagun (1993, S. 79) bemerkt dazu, dass „Chomsky auch gewisse Annahmen über die Erwachsenensprache [macht], die das Kind hört. Im Zuge der Unterscheidung zwischen Kompetenz und Performanz ist die Sprache der Erwachsenen, die das Kind hört, Performanz und daher unvollkommen". Die Sätze der Erwachsenen sind oft unvollendet und ungrammatisch sowie schlecht artikuliert. Die Sprecher stellen daher eine zu schlechte Stichprobe dar, um daraus die Regeln der Grammatik lernen zu können. Chomsky nimmt folglich an, dass das Kind eine genetische Anlage für einige wesentliche Regeln der Grammatik besitzt.

Diese oben aufgezeigten extrem unterschiedlichen Ansätze zur Erklärung des Spracherwerbs werden in der Literatur oft als *Anlage-Umwelt-Kontroverse* bezeichnet. Diese wird nach Aitchison (1982, S. 18) „schon seit Jahrhunderten diskutiert".

Nach Trautner (1991) gibt es zur Erklärung der Sprachentwicklung vier verschiedene Positionen. Neben den bereits vorhin angesprochenen *Biologischen Theorien des Spracherwerbs* (Lenneberg, 1972) und den *Sozialen Lerntheorien*

---

[1] In den achtziger Jahren modifizierte Chomsky seine Ansichten über den Spracherwerb. Das Kind ist mit einer universellen Grammatik ausgestattet. Es muß im Gegensatz zu früheren Ideen Chomskys die Regeln nicht mehr erwerben, sondern „die Prinzipien und Optionen sind schon angelegt. Das Kind muß nur zwischen ihnen wählen." (Szagun, 1993, S. 81).

konkurrieren damit noch die *Kognitiven Entwicklungspsychologien* (Piaget, 1972) und die *Psychoanalytischen Theorien* (Spitz, 1957). Trautner (1991, S. 272) zeigt in seinem Buch „Lehrbuch der Entwicklungspsychologie" auf, „welche Merkmale und Befunde der Sprachentwicklung sich gut und welche sich weniger gut mit der jeweiligen Theorie vereinbaren lassen".

Einige Wissenschaftler, die sich mit der Sprachentwicklung auseinandersetzten, sind derzeit der Ansicht, dass der Spracherwerb nur mit Hilfe verschiedener Betrachtungsweisen des Erwerbsprozesses ausreichend erklärt werden kann (vgl. Linke, Nussbaumer & Portmann, 1996; Wagner, 1996; Zimmer, 1995).

Für die Sprachforscher steht allgemein fest, dass alle gesunden Kinder die gleichen Stadien der Sprachentwicklung durchlaufen. Obwohl sich eine ziemlich konstante Reihenfolge von Entwicklungsstufen beim Erwerb von Phonologie (Lautstruktur), Morphologie (Wortstruktur), Syntax (Wortmuster, Satzbau) und Wortschatz der Muttersprache erkennen lässt, variiert offenbar der Zeitpunkt des Eintritts bestimmter sprachlicher Ereignisse von Kind zu Kind. Die Entwicklungsschritte des Spracherwerbs lassen sich demnach zeitlich nicht präzise fixieren. Die Angaben in der Literatur schwanken in diesem Punkt außerordentlich (Bühler, 1962).

Während in der entwicklungspsychologischen Literatur der Spracherwerb zum größten Teil bis zum 4. bis 5. Lebensjahr detailliert beschrieben wird (vgl. Szagun, 1993, S. 6; Trautner, 1991, S. 316; Zimbardo, 1983, S. 286ff.), liegen zur Entwicklung im Schulalter deutlich weniger Schilderungen vor, was auch Augst (1978) in der Einleitung des von ihm herausgegebenen Buchs „Spracherwerb von 6 bis 16" bemerkt. Für ihn beschäftigen sich die Psychologen und Linguisten vorwiegend mit den Jahren zwischen 0 und 6, jedoch mit einem deutlichen Übergewicht der Zeit von 0 bis 3 Jahren. Die Didaktiker hingegen wenden ihre Aufmerksamkeit vor allem der Entwicklung zwischen dem 6. und 16. Lebensjahr zu, aber auch hier sind die meisten Untersuchungen den Jahren zwischen 6 und 10 gewidmet. Nach Ansicht von Augst kann der Spracherwerb mit 5 oder 6 Jahren noch nicht abgeschlossen sein. Die Fortschritte in der Sprachentwicklung sind ab dem 6. Lebensjahr zwar nicht mehr so greifbar (oder auch spektakulär), denn die Grundstrukturen der Phonetik und Phonologie wie auch der Syntax und Morphologie sind bereits weitgehend erworben. Dennoch beginnt in diesem Alter die eigentliche Entwicklung semantischer, lexikalischer und textueller (pragmatischer) Strukturen.

Auch heute noch beziehen sich die empirischen Untersuchungen zur Sprachentwicklung zum größten Teil auf Kinder, die entweder noch nicht schulpflichtig sind oder auf solche, die sich in den ersten Klassen befinden (Trautner, 1991).

Tietjen (1988, S. 13) bemerkt dazu, dass „sich die fachdidaktische Grundlagenforschung in Bezug auf die Erfassung und Erforschung des Sprachverhaltens der Schüler auf der Sekundarstufe außerordentlich zurückhaltend zeigt." Er untersuchte anhand narrativer Schüleraufsätze die unterschiedlich entwickelte schriftliche Kompetenz der Schüler zwischen der 5. und 7. Jahrgangsstufe. Seine empirische Untersuchung ergab, dass sich bei den Schülern der Orientierungsstufe eine kontinuierliche und auch systematische Weiterentwicklung des Sprachvermögens zeigte. Dieser Entwicklungsprozess setzte sich in der 7. Schulstufe der Hauptschule nur verlangsamt fort.

Jemand, der sich schon sehr frühzeitig mit der Sprachentwicklung älterer Kinder auseinandergesetzt und selbst zahlreiche empirische Untersuchungen dazu durchgeführt hat, ist der amerikanische Wissenschaftler John B. Carroll. Seinen Aufsatz "Development of native language skills beyond the early years" (1971, S. 97) beginnt er mit dem Satz *"Language learning is a lifelong process"*.

Obwohl für ihn die Grundlagen der Sprachkompetenz in der frühen Kindheit gelegt werden, verstreicht noch eine lange Zeit bis die Kompetenz der Erwachsenen erreicht wird. Neben phonologischen und grammatikalischen Fähigkeiten erweitert der Jugendliche im Laufe seiner Schulzeit, und auch während des Erwachsenendaseins, seinen Wortschatz. Der Jugendliche wird ein flüssiger Sprecher, ein guter Zuhörer, lernt Lesen und Schreiben, erwirbt das Regel- und Rechtschreibsystem der Sprache und kann selbst Schriftstücke anfertigen.

Da die Verwendung der Sprache bei vielen geistigen Tätigkeiten im Mittelpunkt steht, gibt es für Carroll eine enge Verknüpfung von Sprachfähigkeit und der Entwicklung von intellektuellen Prozessen. Doch nicht jeder Erwachsene zeigt hierbei die gleichen Fähigkeiten. Diese unterscheiden sich in vielen Aspekten, angefangen von der Fülle des Wortschatzes bis hin zur Sprachverwendung in komplexeren geistigen Zusammenhängen.

Nach Carroll sind sich die Psychologen einig, dass die Entwicklung der Sprachkompetenz durch Erbfaktoren und die Umwelt beeinflusst wird. Über den jeweiligen Anteil herrscht jedoch Uneinigkeit.

Man kann den Verlauf der Sprachentwicklung nach Carroll folgendermaßen zusammenfassen: Die Sprachentwicklung umfasst eine Vielzahl von verschiedenen Kompetenzen und Fähigkeiten, beeinflusst durch unterschiedliche Grade von erblichen, konstitutionellen sowie Umwelteinflüssen. Bis zum Schulanfang beherrscht das Kind meist ein Grundwissen der Regeln der Muttersprache, jedoch nicht vollständig. Die etwas höheren Stadien der Phonologie werden mit ungefähr acht Jahren beherrscht. Die vollständige Kompetenz der grammatikalischen Regeln wird erst zu Beginn des Erwachsenenalters erreicht. Die lexikalischen und semantischen Aspekte der Sprachkompetenz sind bei Schulanfang hochgradig unvollständig und nehmen erst während der Schulzeit ständig in mehr oder weniger gleichem Umfang zu.

Da C-Tests als integrative Verfahren eine Vielzahl grundlegender Aspekte der Sprachperformanz messen, ist entsprechend zu erwarten, dass die Testleistung in Abhängigkeit vom Alter immer weiter ansteigt, bis die vollständige Sprachkompetenz eines Erwachsenen erreicht ist.

2.2. Soziale Schicht als moderierende Variable

Dass neben den schon von Carroll erwähnten Einflüssen auf die Sprachentwicklung auch noch andere Faktoren, nämlich sozioökonomische, wie z.B. die soziale Schicht, zu berücksichtigen sind, stellt der deutsche Entwicklungspsychologe Oerter (1976) in seinem Buch „Moderne Entwicklungspsychologie" fest. Nach Oerter (1976, S. 574) darf

> „... die Abhängigkeit des sprachlichen Verhaltens und Lernens von Bedingungen der sozialen Interaktion nicht vergessen werden. Solche Bedingungen sind unter anderem für unterschiedliche Codes verantwortlich, die bei verschiedenen sozioökonomischen Schichten anzutreffen sind."

Erste methodische Studien zu diesem Thema aus dem Jahre 1925 von Busemann (1969) und 1928 durch Hetzer & Reindorf (1969) erbrachten empirische Belege dafür, dass Kinder der unteren sozialen Schichten eine andere Sprache sprechen als Kinder, die den mittleren und oberen Sozialschichten angehören. Die Untersuchungen zeigten auch den Zusammenhang zwischen Sprache und Schulerfolg. Dadurch wurde eine sehr bedeutende Komponente des Schulerfolgs herausgestellt.

Einer der bekanntesten, aber auch umstrittensten Wissenschaftler, der sich mit der Thematik *Sprache und soziale Schicht* auseinandergesetzt hat, ist der englische Soziologe Basil Bernstein. Bernstein (1972) ist der Ansicht, dass sich die messbaren sprachlichen Unterschiede zwischen den einzelnen Statuspositionen aus völlig verschiedenen Modi des Sprachgebrauchs ergeben. Konkret befasst er sich mit der Beschreibung des Sprachgebrauchs in der Mittelschicht (*formal language*) und der unteren Arbeiterschicht (*public language*).

Bernstein (1972) entwickelte zwischen 1956 und 1972 seine „Theorie der linguistischen Codes", auch bekannt als „Defizit-Hypothese". Er geht in seiner soziolinguistischen Theorie von der Hypothese aus, dass sich aus der sozioökonomischen Schichtung einer Sprachgemeinschaft eine entsprechende Differenzierung im sprachlichen Verhalten der Sprecher ergibt. Die zentrale Unterscheidung ist dabei der **elaborierte** Code und der **restringierte** Code. Der **restringierte** Unterschicht-Code hat kurze, oft unfertige Sätze, eine dürftige Syntax, unterscheidet nicht klar zwischen Begründung und Folgerung und bleibt relativ kontextgebunden.

Der **elaborierte** Sprachcode zeichnet sich nicht nur durch Unterschiede im Wortschatz und Satzbau aus, sondern er bietet auch mehr Chancen für individuelle Äußerungsmöglichkeiten, geprägt durch Phantasie und Kreativität.

Schulerfolg, Karriereerfolg und gesellschaftliche Ungleichheit sind für Bernstein unmittelbar auf Unterschiede in der sprachlichen Kompetenz zurückzuführen. Kinder aus der Unterschicht werden in der Schule benachteiligt, nicht aufgrund einer geringeren Intelligenz, sondern aufgrund ihrer schichtspezifischen sprachlichen Möglichkeiten, die in der Schule stark eingeschränkt sind.

Wie immer man zu Bernsteins Annahme eines Defizits steht: Es ist vielfach spürbar, dass schichtspezifische Unterschiede im Sprachgebrauch bestehen. Ebenso kann der Einfluss der soziokulturellen und sozioökonomischen Faktoren auf die Sprachentwicklung beim Kinde nicht geleugnet werden. Es muss also erwartet werden, dass die Leistungen in einem muttersprachlichen C-Test in allen untersuchten Altersstufen durch solche Faktoren modifiziert werden.

2.3. Stand des Problems

Im Folgenden sollen einige Untersuchungen dargestellt werden, die für einzelne Aspekte der Thematik der vorliegenden Untersuchung relevant sind.

Steeger (1982) untersuchte die Validität von deutschen C-Tests bei insgesamt 266 Schülern aus vier 4. Klassen einer Grundschule und drei 6., zwei 7. und drei 8. Klassen einer Hauptschule. Als Nebenergebnis zeigte sich eine deutliche lineare Beziehung zwischen durchschnittlichem Testergebnis und Klassenstufe.

Debertin (1983) überprüfte dieses Teilergebnis. Er untersuchte 429 Schüler der Sekundarstufe I der Haupt-, Realschule und des Gymnasiums aus 5. bis 10. Klassen und zusätzlich eine 11. Klasse eines Gymnasiums mit einem muttersprachlichen C-Test. Er konnte ebenfalls zeigen, dass die durchschnittliche Testleistung mit zunehmender Schulstufe in erster Näherung linear anstieg. Außerdem zeigten sich deutliche Leistungsunterschiede zwischen den drei Schulformen. Die Schüler des Gymnasiums konnten bereits von der 5. Klasse an den C-Test besser lösen als die Schüler der anderen beiden Schulformen. Die Realschüler lagen mit ihren Leistungen näher an dem Niveau der Gymnasiasten als an dem der Hauptschüler.

Klein-Braley (1985a) fasste diese Ergebnisse zusammen und ergänzte sie um Ergebnisse von Fremdsprachenlernern mit einer unterschiedlichen Zahl von Lernjahren im Fremdsprachenunterricht. Sie postulierte eine lineare Abhängigkeit der C-Test-Leistung von der Klassenstufe bzw. der Anzahl der Lernjahre und den Einfluss der Schulform als Moderatorvariable.

Leider waren die Stichprobenumfänge in den zwei beschriebenen Untersuchungen sehr gering (Debertin, 1983) bzw. auf zu wenige Klassenstufen bezogen (Steeger, 1982).
Die Übereinstimmungsvalidität von muttersprachlichen C-Tests ist in der Regel hoch. Einen Überblick über entsprechende Ergebnisse geben u.a. Grotjahn (1995), Klein-Braley (1985b), Klein-Braley (1994) und Klein-Braley & Raatz (1984). Als Beispiel sei hier der Schulleistungstest Deutsch für 4. Klassen CT-D4 (Raatz & Klein-Braley, 1992) angeführt. Bei diesem Test lag der Median aller klassenweise berechneten Validiätskoeffizienten bei $r = .70$.

Diese Ergebnisse gelten für jüngere Schüler. Validitätskoeffizienten für Erwachsene liegen bisher nicht vor. Eine Ausnahme bildet hier die Untersuchung von Kesper (1995). Sie untersuchte im Rahmen ihrer Staatsexamensarbeit Zusammenhänge zwischen der Leistung in muttersprachlichen C-Tests, Schulnoten und Intelligenz bei Studenten und Schülern der 6. Klasse eines Gymnasiums. Ihr Ergebnis war u.a., dass C-Tests mit der Schulnote bei Schülern zu $r = .55$ und bei Studenten nur zu $r = .22$ korrelieren. Dieses Einzelergebnis kann nicht verallgemeinert werden. Es wirft jedoch die Frage auf, ob muttersprachliche C-Tests u.U. bei Erwachsenen etwas Anderes messen.

2.4. Fragestellung

In der vorliegenden Untersuchung sollen drei Fragen überprüft werden, die aus den angeführten Theorien und den Ergebnissen der beschriebenen Untersuchungen abgeleitet werden können.
1. Wie hängen bei Schülern die Leistung in einem muttersprachlichen C-Test und die Klassenstufe zusammen? Ist dieser Zusammenhang linear?
2. Welchen Einfluss hat die besuchte Schulform auf die Testergebnisse? Und welche Rolle spielt dabei der sozioökonomische Status der Schüler?
3. Wie verändert sich die Übereinstimmungsvalidität von muttersprachlichen C-Tests mit den Deutschnoten als Kriterium in Abhängigkeit von der Schulstufe? Sinken die Korrelationen?

3. Methode

3.1. Stichprobe

An der Untersuchung nahmen insgesamt 1051 Schüler aus 44 Klassen aus drei ausgewählten Schulen in den Städten Moers und Neukirchen-Vluyn teil. Tabelle 1 zeigt die Anzahl der Schüler und Schülerinnen und soziodemographische Merkmale der Stichprobe getrennt nach Schulformen, Tabelle 2 die Anzahl der untersuchten Klassen je Klassenstufe und Schulform.

Tabelle 1: Beschreibung der Stichprobe

		Gymnasium	Realschule	Hauptschule
Schüler/Innen		$n = 310$	$n = 446$	$n = 295$
Klassen		12	17	15
Geschlecht	männlich	128 (41.3%)	215 (48.2%)	182 (61.7%)
	weiblich	182 (58.7%)	231 (51.8%)	113 (38.3%)
Muttersprache	Deutsch	302 (97.4%)	405 (90.8%)	238 (80.7%)
	nicht Deutsch	8 (2.6%)	41 (9.2%)	57 (19.3%)
Alter	Mittelwert $\bar{x}$	13.3	13.4	14.1
	Standardabw. s	1.8	1.8	1.7
	Minimum	10	10	10
	Maximum	18	18	18

Diese Stichprobe ist sicherlich nicht repräsentativ für die Schüler in der Sekundarstufe I. Die Realschule z.B. ist mit 17 Klassen überrepräsentiert (siehe Tabelle 2). Auffällig ist, dass der Anteil der Mädchen auf dem Gymnasium deutlich höher als derjenige der Jungen ist, im Gegensatz zur Hauptschule, wo das Verhältnis genau umgekehrt ist. Die Hauptschüler sind im Durchschnitt etwas älter. Der Anteil der ausländischen Schüler ist mit 2.6% in den untersuchten Gymnasialklassen am niedrigsten, in den Hauptschulklassen mit 19.3% am höchsten.

Bei der späteren Auswertung wurden entsprechend der Fragestellung nur die deutschen Schüler und Schülerinnen berücksichtigt. Damit reduzierte sich der Stichprobenumfang auf $n = 945$.

Tabelle 2: Anzahl der untersuchten Klassen je Klassenstufe und Schulform

Klassenstufe	Gymnasium	Realschule	Hauptschule	insgesamt
5	2	4	2	8
6	2	3	3	8
7	2	2	3	7
8	2	3	2	7
9	2	3	3	8
10	2	2	2	6
insgesamt	12	17	15	44

3.2. Messinstrumente

Zur Messung der muttersprachlichen Leistung wurde ein für alle Klassenstufen und Schulformen einheitlicher deutscher C-Test in zwei Versionen (Form A und Form B) mit jeweils 5 Texten und 20 Lücken pro Text entwickelt. Damit der Test bei den unterschiedlichen Klassenstufen differenzierte Ergebnisse ermöglichte, war er so zu gestalten, dass Schüler der unteren Klassenstufen nicht überfordert und Schüler der höheren Klassenstufen nicht unterfordert wurden. Weiterhin waren bei der Textauswahl die Niveauunterschiede der einzelnen Schulformen zu berücksichtigen.

Zur Lösung dieses Problems wurden neben bereits in früheren Untersuchungen verwendeten Texten, deren Schwierigkeitsgrad ungefähr bekannt war, aus Lehrbüchern verschiedenster Schulstufen und Schulformen zusätzlich acht authentische Texte entnommen. Die auf diese Weise zusammengestellten C-Tests sind als Anhang beigefügt.

Das Validitätskriterium, die letzte Zeugnisnote im Fach Deutsch, wurde nach der jeweiligen Testdurchführung von den Lehrern erfragt. Bei insgesamt fünf Real- und Hauptschülern, die sich neu in den Klassen befanden, konnten von den betreffenden Lehrern keine Notenangaben gemacht werden.

4. Ergebnisse

4.1. Die Reliabilität der verwendeten C-Tests

Zunächst wurden die Reliabilitäten der beiden Testversionen separat für die Klassenstufen und die drei Schulformen, sowie für die Schulformen insgesamt mit Cronbachs Alpha geschätzt. Die Ergebnisse sind in Tabelle 3 aufgeführt. Bis auf die drei markierten Werte sind alle Teilgruppen-Reliabilitätskoeffizienten hinreichend hoch.

Tabelle 3: Reliabilitätskoeffizienten (Cronbachs Alpha) der beiden Testformen

Klassen-Stufe	Gymnasium		Realschule		Hauptschule	
	Form A r_{tt}	Form B r_{tt}	Form A r_{tt}	Form B r_{tt}	Form A r_{tt}	Form B r_{tt}
5	.57 (n=29)	.87 (n=30)	.83 (n=47)	.76 (n=51)	.75 (n=19)	.91 (n=16)
6	.79 (n=29)	.79 (n=27)	.61 (n=40)	.80 (n=39)	.91 (n=22)	.74 (n=19)
7	.87 (n=26)	.73 (n=25)	.71 (n=24)	.82 (n=23)	.91 (n=19)	.89 (n=22)
8	.84 (n=27)	.84 (n=24)	.75 (n=38)	.76 (n=40)	.83 (n=19)	.74 (n=20)
9	.79 (n=26)	.78 (n=25)	.71 (n=31)	.80 (n=34)	.89 (n=27)	.82 (n=26)
10	.62 (n=17)	.85 (n=17)	.87 (n=18)	.71 (n=20)	.82 (n=14)	.79 (n=15)
gesamt	**.89** (n=154)	**.90** (n=148)	**.91** (n=198)	**.89** (n=207)	**.92** (n=120)	**.87** (n=118)

4.2. Die Parallelität der beiden Testformen

Tabelle 4 enthält verschiedene Verteilungskennwerte der beiden Testformen in der Gesamtgruppe. Aus Tabelle 4 wird deutlich, dass nicht nur die Reliabilitätskoeffizienten fast identisch sind, sondern auch die Mittelwerte und Standardabweichungen. Der Mittelwertsunterschied von .5 Punkten ist nicht signifikant (t-Test, p = .889). Des weiteren sind die Schiefe und der Exzess in beiden Verteilungen nahezu gleich. Auch ein Vergleich der Mittelwerte und Standardabweichungen innerhalb der einzelnen Schulformen (siehe Tabelle 5) bekräftigt das vorher gezeigte Ergebnis, das auf der Gesamtstichprobe basiert.

Tabelle 4: Verteilungskennwerte der beiden Testformen

Kennwerte	Form A	Form B
Stichprobenumfang n	472	473
Mittelwert $\bar{x}$	64.4	63.9
Standardabweichung s	20.9	20.8
Schiefe S	–.49	–.36
Exzess E	–.57	–.69
Reliabilität r_{tt}	.93	.92

Tabelle 5: Mittelwerte ($\bar{x}$) und Standardabweichungen (s) der beiden Testformen und des Tests insgesamt in den einzelnen Schulformen

	Gymnasium ($n = 310$)		Realschule ($n = 446$)		Hauptschule ($n = 295$)	
	$\bar{x}$	s	$\bar{x}$	s	$\bar{x}$	s
Form A	77.8	14.0	63.3	18.4	49.0	21.1
Form B	77.5	15.2	62.9	18.8	48.6	19.2
Gesamt	77.6	14.6	63.1	18.6	48.8	20.1

Aufgrund dieser Ergebnisse können beide Testformen als hinreichend parallel angesehen werden. Es wird daher in der nachfolgenden statistischen Analyse nicht mehr zwischen Form A und B unterschieden, sondern es werden die Werte der beiden Formen zusammen betrachtet.

4.3. C-Test-Leistung und Klassenstufe

Tabelle 6 enthält die Mittelwerte und Standardabweichungen der C-Tests für die einzelnen Klassenstufen und die drei Schulformen sowie für die Gesamtwerte.

Tabelle 6: Mittelwerte ($\bar{x}$) und Standardabweichungen (s) des C-Tests in Abhängigkeit von Schulstufe und Schulform

Stufe	Gymnasium ($n = 302$)		Realschule ($n = 405$)		Hauptschule ($n = 238$)		gesamt ($n = 945$)	
	$\bar{x}$	s	$\bar{x}$	s	$\bar{x}$	s	$\bar{x}$	s
5	60.1	13.3	46.2	12.9	27.1	14.1	**46.9**	17.3
6	75.7	10.7	49.9	12.7	36.3	16.2	**54.9**	19.9
7	75.0	11.4	69.6	13.1	47.6	16.9	**65.1**	17.9
8	83.9	10.2	71.3	12.8	55.6	14.5	**71.5**	16.1
9	88.3	7.2	77.6	11.2	61.4	16.6	**75.7**	16.2
10	89.9	7.1	84.2	8.9	62.4	15.7	**79.9**	15.6
gesamt	**77.6**	14.6	**63.1**	18.6	**48.8**	20.1	64.1	20.9

Für diese Daten wurde zunächst eine zweifache Varianzanalyse (siehe z.B. Bortz, 1999) durchgeführt. Sowohl die beiden Hauptwirkungen als auch die Wechselwirkung waren signifikant ($p = .000$). Die partiellen Effektstärken waren für den Faktor Schulform $\eta^2 = .44$, für den Faktor Klassenstufe $\eta^2 = .46$ und für die Wechselwirkung $\eta^2 = .05$. Schulform und Klassenstufe klären also ungefähr gleich viel Varianz der Testleistung auf. Die Wechselwirkung zwischen

Schulform und Klassenstufe ist zwar signifikant, aber praktisch ohne Bedeutung.

Für eine genauere Analyse der Daten in Tabelle 6 sollen zunächst die Ergebnisse für die Gesamtstichprobe in den letzten Spalten betrachtet werden. Die Mittelwerte steigen wie erwartet von Klassenstufe zu Klassenstufe an (siehe Abbildung 1).

Allerdings ergaben die Scheffé-Tests, die im Anschluss an die Varianzanalyse durchgeführt wurden, dass nur die Mittelwertsunterschiede zwischen den Klassenstufen 5, 6, 7 und 8 signifikant sind ($p = .000$), die Mittelwertsunterschiede zwischen den Klassenstufen 8 und 9 ($p = .09$) und 9 und 10 ($p = .25$) nicht. Diese Differenzen deuten zwar ebenfalls tendenziell auf einen Leistungsanstieg hin, können aber durchaus noch zufällig zustande gekommen sein.

Abbildung 1 sowie die Ergebnisse der Scheffé-Tests geben zu der Vermutung Anlass, dass die in der Literatur aufgestellte Linearitätshypothese überdacht werden sollte. Möglicherweise liegen aber noch andere Gründe für das Abflachen des Leistungsverlaufs vor, wie z.B. ein Deckeneffekt.

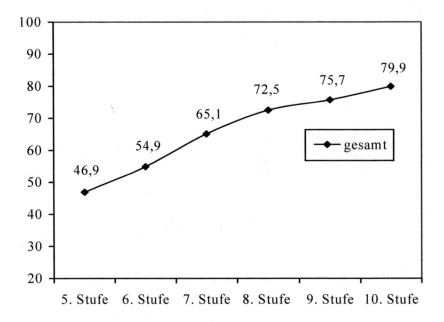

Abbildung 1: C-Test-Mittelwerte in Abhängigkeit von der Klassenstufe

4.4. C-Test-Leistung und Schulform

Als nächstes seien in Tabelle 6 die Mittelwerte für die drei Schulformen betrachtet. In allen Klassenstufen sind die Werte der Gymnasiasten am höchsten, die der Hauptschüler am niedrigsten. In Abbildung 2 werden diese Ergebnisse dargestellt.

Überprüft man innerhalb einer jeden Klassenstufe die Signifikanz der Unterschiede mittels Scheffé-Tests, so sind alle Differenzen signifikant ($p = .000$) mit Ausnahme der Mittelwertsunterschiede zwischen Realschülern und Gymnasiasten in der 7. und 10. Klassenstufe ($p = .16$ und $p = .09$).

Abgesehen von den wohl zufälligen Unregelmäßigkeiten im Kurvenverlauf in der 7. Klassenstufe zeigt sich sowohl für die Hauptschule als auch für das Gymnasium wiederum ein leicht von der Linearität abweichender, negativ beschleunigter Verlauf.

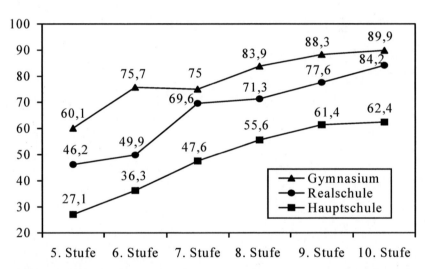

Abbildung 2: C-Test-Mittelwerte in Abhängigkeit von der Klassenstufe für die drei Schulformen

Das Leistungsgefälle Gymnasium, Realschule, Hauptschule ist auf jeder einzelnen Stufe vorhanden. Bereits in der 5. Klassenstufe besteht eine große Diskrepanz in den C-Test-Leistungen, die bis zur 10. Klassenstufe praktisch konstant bleibt. Die Schüler des Gymnasiums erreichen schon in der 5. Klassenstufe ein Testergebnis von 60.1, das von den Hauptschülern erst in der 9. Klassenstufe mit 61.4 Punkten erreicht wird. Diese Leistungsunterschiede zwischen den drei Schulformen sind so deutlich, dass diese Variable bei der Diskussion der Abhängigkeit der C-Test-Leistung vom Alter bzw. der besuchten Klassenstufe als Moderatorvariable herangezogen werden sollte.

4.5. Die Übereinstimmungsvalidität der C-Tests

Die Deutschnoten wurden zeitgleich mit den Testergebnissen erhoben. Zu insgesamt fünf Real- und Hauptschülern, die sich neu in den Klassen befanden, konnten von den betreffenden Lehrern keine Notenangaben gemacht werden. Demnach bezieht sich die Abschätzung der Validität auf einen Stichprobenumfang von 940 deutschen Schülern.

Tabelle 7 zeigt die Ergebnisse der Validierung getrennt nach Klassenstufe und Schulform. Die Stichprobenumfänge sind in Klammern angegeben.

Die Korrelationskoeffizienten wurden zunächst in jeder einzelnen Klasse bestimmt und dann mit Hilfe der z-Transformation gemittelt. Die negativen Vorzeichen kommen durch das in Deutschland übliche Notensystem zustande, wonach eine gute Leistung einer numerisch niedrigen Note entspricht.

Tabelle 7: Übereinstimmungsvalidität (r_{tc}) des C-Tests mit der Deutschnote als Kriterium

Klassenstufe	Gymnasium (n=302) r_{tc}	Realschule (n=402) r_{tc}	Hauptschule (n=236) r_{tc}	Gesamt (n=940) r_{tc}
5	−.68 (n=59)	−.47 (n=97)	−.46 (n=35)	**−.54** (n=191)
6	−.49 (n=56)	−.32 (n=79)	−.71 (n=40)	**−.47** (n=175)
7	−.41 (n=51)	−.59 (n=45)	−.31 (n=41)	**−.45** (n=137)
8	−.16 (n=51)	−.41 (n=78)	−.17 (n=38)	**−.29** (n=167)
9	−.24 (n=51)	−.35 (n=65)	−.39 (n=53)	**−.33** (n=169)
10	−.32 (n=34)	−.45 (n=38)	−.21 (n=29)	**−.34** (n=101)
Gesamt	−.41 (n=302)	−.42 (n=402)	−.40 (n=236)	−.40 (n=940)

Zur Überprüfung des Zusammenhangs zwischen Übereinstimmungsvalidität und Klassenstufe sei die letzte Spalte in Tabelle 7 betrachtet. Es zeigt sich ein deutlicher Abfall der Validitäten von der 7. zur 8. Klasse. Während die Werte in den drei unteren Klassen der Sekundarstufe I mit $r_{tc} = -.54$, $r_{tc} = -.47$ und $r_{tc} = -.45$ noch eine mittlere Höhe erreichen, sind sie in der 8., 9. und 10. Klasse mit $r_{tc} = -.29$, $r_{tc} = -.33$ und $r_{tc} = -.34$ merklich niedriger. Dieser Verlauf ist im Gymnasium und in der Hauptschule ähnlich, in der Realschule nicht ganz so deutlich. Dieses Ergebnis lässt vermuten, dass muttersprachliche C-Tests bei älteren Schülern möglicherweise etwas Anderes messen als bei jüngeren.

5. Diskussion

5.1. Testleistung und Klassenstufe

Wie in Abschnitt 4.3 gezeigt werden konnte, steigt sowohl in der Gesamtstichprobe als auch in den drei Teilgruppen die durchschnittliche Testleistung mit der Klassenstufe an. Allerdings scheint dieser Zusammenhang nicht linear zu sein, wie in früheren Untersuchungen vermutet wurde, sondern eher leicht negativ beschleunigt. Die Annahme, dass die Sprachleistung und damit die Sprachkompetenz mit dem Lebensalter immer weiter linear ansteigt, ist auch wenig plausibel.

Bei der Suche nach einem passenderen Wachstumsmodell sind wir von folgenden sehr einfachen und globalen Annahmen ausgegangen:

- Beim Spracherwerb werden neue morphologische, syntaktische und lexikalische Elemente aufgenommen und mit den bereits vorhandenen Elementen verknüpft.
- Je mehr Elemente bereits vernetzt sind, desto länger dauert die Einordnung und Verknüpfung eines neuen Elementes.
- Deshalb können in einer Zeiteinheit immer weniger Elemente verarbeitet werden.
- Damit ist der Lernzuwachs pro Zeiteinheit umgekehrt proportional zu der Menge der bereits erworbenen Elemente und damit zur vorhandenen Sprachkompetenz.

Diese sehr groben und vereinfachten Überlegungen führen zu der folgenden Differentialgleichung:

$$\frac{dx}{dt} = \frac{c}{x}.$$

In dieser Gleichung bedeuten x die Gesamtmenge der gelernten Elemente, t die Zeit und c eine Konstante. Löst man diese Gleichung auf (z.B. Collatz, 1990), so folgt

$$x = b\sqrt{t} + a.$$

Dabei sind a und b wiederum Konstanten. Diese lassen sich aus einem gegebenen Datensatz leicht bestimmen, indem man die Variable t wurzeltransformiert und so zu einer linearen Gleichung kommt.

Wenn man für x die Leistung im C-Test C und für t die Klassenstufe K einsetzt, dann ergeben sich für den Zusammenhang zwischen Testleistung und Klassenstufe (natürlich nur für $K > 0$) die beiden folgenden Modelle:

Lineares Modell

$$C = bK + a,$$

Wurzelmodell

$$C = b\sqrt{K} + a.$$

Um zu entscheiden, welches Modell besser den Daten entspricht, wurde eine regressionsanalytische Modellanpassung durchgeführt (siehe dazu z.B. Grotjahn, 1992). Zur Überprüfung der Signifikanz kann dabei ein F-Wert mit einer bestimmten Zahl von Freiheitsgraden bestimmt werden. Außerdem ergibt sich ein Korrelationskoeffizient r.

Zusätzlich wurde mittels der Regressionsgleichung für beide Modelle durch Extrapolation bestimmt, in welcher Klassenstufe im Durchschnitt alle Items des Tests richtig bearbeitet werden, also $C = 100$ gilt, und welches die erwartete Testleistung in der 1. Klasse, also bei Beginn des Schreib-Lese-Prozesses in der Muttersprache ist. Die Ergebnisse sind in Tabelle 8 zusammengestellt.

Tabelle 8: Ergebnisse der Anpassungsprüfungen

	Lineares Modell	**Wurzelmodell**
Gleichung	$C = 6.9\,K + 14.2$	$C = 37.1\sqrt{K} - 35.1$
F-Wert	410.5	417.9
Zahl der Freiheitsgrade	1; 943	1; 943
Signifikanz	$p = .000$	$p = .000$
R	.55	.55
Klassenstufe mit $C = 100$	12.5	13.3
Durchschnittsleistung in der 1. Klassenstufe	$C = 23$	$C = 2$

Formal scheinen die beiden Modelle gleichwertig zu sein, inhaltlich ist dem Wurzelmodell aus zwei Gründen der Vorzug zu geben:
- Es besitzt eine bessere theoretische Fundierung.
- Die Extrapolation der Testleistung für den Beginn des Schriftsprachenerwerbs ist plausibler.

Diese Interpretation der Ergebnisse wirft jedoch eine Reihe von Fragen auf, auf die im Folgenden kurz eingegangen wird.

Deckeneffekt

Für das Abflachen des Verlaufs der Testleistungen könnte ein Deckeneffekt verantwortlich sein, da der Test möglicherweise für Gymnasiasten der 10. Klasse zu leicht war. Besonders sprachbegabte Schüler hätten in der vorgegebenen Zeit sicher noch mehr Lücken ausfüllen können. Zur Prüfung dieser Vermutung wurde ermittelt, wie viele Schüler der 10. Klasse das Maximum von 100 Punkten erreicht hatten. Tabelle 9 enthält die Ergebnisse.

Tabelle 9: Vorkommen von hohen Testleistungen in den drei Schulformen

	Gymnasium	Realschule	Hauptschule
95 Punkte	3	2	0
96 Punkte	2	3	0
97 Punkte	1	1	0
98 Punkte	2	0	0
99 Punkte	0	0	0
100 Punkte	0	0	0

Die drei besten Hauptschüler hatten 81, 83 und 88 Punkte. Auf Grund dieser Ergebnisse ist ein Deckeneffekt wenig wahrscheinlich. Aber selbst wenn wir annehmen, dass von den 101 Gymnasiasten (siehe Tabelle 7) 10 Schüler durch den Deckeneffekt im Durchschnitt 5 Punkte verloren hätten, würde sich das auf den Gesamtmittelwert dieser Gruppe nur um .5 Punkte auswirken. Diese Gruppe hätte dann anstatt 79.9 Punkten (siehe Tabelle 6) 80.4 Punkte erreicht, was einer Steigerung von .6% entspräche.

Zu wenig Klassenstufen

Die beiden Modellfunktionen beziehen sich zwar auf eine hinreichend große Zahl von Messwerten, aber nur auf 6 Klassenstufen, also auf 6 Stufen der unabhängigen Variablen. Unter diesen Umständen sind Extrapolationen sehr gewagt, und es lassen sich sicherlich noch andere Modelle finden, die diesen Daten ent-

sprechen. Es wäre notwendig, auch ältere Schüler und junge Erwachsene in die Untersuchung einzubeziehen.
Dabei entstehen aber zwei Probleme:
- Hauptschule und Realschule sind nach der 10. Klasse, das Gymnasium nach der 13. Klasse abgeschlossen. Da dann keine Klassenverbände mehr bestehen, ist es sehr schwer, wenn nicht sogar unmöglich, vergleichbare Teilgruppen zusammenzustellen. Höchstens für die Gruppe der Gymnasiasten wären Studentengruppen aus verschiedenen Semestern eine Erweiterungsmöglichkeit.
- Die C-Tests werden für höhere Altersgruppen zu leicht. Hier ist sicher mit einem Deckeneffekt zu rechnen. Wählt man aber für unterschiedliche Altersgruppen unterschiedlich schwere C-Tests, dann sind diese nicht mehr – oder über Ankertexte nur sehr bedingt – vergleichbar. Ein möglicher Ausweg aus diesem Dilemma könnte darin bestehen, die Bearbeitungszeit für jeden einzelnen Text des C-Tests stark zu begrenzen, was nach Sternberg (1999) die Schwierigkeit und die Reliabilität der Tests steigern kann.

Zu große Variabilität in den Klassenstufen

Die Schüler in jeder Klassenstufe kommen aus allen drei Schulformen mit unterschiedlichen Durchschnittsleistungen. Dadurch wird die Variabilität in jeder Teilgruppe erhöht, was die Güte der Modellanpassung negativ beeinflusst. Da sich bei der zweifachen Varianzanalyse (siehe Abschnitt 4.3) gezeigt hat, dass die Wechselwirkungen zwischen Klassenstufe und Schulform vernachlässigt werden können, ist es möglich, die Schulform als Moderatorvariable aufzufassen und den jeweiligen Einfluss durch Addition einer Konstante zu dem jeweiligen Messwert zu korrigieren. Die entsprechenden Korrekturwerte ergeben sich aus den Differenzen der Spaltendurchschnitte in Tabelle 6.

Die schulformbereinigten C-Testwerte haben dann in der Gesamtstichprobe nur noch eine Standardabweichung von $s = 17.8$ im Gegensatz zu $s = 20.9$ ohne Korrektur.

Bei der Überprüfung der Güte der Anpassung für das lineare Modell und das Wurzelmodell für die **bereinigten** Testergebnisse ergaben sich die in Tabelle 10 aufgeführten Werte. Die Modellanpassung ist in beiden Fällen deutlich besser geworden, aber formal sind beide Modelle immer noch gleichwertig.

Tabelle 10: Ergebnisse der Anpassungsprüfungen für die **bereinigten** Testergebnisse

	Lineares Modell	Wurzelmodell
***F*-Wert**	784.5	802.9
Zahl der Freiheitsgrade	1; 943	1; 943
Signifikanz	$p = .000$	$p = .000$
R	.67	.68

Konfundierung von Alter und Klassenstufe

Dieses Problem tritt immer dann auf, wenn man, wie bei dieser und bei den früheren Untersuchungen, ganze Klassen testet, sich aber eigentlich für das Lebensalter als unabhängiger Variable interessiert. Die Schüler einer Klassenstufe stammen immer aus mehreren Altersjahrgängen. Jüngere Schüler sind vorzeitig eingeschult worden, ältere Schüler mussten das Schuljahr wiederholen. Bei der von uns durchgeführten Studie befanden sich in jeder Klassenstufe vier Altersjahrgänge, und zwar in allen drei Schulformen.

Das wäre unproblematisch, wenn sich die Altersgruppen innerhalb der Klassenstufen statistisch genauso verhielten wie die Gesamtgruppe. Leider ist das nicht der Fall. Während in der Gesamtgruppe Alter und Testleistung zu $r = +.47$ korrelieren, sind diese Korrelationen in den Klassenstufen ausnahmslos negativ. Sie liegen zwischen $r = -.02$ und $r = -.35$ und sind für die Klassenstufen 5, 6 und 7 signifikant. Die Interpretation liegt auf der Hand: Ältere Schüler mussten oft wegen schlechter Leistungen im Deutschunterricht die Klasse wiederholen, und begabte Schüler wurden vorzeitig eingeschult.

Diese im Vergleich zur Gesamtgruppe gegenläufigen Beziehungen reduzieren natürlich die Korrelationen in der Gesamtstichprobe und erhöhen die Fehlervarianz bei der Modellanpassung.

Zur Lösung dieses Problems wäre es naheliegend, bei klassenweisen Testdurchführungen diejenigen Schüler bei der Verarbeitung der Daten auszuschließen, die für diese Klassenstufe zu jung oder zu alt sind. Damit würde man aber die Stichproben verzerren und im Endeffekt die Ergebnisse manipulieren.

Der einzig richtige, aber nicht realisierbare Weg wäre der, für ein entsprechendes Design einfache Zufallsstichproben von einzelnen Schülern aus der jeweiligen Altersgruppe zu ziehen und auf „geklumpte" Stichproben zu verzichten.

Querschnittstudie anstatt Längsschnittstudie

Für die Untersuchung der Abhängigkeit der Testleistung vom Lebensalter bzw. von der Klassenstufe wäre eigentlich eine Längsschnittstudie notwendig gewesen. Eine solche Untersuchung ist aber aus einer Reihe von Gründen nicht realisierbar. Z.B. können Tests nicht unter denselben Bedingungen über Jahre hinweg an denselben Personen wiederholt werden; durch die *experimental mortality* wird die Stichprobe im Laufe der Jahre immer verzerrter und immer weniger repräsentativ, es gibt zunehmend Wechselwirkungen zwischen den Testdurchführungen und der Veränderung der Zielvariable, und der organisatorische und technische Aufwand über Jahre hinweg ist einfach zu groß.

Aus diesem Grunde ist es üblich, eine Längsschnittstudie durch eine Reihe von Querschnittstudien zu ersetzen. Diese Vorgehensweise ist jedoch nur dann sinnvoll, wenn die einzelnen Teilgruppen vergleichbar sind. Eine Voraussetzung dafür ist die räumliche und zeitliche Nähe der Stichproben, das **gemeinsame Schicksal.**

Diese Bedingung scheint bei der vorliegenden Untersuchung gegeben zu sein.

Fehlende Repräsentativität der Stichprobe

Die Untersuchungsstichprobe ist eine so genannte anfallende Stichprobe, die keinen Anspruch auf Repräsentativität erhebt. Beteiligt waren nur drei Schulen aus zwei benachbarten Städten. Schüler aus der Realschule waren überrepräsentiert. Aus diesem Grund sollte man bei der Verallgemeinerung von Einzelergebnissen dieser Studie sehr vorsichtig sein und die ganze Untersuchung eher als eine Pilotstudie mit einem methodischen Schwerpunkt einschätzen.

5.2. Testleistung und Schulform

Für die Interpretation der Unterschiede der Testergebnisse zwischen den drei Schulformen Gymnasium, Realschule und Hauptschule bietet sich als Hypothese an, dass Hauptschulen häufiger von Schülern und Schülerinnen aus den unteren sozialen Schichten, Gymnasien eher von Schülern und Schülerinnen aus den oberen sozialen Schichten besucht werden. Die Realschule nimmt in dieser Hinsicht eine Zwischenstellung ein. Allerdings sind entsprechende aktuelle Zahlen nicht verfügbar. Zum einen ist es heute sehr viel schwieriger, den Sozialstatus zu operationalisieren. Der Beruf des Vaters, der in manchen Skalen der einzige Indikator war, reicht sicher nicht mehr aus. Zum anderen werden bei empirischen Untersuchungen an Schulen relevante Daten aus Gründen des Datenschutzes nicht mehr weitergegeben.

Wenn man aber diese Hypothese zugrunde legt, kann man den englischen Soziologen Basil Bernstein mit seiner *Theorie der linguistischen Codes* heranziehen. Wie schon in Abschnitt 2.2 ausgeführt, postulierte er den *elaborierten* Code der Mittel- und Oberschicht und den *restringierten* Code der Unterschicht. Der *restringierte* Unterschicht-Code hat kurze oft unfertige Sätze, eine dürftige Syntax, unterscheidet nicht klar zwischen Begründung und Folgerung und bleibt relativ kontextgebunden. Die Sprache der sozioökonomisch niederen Schichten wird von Bernstein auch „öffentliche" Sprache genannt, da der Sprechende sich bestimmter allgemeiner schichtspezifischer Redewendungen bedient und in dieser Sprachform die individuelle Eigenart nicht ausgedrückt werden kann.

Der *elaborierte* Sprachcode zeichnet sich nicht nur durch Unterschiede im Wortschatz und Satzbau aus, sondern er bietet auch mehr Chancen für individuelle kreative Äußerungsmöglichkeiten. Er kann insgesamt als „persönlicher" charakterisiert werden und lässt eine größere Differenzierung sozialer, aber auch biologischer Beziehungen zu (Bernstein, 1972). Die beiden soziolinguistischen Codes leiten sich aus der Sprache als Folge von Regeln ab. Genauer gesagt, die Sozialstruktur beeinflusst die Art und Weise, wie ein Sprecher oder auch Hörer die im sprachlichen Regelsystem liegenden Möglichkeiten auswählt und als Sprechweise realisiert. Bernstein (1972, S. 159) spricht bei diesem Vorgang von „verbaler Planung". Zwei unterschiedliche soziale Schichten bewirken zwei voneinander verschiedene Planungsstrategien, die wiederum zwei unterschiedliche Sprechweisen bestimmen. Bestärkend wirken diese Sprechweisen, gleichsam als Rückkopplung, auf die Sozialstruktur ein.

Abbildung 3 soll diesen Zusammenhang verdeutlichen (entnommen aus Dittmar, 1973, S. 12; s. folgende Seite). Aus der Abbildung ist zu erkennen, dass die soziale Schichtenzugehörigkeit zum einen die Ausgestaltung des sprachlichen Regelsystems (bestehend aus Satzbau und Wortschatz) beeinflusst (I) und zum anderen noch wesentlich intensiver auf die Sprachplanung einwirkt, d.h. auf das, was der Sprecher äußern **will** und **kann** (II). Daraus ergibt sich die jeweilige Sprechweise, also das, was der Sprecher tatsächlich **äußert** (III). Von den Sprechweisen geht der Einfluss wieder auf die gesellschaftliche Schicht des Sprechers aus. Die Sprechweise wird dadurch stets neu stabilisiert.

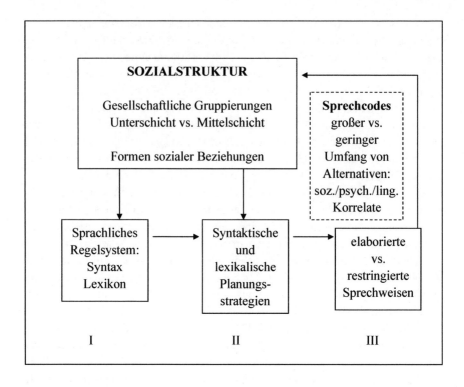

Abbildung 3: Sozialstruktur und Sprachcodes (nach Bernstein)

Die sprachlichen Unterschiede ergeben sich aus verschiedenen Erziehungsstilen, Erziehungszielen und bestimmten Kommunikationsformen. Insgesamt ist in Unterschichtfamilien eine allgemein geringere verbale Interaktion zu finden. Auf sprachliche Äußerungen des Kindes wird weniger korrigierend oder verstärkend eingegangen. Mit autoritärer Erziehungspraxis und mit Befehlen wird die Anpassung und der Gehorsam des Kindes erreicht. In den sozial gehobenen Schichten hingegen zeigen die Eltern meist eine duldsamere Haltung gegenüber den kindlichen Bedürfnissen und Verhaltensweisen. Sie wollen das Kind eher mittels Appell an dessen Vernunft und Wissen und unter Androhung von Liebesentzug zu einem sich selbst kontrollierenden Menschen erziehen.

Der Schulerfolg kann für Bernstein unmittelbar auf unterschiedliche sprachliche Kompetenz zurückgeführt werden. Kinder aus der Unterschicht sind in der Schule aufgrund ihrer schichtspezifischen sprachlichen Möglichkeiten benachteiligt. Die Schule als Institution entspricht den gesellschaftlichen Vorstellungen und Normen der Mittelschicht. Für die Kinder der Unterschicht können diese

Sprachbarrieren nur überwunden werden, wenn sie sich den elaborierten Code aneignen.

In den 60er Jahren wurden, vor allem in den USA, aber auch in Deutschland, Programme für „kompensatorische Spracherziehung" entwickelt und erziehungspolitisch gefördert.

In der deutschen Soziologie haben sich zuerst Roeder (1965) und Oevermann (1972) mit Bernsteins Thesen auseinandergesetzt. Beide haben in eigenen, voneinander unabhängigen empirischen Untersuchungen die Abhängigkeit zwischen sozialer Schicht, sprachlichem Verhalten und Schulerfolg grundsätzlich bestätigt.

Die wissenschaftliche Diskussion der Defizit-Hypothese ist jedoch überwiegend kritisiert worden (vgl. Linke, Nussbaumer & Portmann, 1996). Der amerikanische Soziolinguist William Labov (1976) stellte der Defizit-Hypothese eine „Differenz-Konzeption" gegenüber. Er betonte, dass die Unterschiede im Sprachgebrauch nicht als Mängel interpretiert werden dürfen, sondern lediglich als Andersartigkeit. Die Differenz-Hypothese geht nicht von vorgefertigten Normen aus, sondern sucht solche sozial bedingten tatsächlichen Sprachnormen herauszufinden und zu beschreiben.

Förderungsprogramme im Sinne der Differenz-Konzeption zielen nicht auf das Antrainieren eines neuen Sprachcodes ab. Vielmehr erscheint es wichtig, das Verständnis der Erzieher und Lehrer für die spezifische Erfahrungswelt dieser Kinder zu erweitern. Erst wenn sich die Kinder verstanden und angenommen fühlen, können sie sich neuen Erfahrungen gegenüber aufgeschlossen zeigen und neue Dinge aufnehmen und lernen. Zur Auseinandersetzung mit den durch die Schulinstitution vertretenen Normen der Mittelschicht gehört primär die Entwicklung eines selbstbewussten Gefühls der Herkunft und Schichtenzugehörigkeit.

Wie immer man zu Bernsteins Annahme eines Defizits oder zu Labovs Differenz-Konzeption steht, man muss von einem Einfluss von soziokulturellen und sozioökonomischen Faktoren auf die Sprachentwicklung beim Kinde ausgehen. Aus diesem Grunde musste mit systematischen Unterschieden in den C-Test-Leistungen von Schülern und Schülerinnen aus den drei Schulformen gerechnet werden.

Etwas bedrückend ist nur, dass diese Unterschiede über alle untersuchten Klassenstufen konstant sind, trotz „kompensatorischer" Spracherziehung und individueller Sprachförderung. Gründe dafür wären vielleicht in einer kritischen Analyse der Schulpraxis zu suchen.

5.3. Übereinstimmungsvalidität und Klassenstufe

Validitätskoeffizienten sagen **formal** nur aus, dass Test und Kriterium kovariieren, und **inhaltlich**, dass Test und Kriterium dasselbe Merkmal messen. Was gemessen wird, muss auf andere Weise erschlossen werden. Ein niedriger Validitätskoeffizient weist allerdings nicht nur auf eine geringe Übereinstimmung hin, sondern kann auch durch eine zu niedrige Reliabilität oder durch eine zu geringe Variabilität von Test und/oder Kriterium bedingt sein.

Bei der vorliegenden Untersuchung hat sich ein Absinken der Übereinstimmungsvalidität mit der Deutschnote als Kriterium von der 7. zur 8. Klasse ergeben. Da Testergebnisse und Noten in allen untersuchten Klassen hinreichend streuen, der C-Test in fast allen untersuchten Teilgruppen hinreichend reliabel ist (siehe Tabelle 3) und es unwahrscheinlich ist, dass die Reliabilität der Deutschnoten in der 5. bis 7. Klasse hoch, in der 8. bis 10. Klasse niedrig ist, bleibt als Erklärung nur die Hypothese, dass muttersprachliche C-Tests in der ersten Phase der Sekundarstufe I eher unterrichtsrelevante sprachliche Fähigkeiten und Fertigkeiten messen, die auch der Lehrer in seiner Note beurteilt, in der zweiten Phase jedoch nicht mehr. Was messen muttersprachliche C-Tests aber dann?

Eine Antwort auf diese Frage liefert vielleicht die Studie von Kesper (1995). Kesper untersuchte im Rahmen ihrer Staatsexamensarbeit zum Thema „Konstruktvalidierung von muttersprachlichen C-Tests" Zusammenhänge zwischen einem muttersprachlichen C-Test (B), Schulnoten und verschiedenen Intelligenzwerten bei Schülern der 6. Klasse eines Gymnasiums und Studenten. Ihre Daten wurden um Ergebnisse, die in einer vergleichbaren Stichprobe mit einem parallelen C-Test (A) durch van den Bruck durchgeführt wurden (unveröffentlichte Studie), ergänzt.

In Tabelle 11 sind die Validitätskoeffizienten zu den Kriterien Deutschnote und Verbalintelligenz, die aus zwei Untertests des LPS von Horn (1983) geschätzt wurde, zusammengestellt. Wie aus Tabelle 11 ersichtlich, ist die Korrelation zwischen C-Test-Leistung und Deutschnote in den beiden Studentenstichproben deutlich niedriger als in der Schülerstichprobe, die Korrelation zur verbalen Intelligenz liegt dagegen in allen drei Stichproben im mittleren Bereich. Daraus lässt sich folgern, dass C-Tests bei Schülern der untersuchten Klassenstufe ungefähr zu gleichen Teilen die durch die Note operationalisierten schulrelevanten Fertigkeiten bzw. Strategien, die von den Lehrern benotet werden, und die verbale Intelligenz messen, während bei Studenten der Anteil verbaler Intelligenz deutlich überwiegt.

Tabelle 11: Übereinstimmungsvaliditäten

Testform	Gruppe	n	Korrelation zur Deutschnote	Korrelation zur verbalen Intelligenz
A	Studenten	113	−.29	.55
B	Studenten	61	−.22	.43
B	Schüler	112	−.55	.65

Gestützt werden diese Ergebnisse noch durch Faktorenanalysen. Es ergaben sich in den drei Gruppen übereinstimmend drei Faktoren – z.T. in unterschiedlicher Reihenfolge, die als Speed, logisches Denken und verbale Intelligenz identifiziert werden konnten. In Tabelle 12 sind die Ergebnisse dieser Analysen ausschnittsweise zusammengestellt, wobei zu kleine Ladungen unterdrückt wurden.

Tabelle 12: Ergebnisse der Faktorenanalysen

Stichprobe	Variable	Speed	Logisches Denken	Verbale Intelligenz
Studenten	C-Test			.84
	Deutschnote			(.24)
Studenten	C-Test			.84
	Deutschnote			(.32)
Schüler	C-Test		.42	.55
	Deutschnote		.44	.39

Diese Ergebnisse lassen sich folgendermaßen interpretieren:
Schüler setzen bei der Bearbeitung von muttersprachlichen C-Tests neben ihrer allgemeinen Sprachkompetenz, die mit ihrer verbalen Intelligenz korreliert (vielleicht sogar mit ihr weitgehend identisch ist), spezielle Verarbeitungsstrategien ein (logisches Denken), die von den Lehrern benotet werden.

Studenten haben den Gebrauch ihrer Muttersprache automatisiert. Das logische Denken spielt höchstens bei sehr schwierigen Texten noch eine Rolle. Sonst ist nur die verbale Intelligenz, die evtl. mit der allgemeinen Sprachkompetenz gleichgesetzt werden kann, von Bedeutung.

Zur Überprüfung dieser Hypothese sind weitere Untersuchungen notwendig. Wenn sich die Ergebnisse bestätigen lassen, könnte man muttersprachliche C-Test, evtl. mit Zeitbegrenzung, bei Erwachsenen als Kurztests zur Messung der verbalen Intelligenz einsetzen.

6. Ausblick

Diese Studie hat mehr Fragen aufgeworfen, als sie beantwortet hat. Weitere Untersuchungen sind notwendig. Insbesondere wäre es notwendig,
- anstelle der Klassenstufe das Lebensalter einzuführen,
- das Lebensalter als unabhängige Variable bis ins Erwachsenenalter zu erweitern,
- weitere Modelle für den Zusammenhang zwischen Testleitung und Alter zu überprüfen,
- den Schwierigkeitsgrad der Tests evtl. durch eine Zeitbegrenzung zu erhöhen und
- den Sozialstatus und die Intelligenz als Moderatorvariable einzubeziehen.

Solche Grundlagenstudien könnten das Wissen um die Konstruktvalidität von muttersprachlichen C-Tests erweitern und bedeutsame Erkenntnisse für die Entwicklungspsychologie, die Sozialpsychologie und die Diagnostik, insbesondere aber die Sprachdiagnostik liefern.

Literaturverzeichnis

Aitchison, Jean. (1982). *Der Mensch – das sprechende Wesen*. Tübingen: Narr.
Ammon, Ulrich. (1977). *Probleme der Soziolinguistik* (2. durchges. und erw. Aufl.). Tübingen: Niemeyer.
Augst, Gerhard. (1978). Einleitung. In Gerhard Augst (Hrsg.), *Spracherwerb von 6 bis 16* (S. 7–13). Düsseldorf: Schwann.
Benninghaus, Hans. (1994). *Einführung in die sozialwissenschaftliche Datenanalyse* (3. überarb. Aufl.). München: Oldenbourg.
Bernstein, Basil. (1972). *Studien zur sprachlichen Sozialisation* (3. Aufl.). Düsseldorf: Schwann.
Bortz, Jürgen. (1999). *Statistik für Sozialwissenschaftler* (5. Aufl.). Berlin: Springer.
Bühler, Charlotte. (1962). *Psychologie im Leben unserer Zeit*. München: Droemer Knaur.
Busemann, Adolf. (1969). Der sprachliche Ausdruck des Schulkindes. In Hermann Helmers (Hrsg.), *Zur Sprache des Kindes* (S. 1–54). Darmstadt: Wissenschaftliche Buchgesellschaft.
Carroll, John B. (1971). Development of native language skills beyond the early years. In Carroll E. Reed (Hrsg.), *The learning of language* (S. 97–156). New York: Appleton-Century-Crofts.
Chomsky, Noam. (1973a). *Aspekte der Syntax-Theorie*. Frankfurt a.M.: Suhrkamp.
Chomsky, Noam. (1973b). *Über Erkenntnis und Freiheit*. Frankfurt a.M.: Suhrkamp.
Chomsky, Noam. (1974). Rezension von Skinners "Verbal Behavior". In Hans Bühler & Günther Mühle (Hrsg.), *Sprachentwicklungstheorie* (S.68–92). Weinheim: Beltz.
Collatz, Lothar. (1990). *Differentialgleichungen*. Teubner: Stuttgart
Debertin, Werner. (1983*). Empirische Untersuchung zu Zusammenhängen zwischen Schwierigkeit, Klassenstufe und Schulform bei ausgewählten deutschen C-Tests*. Universität-Gesamthochschule-Duisburg. Fachbereich 2, Psychologie: Unveröffentlichte Examensarbeit.

Dittmar, Norbert. (1973). *Soziolinguistik. Exemplarische und kritische Darstellung ihrer Theorie, Empirie und Anwendung. Mit kommentierter Bibliographie.* Frankfurt a.M.: Fischer-Athenäum.
Ehlich, Konrad. (1996). Kindliche Sprachentwicklung, ihre Daten und ihre Konzeptualisierungen. In Konrad Ehlich (Hrsg.), *Kindliche Sprachentwicklung. Konzepte und Empirie* (S. 1–16). Opladen: Westdeutscher Verlag.
Grotjahn, Rüdiger. (1992). Evaluating the adequacy of regression models: Some potential pitfalls. In Burghard Rieger (Hrsg.), *Glottometrika* 13 (S. 121–172). Bochum: Brockmeyer.
Grotjahn, Rüdiger. (1995). Der C-Test: State of the Art. *Zeitschrift für Fremdsprachenforschung, 6*(2), 37–60
Grubitzsch, Siegfried. (1991). *Testtheorie – Testpraxis. Psychologische Tests und Prüfverfahren im kritischen Überblick* (voll. überarb. und erw. Neuausgabe). Reinbek bei Hamburg: Rowohlt.
Gummich, Verena. (1997). *C-Test-Leistung, Schultyp, Schulstufe.* Unveröffentlichte Diplomarbeit im 2. Nebenfach Psychologie. Gerhard-Mercator-Universität-GH-Duisburg: Integrierter Studiengang Sozialwissenschaften.
Hetzer, Hildegard & Reindorf, Berta. (1969). Sprachentwicklung und soziales Milieu. In Hermann Helmers (Hrsg.), *Zur Sprache des Kindes* (S. 151–165). Darmstadt: Wissenschaftliche Buchgesellschaft.
Horn, Wolfgang. (1983). *Leistungsprüfsystem (LPS)* (2. Aufl.). Göttingen: Hogrefe
Ingenkamp, Karlheinz. (1995). *Die Fragwürdigkeit der Zensurengebung.* Weinheim: Beltz.
Kesper, Ute. (1995). *Konstruktvalidität von muttersprachlichen C-Tests.* Universität-Gesamthochschule-Duisburg Fachbereich 2: Psychologie. Unveröffentlichte Staatsexamensarbeit.
Klein-Braley, Christine. (1985a). C-Tests and construct validity. In Christine Klein-Braley & Ulrich Raatz (Hrsg.), *Fremdsprachen und Hochschule 13/14: Thematischer Teil: C-Tests in der Praxis* (S. 55–65). Bochum: AKS-Verlag.
Klein-Braley, Christine. (1985b). A cloze-up on the C-Test: A study in the construct validation of authentic tests. *Language Testing, 2,* 76–104
Klein-Braley, Christine. (1994). *Language Testing with the C-Test. A linguistic and statistical investigation into the strategies used by C-Test takers, and the prediction of C-Test difficulty.* Habilitationsschrift Universität Duisburg.
Klein-Braley, Christine & Raatz, Ulrich. (1984). A survey of research on the C-Test. *Language Testing, 1,* 134–146
Labov, William. (1976). *Sprache im sozialen Kontext* (Bd. 1). Kronberg/Ts.: Scriptor.
Lawton, Denis. (1970). *Soziale Klasse, Sprache und Erziehung* (3. Aufl.). Düsseldorf: Schwann.
Lenneberg, Eric H. (1972). *Biologische Grundlagen der Sprache.* Frankfurt: Suhrkamp.
Linke, Angelika, Nussbaumer, Markus & Portmann, Paul R. (1996). *Studienbuch Linguistik* (3. Aufl.). Tübingen: Niemeyer.
Oerter, Rolf. (1976). *Moderne Entwicklungspsychologie* (16. Aufl.). Donauwörth.: Auer.
Oevermann, Ulrich. (1972). *Sprache und soziale Herkunft.* Frankfurt a.M.: Suhrkamp.
Oller, John W. Jr. (1973). Cloze tests of second language proficiency and what they measure. *Language Learning, 23,* 105–118.
Piaget, Jean. (1972). *Sprechen und Denken des Kindes.* Düsseldorf: Schwann.
Raatz, Ulrich. (1985). C-Tests im muttersprachlichen Unterricht. In Christine Klein-Braley & Ulrich Raatz (Hrsg.), *Fremdsprachen und Hochschule 13/14: Thematischer Teil: C-Tests in der Praxis* (S. 66–71). Bochum: AKS-Verlag.
Raatz, Ulrich & Klein-Braley, Christine. (1983). Ein neuer Ansatz zur Messung der Sprachleistung. Der C-Test: Theorie und Praxis. In Ralf Horn, Karlheinz Ingenkamp & Reinhold

Jäger (Hrsg.), *Tests und Trends: Jahrbuch der Pädagogischen Diagnostik* (S. 107–138). Weinheim: Beltz.

Raatz, Ulrich & Klein-Braley, Christine. (1992). *CT-D4 Schulleistungstest Deutsch für 4. Klassen. Beiheft mit Anleitungen und Normtabellen.* Weinheim: Beltz.

Roeder, Peter M. (1965). Sprache, Sozialisation und Bildungschancen. In Peter M. Roeder, Artur Pasdzierny & Willi Wolf (Hrsg.), *Sozialstatus und Schulerfolg* (S. 5–32). Heidelberg: Quelle & Meyer.

Skinner, Burrhus F. (1957). *Verbal behavior.* New York: Appleton-Century-Crofts.

Spitz, René A. (1957). *Nein und Ja. Die Ursprünge der menschlichen Kommunikation.* Stuttgart: Klett.

Steeger, Franz. (1982). *Zur Anwendung des C-Tests im Deutschunterricht in Grund- und Hauptschulen.* Universität-Gesamthochschule-Duisburg. Fachbereich 2: Psychologie. Unveröffentlichte Examensarbeit.

Sternberg, Gerold. (1999). *Zusammenhänge zwischen der Position von Texten und ihrem Schwierigkeitsgrad bei muttersprachlichen C-Tests.* Universität-Gesamthochschule-Duisburg. Fachbereich 2: Psychologie. Unveröffentlichte Examensarbeit.

Szagun, Gisela. (1993). *Sprachentwicklung beim Kind. Eine Einführung* (5. Aufl.). Weinheim: Psychologie Verlags Union.

Tietjen, Holger. (1988). *Die Sprache der Schüler im Spiegel narrativer Aufsätze*: Eine vergleichende Untersuchung von Schüleraufsätzen der Schuljahrgänge 5 bis 7 (Orientierungsstufe und Hauptschule in Niedersachsen). Essen: Die blaue Eule.

Trautner, Hanns M. (1991). *Lehrbuch der Entwicklungspsychologie. Bd. 2: Theorien und Befunde.* Göttingen: Hogrefe.

Wagner, Klaus R. (1996). Die Bedeutung des Korpus für die Theorie des Spracherwerbs. In Konrad Ehlich (Hrsg.), *Kindliche Sprachentwicklung. Konzepte und Empirie* (S. 135–158). Opladen: Westdeutscher Verlag.

Zimbardo, Philip G. (1983). *Psychologie* (4. neubearb. Aufl.). Berlin: Springer.

Zimmer, Dieter E. (1995). *So kommt der Mensch zur Sprache* (2. Aufl.). München: Heyne.

Anhang

Text A 1
Das war eine schwere Zeit für die Tiere der Gegend. D_ie_ kleineren erfr_oren_ in Men_gen_, auch Vö_gel_ erlagen d_em_ Frost, u_nd_ die hag_eren_ Leichname fie_len_ den Habi_chten_, Wölfen u_nd_ Raben z_ur_ Beute. Ab_er_ auch die_se_ litten furc_htbar_ an Fr_ost_ und Hun_ger_. Es leb_ten_ einige Wolfsfa_milien_ dort, u_nd_ die Na_cht_ trieb sie zu engerem Verband. Tagsüber gingen sie einzeln aus.
Die Literaturangabe ist nicht bekannt.

Text A 2
Ich befand mich im Olympos-Gebirge in Griechenland und wanderte von einem Mandri zum anderen. Mandri ne_nn_ man do_rt_ die m_it_ Hürden umgeb_enen_ Rastplätze d_er_ Herden. Ei_ne_ aus Ste_inen_ errichtete kle_ine_ Hütte f_ür_ den Hir_ten_ ist meis_tens_ auch dab_ei_, sowie e_in_ aus umgestü_rzten_ Bäumen ein_fach_ genug hergeric_htetes_ Schutzdach, m_it_ Reisig od_er_ Steinschindeln flüc_htig_ gedeckt, da_mit_ bei schlechtem Wetter die vielen Ziegen oder Schafe einen Unterschlupf haben. Hier überwintern die Tiere.
Windrose – 5. und 6. Schuljahr (1968). Münster: Aschendorfsche Verlagsgesellschaft (S. 90).

Text A 3
Forscher, die die Körperhaltung ihrer Mitmenschen genau beobachtet haben, sind zu dem Ergebnis gekommen, daß sich Frauen und Männer unterschiedlich bewegen. Sie ler_nen_ das v_on_ Kind a_uf_ an. Ihre untersch_iedliche_ Körperhaltung i_st_ Ausdruck ih_rer_ unterschiedlichen Rol_len_. Eine Fr_au_ und e_in_ Mann, d_ie_ gleich gekl_eidet_ wären u_nd_ ähnliche Fris_uren_ und gle_iche_ Umrisse hät_ten_, wären den_noch_ auf d_en_ ersten Bl_ick_ sofort a_ls_ Frau u_nd_ Mann zu unterscheiden. Ihre Körper signalisieren „Weiblichkeit" und „Männlichkeit".
Miteinander sprechen – 8, Schuljahr (1992). Braunschweig: Westermann (S. 39).

Text A 4
Auf den Hochglanzseiten der Reisekataloge ist die Welt noch in Wort und Bild in Ordnung. Vorsicht i_st_ jedoch angeb_racht_. Die Werbet_exter_ haben ei_ne_ eigene Katalogs_prache_ entwickelt, d_ie_ entschlüsselt se_in_ will. Spr_icht_ der Kata_log_ zum Beis_piel_ von ei_ner_ „besonders ruh_igen_ Lage" d_es_ Hotels, s_o_ kann m_an_ sicher se_in_, daß i_n_ der näh_eren_ Umgebung we_der_ Einkaufsmöglichkeiten no_ch_ Möglichkeiten zum Ausgehen am Abend vorhanden sind. Ein „Haus für junge Gäste" besagt in den meisten Fällen, daß es zwar an Komfort mangelt, dagegen aber viel Lärm herrscht, und das „rund um die Uhr".
Das Hirschgraben Sprachbuch – 10. Schuljahr (1996). Berlin: Cornelsen (S. 41).

Text A 5
Das Schreibenlernen ist für Linkshänder eine besonders große Hürde. Unsere Sch_rift_ verläuft v_on_ links na_ch_ rechts. D_as_ bedeutet f_ür_ den Rechts_händer_ eine beq_ueme_, ziehende Bewe_gung_. Für d_en_ Linkshänder ab_er_ wird e_s_ eine schieb_ende_, die wei_taus_ schwieriger i_st_. Diese Tec_hnik_ muß sc_hon_ im Vorsch_ulalter_, zum Beis_piel_ beim Ma_len_, geübt wer_den_. Lob und Geduld der Eltern erleichtern dem Linkshänder das Schreibenlernen. außerdem gibt es spezielle Schreib-, Zeichengeräte und Scheren für Linkshänder, die helfen, die Anforderungen der Schule besser zu erfüllen.
Literaturangabe ist nicht bekannt.

Text B 1
Tiger, die zum ersten Male auf Menschen stoßen, werden gewöhnlich fliehen. Oft lä_ßt_ sich e_in_ Tiger du_rch_ lautes Gesch_rei_ erschrecken. We_nn_ aber e_in_ Tiger er_st_ einmal festge_stellt_ hat, d_aß_ der Men_sch_ ein lei_cht_ zu jage_ndes_ Wild i_st_, zählt er_ diesen z_u_ seinen Leckerb_issen_. In neu_ester_ Zeit i_st_ es gelu_ngen_, auch Ti_ger_ zu zähmen und zu dressieren.
Literaturangabe ist nicht bekannt.

Text B 2
Die besten Brieftauben haben weder eine besondere Färbung noch besonders entwickelte Merkmale, wie man sie bei Ausstellungstieren bewundern kann. Nicht d_ie_ äußere Ersch_einung_ hat d_er_ Züchter i_m_ Auge, son_dern_ Schnelligkeit u_nd_ Fähigkeiten. S_ie_ müssen ih_rem_ Schlag tr_eu_ sein u_nd_ ihn unfeh_lbar_ wieder auff_inden_ können. V_on_ allen Gesch_öpfen_ besitzt ab_er_ keines ei_nen_ höher entwic_kelten_ Orts- u_nd_ Richtungssinn a_ls_ eine gu_te_ Brieftaube.
Windrose – 5. und 6. Schuljahr (1968). Münster: Aschendorfsche Verlagsgesellschaft (S. 117).

Text B 3
Schauspielerin, Künstlerin, Innenarchitektin – Sie führen die Hitliste der Traumberufe für Mädchen an. Bei jun_gen_ Männern si_nd_ das Inge_nieur_, Schriftsteller u_nd_ Manager. V_om_ Arzt trä_umen_ beide Sei_ten_ gemeinsam. D_as_ hat kürz_lich_ eine Befr_agung_ von 900 jun_gen_ Menschen i_m_ Alter v_on_ 16 bis 24 Jah_ren_ ergeben. Ju_nge_ Menschen trä_umen_ selbstverständlich v_on_ Berufen, jed_och_ nicht s_o_ nüchtern, gen_au_ und wohlgeordnet, wie das in Berufsbeschreibungen steht, sondern eben – traumhaft! Erwachsene warnen davor und raten dringend, lieber realistischer zu denken. Sie halten Traumberufe oftmals nur für Hirngespinste und Flausen.
Miteinander sprechen – 8. Schuljahr (1992). Braunschweig: Westermann (S. 41).

Text B 4
Kein Zweifel: Sie sind ehrlicher geworden als noch vor fünf oder zehn Jahren – die Beschreibungen in den Prospekten der deutschen Reiseveranstalter. Echte Falschinf_ormationen_ gibt e_s_ heute ni_cht_ mehr, de_nn_ die Urla_uber_ sind i_m_ Laufe d_er_ Jahre kriti_scher_ geworden u_nd_ scheuen au_ch_ nicht d_en_ Gang z_um_ Kadi, we_nn_ nach ih_rer_ Ansicht d_er_ Urlaub ni_cht_ das geha_lten_ hat, w_as_ der Verans_talter_ ihm p_er_ Katalog vorher versprach. Und trotzdem: Böse Überraschungen kann man vereinzelt auch heute noch erleben – wenn man die „Geheimsprache" nicht versteht, die manche Veranstalter in ihren Katalogen verwenden.
Das Hirschgraben Sprachbuch – 10. Schuljahr (1996). Berlin: Cornelsen (S. 40).

Text B 5
Die Videotechnik erlaubt es Schauspielern, ihre Kunst daheim und diskret zu überprüfen. Offenbar si_nd_ die Erfolgr_eichen_ zu beschä_ftigt_ dazu. De_nn_ sie wer_den_ und wer_den_ ihre Mac_ken_ und Ti_cks_ nicht l_os_. Ja, i_m_ Gegenteil, s_ie_ vererben ih_re_ Routine a_n_ die nachrüc_kende_ Generation v_on_ Jungschauspielern, s_o_ daß si_ch_ inzwischen e_in_ Kanon v_on_ Ausdrucksstereotypen entwi_ckelt_ hat, der in den Fernsehstudios als Natürlichkeit mißverstanden und gepflegt wird, während er dem Publikum als Getue auf die Nerven fällt.
Literaturangabe ist nicht bekannt.

Grotjahn, Rüdiger (Ed.) (2006). Der C-Test: Theorie, Empirie, Anwendungen/
The C-Test: Theory, Empirical Research, Applications. Frankfurt/M.: Lang

Der C-Test im Albanischen und Türkischen: Theoretische Überlegungen und empirische Befunde

Edina Caprez-Krompàk und Mesut Gönç[*]

A C-Test in Albanian and a C-Test in Turkish based on a new deletion principle were developed for 11-13-year-old children from ethnic minorities who visit minority language classes once a week. During the development phase of the C-Test we faced a number of difficulties resulting from the dialect variations of the Albanian and the linguistic peculiarities of the Turkish language. The small samples of the pre-tests show results whose reliability is satisfactory and high. However, further research is needed to elaborate the methods designed for the Albanian and the Turkish C-Tests.

1. Einleitung

Der neue albanische und türkische C-Test wurden im Rahmen des Projektes „Entwicklung der Erst- und Zweitsprache im interkulturellen Kontext" an der Universität Zürich mit der finanziellen Unterstützung des Schweizerischen Nationalfonds zur Förderung der wissenschaftlichen Forschung entwickelt.

Beim C-Test handelt es sich um eine verbesserte Form des so genannten Cloze-Tests. Ein C-Test umfasst vier bis fünf authentische Texte mit jeweils 20-25 Lücken. Nach der klassischen Methode wird die zweite Hälfte jedes zweiten Wortes gelöscht (Grotjahn, 1997). Weil sich der C-Test durch Objektivität, Reliabilität, Validität und Ökonomie auszeichnet, entschieden wir uns, C-Tests für unsere Zielgruppe zu entwickeln. Als zentrales Untersuchungsinstrument für die Erfassung der globalen Sprachfähigkeiten setzten wir den entwickelten C-Test in den Erstsprachen Albanisch und Türkisch und der Zweitsprache Deutsch im Projekt ein.

Mit Hilfe des C-Tests untersuchen wir die Entwicklung der Erst- und Zweitsprache bei den Kindern mit Migrationshintergrund. Dabei wird ein besonderes Augenmerk auf die Wirkung des muttersprachlichen Unterrichts (HSK-Unterricht)[1] gerichtet. Uns interessiert, ob der Besuch des muttersprachlichen Unterrichts einen Einfluss auf die Sprachentwicklung sowohl in der Erst- als auch in der Zweitsprache hat. Die Pilotgruppe bilden die elf- und zwölfjährigen

---

[*] **Korrespondenzadressen:** Edina Caprez-Krompàk, dipl. ling. Universität Zürich, Pädagogisches Institut, Freiestrasse 36, CH-8032 Zürich. E-mail: ecaprez@paed.unizh.ch; Dr. Mesut Gönç, Gazi University of Ankara. E-mail: mesut_gonc@hotmail.com.

[1] In der Schweiz wird der muttersprachliche Unterricht als Unterricht in Heimatlicher Sprache und Kultur (HSK) bezeichnet.

Kinder, deren Erstsprache Albanisch und Türkisch ist und die den HSK-Unterricht regelmäßig besuchen. Aus den gleichen Sprachgruppen und Altersgruppen stammen die Kinder der Kontrollgruppe, die aber am freiwilligen HSK-Unterricht nicht teilnehmen. Im Gegensatz zu früheren empirischen Untersuchungen (Baur & Meder, 1992; Olechowski, Hanisch, Katsching, Khan-Shik & Percy, 2002; Schader & Haenni Hoti, 2004) wird die Sprachentwicklung in einer Längsschnittstudie mit Einbezug von ausgewählten Einflussfaktoren wie Motivation für die Erst- und Zweitsprache, sozioökonomischer Status der Eltern sowie familiäre Unterstützung beim Sprachlernen analysiert.

Dieser Artikel beschränkt sich jedoch auf die Entwicklung des ersten C-Tests in der albanischen Sprache und des neuen Löschungsprinzips für den türkischen C-Test. Es werden der Ablauf der Entwicklung der beiden Tests beschrieben, sowie die Besonderheiten der neuen albanischen und türkischen C-Tests diskutiert und zuletzt die Ergebnisse des Vortests dargestellt.

2. Die Entwicklung der C-Tests

2.1. Ablauf der Konstruktion

Das Expertenteam für den albanischen und türkischen C-Test bestand aus insgesamt sechs Personen, die sowohl Sprachwissenschaftlerinnen und Sprachwissenschaftler als auch Kenner der sprachlichen Fähigkeiten der Kinder aus den vierten und fünften Klassen waren.[2]

Obwohl ein großer Teil der Teammitglieder über mehrjährige Erfahrungen mit der Zielgruppe verfügte, bildete die erste Hürde die Auswahl geeigneter Texte. Im HSK-Unterricht werden mehrheitlich Lehrmittel eingesetzt, die im Heimatland sowie in der Schweiz oder in Deutschland entwickelt wurden. Die einheimischen Lehrbücher aus Albanien, Kosovo und der Türkei beinhalten zum Teil anachronistische Texte, welche im Ausland lebende Kinder nicht ansprechen. Deshalb wählten wir hauptsächlich Texte aus schweizerischen und deutschen Lehrmitteln, welche die Lebenswelt und Sprachkenntnisse der Kinder mit Migrationshintergrund berücksichtigen (vgl. Schader & Braha, 1996).

Unser Expertenteam sollte Texte für eine sehr heterogene Sprachgruppe zusammenstellen, deren Kenntnisse in der Erstsprache von den familiären Verhältnissen und dem Besuch des HSK-Unterrichts abhängig war. In einer HSK-Klasse befinden sich Kinder, deren Sprachniveau stark unterschiedlich ist, obwohl sie die gleiche Klasse (4.-5. Klasse) besuchen. Weil der HSK-Unterricht

---

[2] An dieser Stelle möchten wir uns bei Frau Dr. Nuran Kahyaoglu, bei Herrn Nexhat Maloku, Herrn Naxhi Selimi und bei Herrn Prof. Dr. Basil Schader für die Mitwirkung bei der Entwicklung der türkischen und albanischen C-Tests bedanken.

auf freiwilliger Basis abläuft, kann es vorkommen, dass ein Fünftklässler als Neuankömmling mit anderen Fünftklässlern zusammen ist, welche die Erstsprache seit der zweiten Klasse besuchen. Die Ergebnisse des Vortests weisen deutlich auf diese große Heterogenität hin.

Die Texte wurden aufgrund der Kriterien von Grotjahn (2002) ausgewählt. Zu diesen Kriterien gehören: Authentizität, keine Fiktion, kein verbaler Humor, keine direkte Rede, kein fach- und kulturspezifischer Inhalt, unmarkierte Syntax und Lexik, angemessener Schwierigkeitsgrad, Berücksichtigung der Lerngeschichte der Gruppe (vgl. Grotjahn, 2002, S. 222).

Tabelle 1 zeigt den zeitlichen Ablauf der Entwicklung beider C-Tests. Ersichtlich werden dabei die auftretenden, in der Tabelle 1 grau markierten Schwierigkeiten während der Konstruktion. Nach dem Vortest mit zwei L1-Sprechenden[3] entschieden wir uns für die Verkürzung des *albanischen C-Tests* von insgesamt 100 auf 80 Lücken (4 Texte mit je 20 Lücken). Der Grund dazu war, dass das Zeitlimit (5 Minuten für einen Text), sogar bei den L1-Sprechenden überschritten wurde. Außerdem erarbeiteten wir die dialektalen Varianten der Lösungen, um die Abweichungen von der Hochsprache zu berücksichtigen. Der Vortest mit den Kindern zeigte, dass die Anzahl der Lücken angemessen war. Einen Text mussten wir aufgrund des zu hohen Schwierigkeitsgrades ausscheiden. Deshalb wurde der albanische C-Test mit dem neuen Text nochmals bei L1-Sprechenden und Kindern getestet. Um eine möglichst homogene Sprachgruppe zu testen, wählten wir diesmal für den Vortest eine Gruppe von Kindern aus, die den HSK-Unterricht mindestens 4 Jahre besucht hat. Im Kapitel 2.3 werden die Ergebnisse der Vortestgruppen diskutiert.

Im Gegensatz zu dem albanischen C-Test reduzierten wir die Anzahl der Lücken im *türkischen C-Test* nicht, weil die Ergebnisse des Vortests mit L1-Sprechenden dies nicht erforderten. Obwohl die Sprachentwicklung beider Sprachgruppen untereinander nicht verglichen wird, werden wir bei der Längsschnittuntersuchung den türkischen C-Test parallel zu dem albanischen C-Test mit 80 Lücken einsetzen. So lassen wir nicht außer Acht, dass die C-Tests sowohl für Kinder konstruiert wurden, die ihre Erstsprache schulisch lernen können, als auch für solche Kinder, die Albanisch bzw. Türkisch nur zu Hause praktizieren.

Aufgrund der Ergebnisse des ersten Vortests mit der explorativen Methode (Methode A) erarbeiteten wir ein neues Löschungsprinzip für den türkischen C-Test, das im Kapitel 3.2 vorgestellt wird. Der türkische C-Test mit der explorativen Methode (Methode A) und mit dem first suffix-Prinzip (Methode B)

---

[3] L1 = Erstsprache, L2 = Zweitsprache

wurde bei erwachsenen L1-Sprechenden, Türkisch sprechenden Kindern aus der Schweiz und türkischen Kindern aus einer Volksschule in Ankara getestet und ausgewertet (vgl. Kapitel 3.3).

Tabelle 1: Entwicklung der albanischen und türkischen C-Tests
(grau markiert sind die Schwierigkeiten bei der Entwicklung des C-Tests)

	Albanischer C-Test			Türkischer C-Test		
Datum	**Zielgruppe**	**Texte**	**Bemerkung**	**Zielgruppe**	**Texte**	**Bemerkung**
Okt. 04	4.-5. Klasse	10	Auswahl von 5 Texten klassisches Löschungsprinzip je 25 Lücken	4.-5. Klasse	9	Auswahl von 4 Texten Löschungsprinzip: nach Silben und Morphemen **(Methode A)** je 25 Lücken
Dez. 04	Erprobung des Tests mit erwachsenen L1-Sprechenden $N = 2$	5 + 1	Auswahl von 4 Texten	Erprobung des Tests mit erwachsenen L1-Sprechenden $N = 2$	4+1	1 Text wird durch einen neuen ersetzt
Dez./ Febr. 05	Erprobung des Tests mit erwachsenen L1-Sprechenden $N = 18$ **Vortest 1**	4	Revision des Tests, Reduktion der Lücken auf je 20, Erstellung der Tabelle mit den **dialektalen Lösungen**	Erprobung des Tests mit erwachsenen L1-Sprechenden $N = 23$ **Vortest 1**	4	Revision des Tests
März 05	Erprobung des Tests mit der 4.-5. Klasse $N = 7$ **Vortest 2**	4	1 Text wird aufgrund des hohen **Schwierigkeitsgrads** durch einen neuen ersetzt	Erprobung des Tests mit 4.-6. Klasse in der Schweiz und in der Türkei $N = 27$ (CH) $N = 76$ (Türkei) **Vortest 2**	4	Definitive Revision des Tests **(Methode A)**
April 05	Erprobung des Tests mit erwachsenen L1-Sprechenden $N = 10$ **Vortest 3**	3 + 1	Definitive Revision des Tests	Erprobung des Tests mit erwachsenen L1-Sprechenden $N = 18$ **Vortest 3**	4	Löschung nach dem **first suffix-Prinzip (Methode B)**
Mai 05	Erprobung des Tests in der 4.-5. Klasse $N = 11$ **Vortest 4**	3 + 1	Definitive Revision des Tests	Erprobung des Tests mit der 4.-6. Klasse $N = 17$ (CH) $N = 53$ (Türkei) **Vortest 4**	4	Definitive Revision des Tests **(Methode B)**
Juni/ Sept. 05	Einsatz des Tests in der 4.-5. Klasse in der Schweiz $N = 60$	4	keine Veränderungen **4 Texte je 20 Lücken**	Einsatz des Tests in der 4.-5. Klasse in der Schweiz $N = 60$	4	keine Veränderungen **4 Texte je 20 Lücken**

2.2. Hochsprache oder Dialekt? Problematik der Varietäten des Albanischen

2.2.1. Sprachstruktur und Tilgungsprinzip

Albanisch gehört zu den indoeuropäischen Sprachen. Obwohl die albanische Sprache typologisch gemeinsame Merkmale mit Bulgarisch, Rumänisch und Griechisch aufweist, bildet sie einen eigenen Zweig innerhalb der indoeuropäischen Sprachen ohne Verwandte (Buchholz, Fiedler & Uhlisch, 1977; Schader, 2005).

Albanisch wird von ca. 6.5 Millionen Menschen auf der Balkanhalbinsel vor allem in Albanien (3.4 Mio.), Kosovo, Mazedonien, Südserbien, Montenegro, Nordgriechenland, der Türkei und Süditalien gesprochen (Schader, 2005; Schader & Braha, 1996).

Die albanische Sprache ist reich an Dialekten, die sich sowohl im Wortschatz als auch in Syntax und Phonetik unterscheiden. Es wird zwischen den zwei Hauptdialekten Gegisch (*gegërishtja*) im Norden und Toskisch (*toskërishtja*) im Süden unterschieden, wobei beide Dialekte in zahlreiche Mundarten gegliedert sind. Die albanische Schriftsprache (*gjuha letrare*), die erst 1972 festgelegt wurde, enthält morphosyntaktische Elemente aus dem nordtoskischen und phonologische sowie lexikalische Elemente aus dem gegischen Dialekt. Sie weist gesamthaft aber eine deutlich toskisch-südalbanische Prägung auf. Dies wirkt sich für das Verständnis der Schriftsprache durch die mehrheitlich aus den Gegisch sprechenden Gebieten (Kosovo, Mazedonien) kommenden albanischen Migrantinnen und Migranten erschwerend aus (Gjinari & Shkurtaj, 2000; Hetzer, 1995).

Bis heute gibt es keine empirische Forschung über den C-Test in der albanischen Sprache, deshalb nahmen wir den deutschen C-Test als Beispiel (Raatz & Klein-Braley, 1985, 2001). Da die albanische Sprache wie die deutsche eine grundsätzlich synthetisch-analytische Struktur hat, eignet sich das klassische Löschungsprinzip *"rule of two"* für die Entwicklung des C-Tests. Dabei wurde die zweite Hälfte jedes zweiten Wortes gelöscht, außer im ersten und letzten Satz, welche den Rahmen des Textes darstellten. Wörter mit einem Buchstaben sowie Eigennamen blieben unberücksichtigt (Grotjahn, 2002). Um der Sprachstruktur gerecht zu werden, stellten wir die folgenden Regeln für die Löschungen auf:

1. Wörter aus zwei und drei Buchstaben werden nicht beschädigt (z.B. *pa, zë, në, dhe, nga, nuk*), um Mehrdeutigkeit der Lösungen zu vermeiden.
2. Graphemkombinationen, denen im Albanischen ein eigener Lautwert entspricht, werden nicht getrennt (*dh, gj, ll, nj, rr, sh, th, xh, zh*). Diese Polygra-

phen tilgt man (wie z.B. im Deutschen das „sch") entweder komplett – der Test wird schwieriger – oder man erhält sie vollständig – der Test wird leichter (Grotjahn, 1997).
3. Das Graphem „ë", das im Albanischen teilweise nicht (oder nur als kaum hörbares stummes [e]), teilweise mit dem Lautwert [ö] gesprochen wird, wird auf der Tilgungsgrenze beibehalten (z.B. shqet**ë**s*im*, përsh**ë**n*det*, njer**ë**z*it)*.
4. Bei einer geraden Anzahl der Buchstaben wird die Hälfte des Wortes (z.B. va*pë*, ja*në*), bei der ungeraden Anzahl der Buchstaben wird $(n-1)/2$ (z.B. fru*ta*) oder $(n+1)/2$ (z.B. kën*aqen*) gelöscht. Bei der ersten Variante wird der C-Test leichter, bei der zweiten Variante schwieriger (Grotjahn, 1997). Im albanischen C-Test haben wir uns für eine Mischform entschieden, die den Schwierigkeitsgrad bzw. die Gebräuchlichkeit des Wortes berücksichtigt.

Eine besondere Schwierigkeit zeigte sich bei der Auswertung, weil die Lösungen der Vortestgruppe eine breite Palette der dialektalen Varianten darstellten. Deshalb stellten wir für jedes Wort die dialektalen bzw. auf dem Dialekt beruhenden orthografischen Varianten bereit, welche ebenfalls als korrekt akzeptiert werden. Da die untersuchten Kinder zu Hause immer Dialekt sprachen und die Hochsprache nur im HSK-Unterricht praktizierten, wurde diese differenzierte Auswertung der Lösungen unabdingbar.

2.2.2. Auswertung

Bei jeder Lösung werden die dialektalen Varianten bzw. die unten aufgeführten orthografischen Abweichungen von der Hochsprache dargestellt, die auch als richtig gelten:

1. Dialektbedingte Abweichungen von der Hochsprache

a. Weglassen bzw. Hinfügen des Graphems **ë** ['] **am Wortende** (z.B. Text 2, Item 15: *kutin* anstatt *kutinë* (Etui); Text 4, Item 2: *ftuarë* anstatt *ftuar* (eingeladen)).

b. Weglassen bzw. Hinfügen des Graphems **ë** ['] **im Wort** (z.B. Text 4, Item 16: *flokt* anstatt *flokët* (Haare); Text 4, Item 6: *ftuarëve* anstatt *ftuarve* (die Eingeladenen)).

c. Ersetzen des Graphems **ë** ['] **im Wort mit e [ɛ] und umgekehrt** (z.B. Text 3, Item 18: *thëne* anstatt *thënë* (sagen); Text 3, Item 12: *mendontë* anstatt *mendonte* (dachte)).

2. Orthografische Abweichungen vor der Hochsprache

Weil die orthografische Kompetenz nicht zum messenden Konstrukt gehört, werden die orthografisch falschen Lösungen, die auf die **Interferenz der Aussprache** der dialektalen Varianten mit der Hochsprache zurückzuführen sind, als korrekt gewertet (vgl. Arras, Eckes & Grotjahn, 2002). Als richtig gelten die folgenden orthografischen Fehler:

a. Verwechselung der folgenden Konsonanten und Vokale:

- **Konsonant ç** [ts] (deutsch: [k] oder [ts]) mit **q** [c] (deutsch: [tj] und [tschj])(z.B. Text 1, Item 17: *kënaçen* anstatt *kënaqen* (sich vergnügen) oder Text 1, Item 3: *ndriqon* statt *ndriçon* (leuchtet))
- **Vokal + i** [i] mit **Vokal + j** [J] (z.B. Text 2, Item 10: *shkoi* anstatt *shkoj* (gehen) oder Text 4, Item 20: *uroinë* anstatt *urojnë* (wünschen)).

b. Verwechselung des stimmlosen Konsonanten mit dem stimmhaften und umgekehrt:

- **th** [T] mit **dh** [D] (z.B. Text 4, Item 19: *gjidhë* anstatt *gjithë* (alle)).
- **t** [t] mit **d** [d] (z.B. Text 2, Item 3: *përshëntet* anstatt *përshëndet* (grüsst)).
- **s** [s] / [z] mit **z** [z] (z.B. Text 1, Item 15: *njerësit* anstatt *njerëzit* (Menschen).

c. Verwechselung der Vokale **y** [y gerundet] [4] und **ü** [y] (z.B. Text 1, Item 8: *frün* anstatt *fryn* (blasen)).

d. Verwechselung der Konsonanten **n** und **m** (z.B. Text 3, Item 20: *ndihmojmë* anstatt *ndihmojnë* (helfen); Text 3, Item 4: *bisedojm* anstatt *bisedojn* (sich unterhalten)).

2.3. Ergebnisse des albanischen Vortests

Die zweite Untersuchungsstichprobe für den albanischen Test bestand aus zehn erwachsenen L1-Sprechenden, die einen Deutschkurs absolviert hatten. Sie waren Migrantinnen und Migranten aus verschiedenen Albanisch sprechenden Gebieten, hauptsächlich aus Kosovo und Mazedonien. Die durchschnittliche Schulbildung lag bei 9.1 Jahren. Tabelle 3 zeigt einen Mittelwert von 67.7, der einer Lösungsrate von 84% entspricht. Da es sich in diesem Fall über eine **anfallende Stichprobe** handelt (Lienert & Raatz, 1994), empfiehlt sich bei der nächs-

---

[4] Das Graphem <y> wird im Albanischen immer [y], im Deutschen entweder als [y] oder als [i] ausgesprochen.

ten Untersuchung eine repräsentative Stichprobe aus einer Gruppe mit höherem und mittlerem Bildungsniveau zu erheben. Aufgrund der Ergebnisse der ersten Vortestgruppe mit den Kindern entschieden wir uns für eine **systematische Stichprobe** (Atteslander, 1995). Unser Ziel war damit, eine sprachlich möglichst homogene Gruppe zu testen. Dabei wählten wir 11 Kinder aus der 4.-5. Klasse aus, die den muttersprachlichen Unterricht mindestens 4 Jahre besucht hatten (vgl. Tabelle 2). Tabelle 3 präsentiert die Mittelwerte und die Standardabweichungen beider Vortestgruppen. Bei den Kindern zeigt sich eine größere Streuung ($s = 12.5$) als bei den Erwachsenen ($s = 5.8$), was auf eine heterogenere Sprachleistung hindeutet. Die Schätzung der internen Konsistenz ergibt bei den Erwachsenen eine ausreichende ($\alpha = .63$)[5] und bei den Kindern eine zufrieden stellende bis hohe ($\alpha = .88$) Reliabilität.[6]

Tabelle 2: Zusammensetzung der albanischen Vortestgruppe

Zielgruppe	Dauer der Schulbildung/HSK in Jahren (M)	n	männlich	weiblich
Erwachsene	9.1	10	2	8
Kinder	4.1	11	5	6

Tabelle 3: Mittelwerte (M) und Standardabweichungen (s) des albanischen Vortests (4 Texte mit je 20 Lücken)

Form	L1-Sprechende			Kinder		
	n	M	s	n	M	s
Text 1	10	17.1	1.3	11	13.1	3.7
Text 2	10	16.9	2.2	11	12.5	3.2
Text 3	10	16.6	2.6	11	12.1	3.4
Text 4	10	17.1	1.9	11	8.9	3.9
Insgesamt	**10**	**67.7**	**5.8**	**11**	**46.8**	**12.5**
Reliabilität		$\alpha = .63$			$\alpha = .88$	

---

[5] Allenfalls reicht eine Reliabilität von .63 für die Differenzierung zwischen Gruppen, nicht jedoch für eine Unterscheidung von Individuen.
[6] Die Bewertung der Reliabilitätsmaße erfolgte gemäß der Terminologie von Wittenberg (1998).

Der Schwierigkeitsgrad gibt den prozentualen Anteil der richtigen Lösungen im Test (P_t) und im jeweiligen Text (P_i) an (siehe Tabelle 4). Die 4 Texte weisen Schwierigkeitsgrade zwischen 44.5 und 65.9 auf. Die Texte 1-3 zeigen eine schwache Progression, dagegen fällt Text 4 mit einem deutlich höheren Schwierigkeitsgrad auf. Dies könnte mit der komplexen Zeitform des Textes 4 (Präteritum) erklärt werden.

Tabelle 4: Test- und Textschwierigkeiten bei dem albanischen Test (4 Texte mit je 20 Lücken)

Zielgruppe Kinder 4.-5. Klasse		Test	Text 1	Text 2	Text 3	Text4
	n	P_t	P_1	P_2	P_3	P_4
	11	58.5	65.9	62.7	60.9	44.5

Der Vortest mit den kleinen Stichproben erbringt insgesamt zufrieden stellende Ergebnisse. Aus den folgenden Gründen wird der von uns entwickelte albanische C-Test als geeignete Grundlage für die Untersuchung mit 60 Albanisch sprechenden Kindern betrachtet:

- die Reliabilität des Vortests ist zufrieden stellend,
- der Schwierigkeitsgrad liegt im mittleren Bereich,
- die Streuungen erlauben eine Differenzierung.

3. Gibt es eine geeignete Tilgungsmethode für die türkische Sprache?

3.1. Stand der Forschung zum türkischen C-Test

Bei der Entwicklung von C-Tests in der türkischen Sprache wurden klassische und alternative Tilgungsprinzipien untersucht (Baur & Meder, 1994; Daller, 1996; Daller, Treffers-Daller, Ünaldı-Ceylan & Yıldız, 2002). Im Folgenden wird die Zusammenfassung der Tilgungsprinzipien von Grotjahn (1997) mit den Quellenangaben sowie der Bezeichnung im Original erweitert:

a. kanonisches Prinzip oder *second half principle* (Tilgung der zweiten Hälfte des Wortes, vgl. Baur & Meder, 1994; Daller et al., 2002)
b. *third half principle* (Tilgung der zweiten Hälfte jedes dritten Wortes, vgl. Daller et al., 2002)
c. *morpheme principle* (fortlaufende Tilgung jedes dritten Morphems, vgl. Daller et al., 2002)

d. *syllable principle* (fortlaufende Tilgung jeder dritten Silbe, vgl. Baur & Meder, 1994; Daller et al., 2002)

e. *middle principle* (Tilgung der Mitte jedes zweiten Wortes, vgl. Daller et al., 2002)

Baur und Meder (1994) setzten bei 397 Schülerinnen und Schülern aus dem 5.-10. Jahrgang den türkischen C-Test mit dem klassischen Prinzip und mit der Silbentilgung ein. Die Ergebnisse der beiden Prinzipien bestätigten, dass die Tests mit der klassischen Tilgungsmethode nicht schwieriger zu lösen sind als die Tests mit Silbentilgung. Dabei verglichen Baur und Meder die Ergebnisse von unterschiedlichen Schultypen. Der C-Test mit dem klassischen Prinzip wurde mit Gymnasiasten getestet, der C-Test mit der Silbentilgung dagegen mit Gesamt- und Hauptschülern. Im C-Test mit dem klassischen Prinzip zeigten die Daten einen höheren Mittelwert und eine niedrigere Streuung, was auf die bessere Sprachkompetenz und die Homogenität der sprachlichen Leistungen der Gymnasiastinnen und Gymnasiasten zurückzuführen ist. Die Autoren kommen zum Schluss: „Für das Türkische (und für sprachtypologisch verwandte Sprachen) müsste der Frage eines adäquaten Tilgungsprinzips im C-Test allerdings weiter nachgegangen werden" (Baur & Meder, 1994, S. 171).

Daller et al. (2002) heben zwei methodologische Probleme mit dem türkischen C-Test in ihrer Arbeit hervor. Erstens gelingt es den von ihnen untersuchten erwachsenen L1-Sprechenden nur 75% der Lücken richtig zu rekonstruieren. Zweitens zeichnet sich der türkische C-Test oft durch eine geringe Reliabilität aus. Cronbachs Alpha erreicht dabei fast nie .90. Daller et al. (2002) vergleichen die Ergebnisse des C-Tests von türkischen Rückkehrern (siehe auch Daller, 1996) und von monolingualen Erwachsenen. Es wurden C-Tests mit dem *middle-, syllable-, second half-* und *morpheme-*Prinzip eingesetzt. Die monolingualen Studierenden aus der Boğaziçi Universität erreichten im C-Test die höchste Lösungsrate von 92.5 mit dem *syllable-*Prinzip (Cronbachs Alpha betrug .51), was den Anforderungen von Raatz und Klein-Braley (1985) nicht entspricht, die verlangen, dass erwachsene L1-Sprechende den Test mindestens zu 95% lösen. Bei der Auswertung wurden auch die alternativen Lösungen als korrekt angenommen. Aufgrund der Ergebnisse plädieren Daller et al. (2002) für den Ausschluss des *morpheme-*Prinzips und für den Erhalt des *syllable-, middle-* sowie *second half-*Prinzips: "The syllable and the middle deletion principles are useful alternatives, but our data do not suggest that the classical principle has to be abolished. This result confirms earlier findings of Baur and Meder (1994)" (Daller et al., 2002, S. 198).

3.2. Die *explorative Methode* und das *first suffix-Prinzip*

Nachdem wir die zur Verfügung stehenden türkischen C-Tests von Baur und Meder (1994) und Daller (1996) sowie Daller et al. (2002) kontextuell und linguistisch gründlich untersucht hatten, entschieden wir uns für eine *explorative Methode*. Obwohl beide Studien (Baur & Meder, 1994; Daller, 1996 sowie Daller et al., 2002) das klassische Löschungsprinzip als gut einsetzbar einstuften, schlossen wir das *second half*-Prinzip – ausgehend von der agglutinierenden Struktur der türkischen Sprache – von vornherein aus. Bei der Löschung der zweiten Hälfte des Wortes gehen meistens mehrere Suffixe verloren, ohne deren morphologische Information das Wort sehr schwierig oder nicht mehr zu ergänzen ist (vgl. Baur & Meder, 1994; Daller, 1996 sowie Daller et al., 2002). Unser Ziel war es, das Wort so zu beschädigen, dass sich möglichst nur eine einzige Lösung ergab. Deshalb variierten wir die Silbentilgung mit der Morphemtilgung. Tabelle 5 zeigt einige Beispiele für diese Mischform.

Tabelle 5: Beispiele für die Silben- und Morphemtilgung (explorative Methode, Methode A)

	Text 1	Text 2	Text 3	Text 4
Silbentilgung	*dilli* (3)	*çocukları* (2)	*hareketliydi* (5)	*para* (23)
Morphemtilgung	*duyan* (5)	*yapardı* (12)	*kenarlarından* (3)	*öğreneceklerini* (8)

Die Ergebnisse des Vortests verdeutlichten, dass die L1-Sprechenden hohe Lösungsraten bei Wörtern mit mehreren Suffixen erzielten, die sowohl am Anfang als auch am Ende unversehrt blieben. Bei diesen Wörtern hatten wir das **erste Suffix nach der Wortwurzel** getilgt. Weil das eigentliche Problem in den komplexen Wörtern mit mehreren Suffixen bestand, bezeichneten wir das neue, aus der explorativen Methode entwickelte Tilgungsprinzip als das *first suffix-Prinzip*. Abhängig von der Suffigierung des Wortes stellten wir die folgenden Gruppen bzw. Tilgungsregeln auf:

Tilgungsregeln für das *first suffix-Prinzip*

1. Wörter mit mehreren Suffixen
   Bei den Wörtern mit mehreren Suffixen wird das erste Suffix nach der Wortwurzel gelöscht:

arka-daş-lar-ımız-a (unseren Freunden) (Beispieltext, Item 6)
(Rücken) (WW) [7]- **BS1**- FS2 (Plural)- FS3 (unsere)- FS4 (Dativ)
arı-lar-ın (der Bienen) (Text 1, Item 11)
(Biene) (WW)- **FS1** (Plural)- FS2 (Genitiv)
sev-im-li (lieb) (Text 1, Item 16)
(liebe) (WW)- **BS1**- BS2
taraf-ın-dan (seits, durch) (Text 1, Item 22)
(Seite) (WW)- **FS1** (Genitiv)- FS2 (Ablativ)
bu-ra-s-ı (dieser Ort hier) (Text 4, Item 15)
(dies) (WW)- **BS1**- FS2 (Bindekonsonant)- FS2 (Possessiv)

2. Lexikalische Morpheme

- Bei einsilbigen Wörtern werden die letzten zwei Buchstaben getilgt: z.B. *çok* (viel) (Text 1, Item 10), *bal* (Honig) (Text 1, Item 13), *yıl* (Jahr) (Text 4, Item 4), *gün* (Tag) (Text 4, Item 10),
- Bei zwei- und mehrsilbigen Wörtern wird die zweite Silbe getilgt: z.B. *gibi* (wie) (Text 1, Item 15), *bile* (sogar) (Text 1, Item 19), *orta* (mitte) (Text 2, Item 1), *kadar* (bis, wie) (Text 2, Item 6), *hemen* (sofort) (Text 2, Item 7), *süre* (Dauer) (Text 2, Item 22), *nihayet* (endlich) (Beispieltext, Item 4), *kapkara* (rabenschwarz) (Text 2, Item 2), *kere* (Mal) (Text 4, Item 16), *kalabalık* ((Menschen)Masse) (Text 4, Item 17)

Abhängig vom Schwierigkeitsgrad des Wortes kann die zweite Silbe n - 1 wie bei den Wörtern *değil* (nicht) (Text 1, Item 18), *eğer* (wenn) (Text 2, Item 20), *için* (für) (Text 1, Item 24) getilgt werden.

3.3. Ergebnisse der Vortests mit der explorativen Methode (Methode A) und mit dem *first suffix*-Prinzip (Methode B)

Insgesamt wurden 42 erwachsene L1-Sprechende, davon 24 mit der explorativen Methode (Methode A) und 18 mit dem *first suffix-Prinzip* (Methode B) getestet (siehe Tabelle 6). Alle türkischen L1-Sprechende leben in der Schweiz und sind selber Migrantinnen oder Migranten. Einen deutlichen Unterschied konnte man bezüglich der Schulbildung beider Gruppen feststellen. Der Mittelwert der Schulbildung der ersten Gruppe betrug 15.2, im Gegensatz zur zweiten Gruppe, in der die durchschnittliche Schulbildung in Jahren viel niedriger war ($M = 12$).

---

[7] Abkürzungen: **WW** = Wortwurzel, **BS** = Bildungssuffix (Derivation): Es ändert die Bedeutung der Wortwurzel oder des Wortstammes und führt zu einer neuen Wortform oder zu einer neuen Wortart. **FS** = Flexionssuffix: Es ändert die Bedeutung der Wortwurzel oder des Wortstammes nicht.

Die Vortestgruppe der Kinder bestand aus 19 türkischsprachigen Kindern aus der Schweiz (Basel) und 129 türkischen Kindern aus der Türkei (Volksschule, Ankara).[8] Bei den Kindern aus der Schweiz handelte es sich um die gleiche Gruppe, die den C-Test mit den beiden Methoden in einem Abstand von zwei Monaten ausgefüllt hatte.

Tabelle 6: Zusammensetzung der türkischen Vortestgruppe

Methode	Zielgruppe	Dauer der Schulbildung in Jahren (M)/Klasse	n	männlich	weiblich
A	L1-Sprechende	15.2	24	11	13
B	L1-Sprechende	12	18	8	10
A	Kinder (CH)	4.-6. Klasse	19	5	14
B	Kinder (CH)	4.-6. Klasse	17	4	13
A	Kinder (Türkei)	4.-5. Klasse	76	38	38
B	Kinder (Türkei)	4.-5. Klasse	53	24	29

Tabelle 7 stellt die Ergebnisse des Vortests mit der explorativen Methode (Methode A) und mit dem *first suffix-Prinzip* (Methode B) dar. Mit beiden Methoden konnten die L1-Sprechenden über 95% des Tests lösen.

Tabelle 7: Mittelwerte (M) und Standardabweichungen (s) des türkischen C-Tests mit Erwachsenen (4 Texte mit je 25 Lücken)

	L1-Sprechende Methode A			L1-Sprechende Methode B		
Form	n	M	s	n	M	s
Text 1	24	24.5	1.1	18	24.0	1.2
Text 2	24	24.0	1.2	18	23.6	1.4
Text 3	24	23.8	1.2	18	24.1	0.9
Text 4	24	24.5	1.4	18	23.4	2.8
Insgesamt	24	97.0	3.9	18	95.2	5.3
Reliabilität	α = .78			α = .74		

Tabelle 7 zeigt einen Mittelwert von 97.0 mit der Methode A und 95.2 mit der Methode B. Der Unterschied im Mittelwert ist auf das unterschiedliche Bil-

---

[8] Das Autorenteam bedankt sich bei Herrn Dr. Sedat Şahin (Hacettepe Universität zu Ankara) für das Durchführen des C-Tests an einer Volksschule in Ankara.

dungsniveau der beiden Gruppen und auf die größere Streuung in der Gruppe 2 (Methode B) zurückzuführen. Diese Werte zeigen einerseits, dass das neue Löschungsprinzip für den türkischen C-Test die Grundvoraussetzung von Raatz und Klein-Braley (1985) erfüllt, d.h. 95% der Lücken von den L1-Sprechenden richtig gelöst wurden, und andererseits, dass das *first suffix-Prinzip* durchaus anwendbar ist. Beide Methoden zeigen eine zufrieden stellende Reliabilität von $\alpha = .78$ (Methode A) und $\alpha = .74$ (Methode B).

Tabelle 8 zeigt die Mittelwerte und Standardabweichungen beider C-Tests bei den Türkisch sprechenden Kindern aus der Schweiz. Diese erreichten mit der explorativen Methode (Methode A) einen Mittelwert von 43.5 und eine Streuung von 24.0, was auf die große Heterogenität der Gruppe hinweist. Mit dem *first suffix-Prinzip* (Methode B) erzielte die gleiche Gruppe den höheren Mittelwert von 48.9, was jedoch mit einem Wiederholungseffekt erklärbar sein könnte. In beiden Fällen zeigt Cronbachs Alpha eine hohe Reliabilität von $\alpha = .94$ und $\alpha = .95$.

Tabelle 8: Mittelwerte *(M)* und Standardabweichungen *(s)* des türkischen C-Tests mit Kindern aus der Schweiz (4 Texte mit je 25 Lücken)

	Kinder (5.-6. Klasse) Methode A			Kinder (5.-6. Klasse) Methode B		
Form	*n*	*M*	*s*	*n*	*M*	*s*
Text 1	19	12.4	7.3	17	15.3	7.5
Text 2	19	9.3	6.0	17	12.2	6.6
Text 3	19	11.5	5.4	17	10.6	6.2
Text 4	19	10.1	6.8	17	10.7	6.8
Insgesamt	**19**	**43.5**	**24.0**	**17**	**48.9**	**25.5**
Reliabilität	$\alpha = .94$			$\alpha = .95$		

Im Vergleich zu den türkischen Kindern aus der Schweiz erreichten die Kinder aus der Türkei mit der explorativen Methode (Methode A) einen deutlich höheren Mittelwert von 70.2 (siehe Tabelle 9). Die Standardabweichung von 19.9 zeigt, dass die Streuung der sprachlichen Leistungen der Kinder aus Ankara kleiner ist als bei den türkischen Kindern aus der Schweiz.

Die zweite Gruppe der Kinder aus Ankara, die mit dem *first suffix-Prinzip* (Methode B) getestet wurde, erzielte einen höheren Mittelwert von 71.8 mit einer im Vergleich zur explorativen Methode geringeren Streuung von 18.2. Obwohl die Reliabilität von $\alpha = .91$ mit dem *first suffix-Prinzip* (Methode B) auf $\alpha = .89$ reduziert wurde, zeigen die Werte von Cronbachs Alpha immer noch eine zufrieden stellende bis hohe Reliabilität

Tabelle 9: Mittelwerte *(M)* und Standardabweichungen *(s)* des türkischen C-Tests mit Kindern aus der Türkei (4 Texte mit je 25 Lücken)

Form	Kinder (4.-5. Klasse) Methode A			Kinder (4.-5. Klasse) Methode B		
	n	M	s	n	M	s
Text 1	76	17.7	6.0	53	18.4	5.3
Text 2	76	17.3	5.2	53	18.3	5.0
Text 3	76	16.7	5.4	53	18.5	4.0
Text 4	76	18.4	5.4	53	16.4	6.2
Insgesamt	76	70.2	19.9	53	71.8	18.2
Reliabilität	α = .91			α = .89		

Mit dem *first suffix-Prinzip* wurde der C-Test ein wenig leichter, wobei sich dieser Unterschied bei den türkischen Kindern etwas deutlicher zeigt. Der Schwierigkeitsgrad sowie der Mittelwert stiegen von 43.5 auf 48.9. Weil die Anzahl der Lücken insgesamt 100 beträgt, ist der Mittelwert mit dem Schwierigkeitsgrad des Tests identisch. Tabelle 10 veranschaulicht die Test- und Textschwierigkeiten mit den beiden Methoden. Nach dem ersten Vortest ordneten wir die Texte nach den Textschwierigkeiten neu. Die neue Reihenfolge (Text 1, Text 3, Text 4, Text 2) bewährte sich mit Ausnahme der türkischen Kinder aus der Türkei, die mit der explorativen Methode (Methode A) getestet wurden. Hier wurde der Text 4 viel besser gelöst als durch die anderen Gruppen (P_4 = 73.6).

Tabelle 10: Test- und Textschwierigkeiten bei den türkischen Tests (4 Texte mit je 25 Lücken)

Methode	Zielgruppe	n	Test P_t	Text 1 P_1	Text 2 P_2	Text 3 P_3	Text 4 P_4
A	5.-6. Kl. (CH)	19	43.5	49.8	37.4	46.1	40.6
B	5.-6. Kl. (CH)	17	48.9	61.4	48.9	42.6	42.8
A	4.-5. Kl. (Türkei)	76	70.2	70.8	69.5	67.0	73.6
B	4.-5. Kl. (Türkei)	53	71.8	73.9	73.5	74.3	65.6

Dass der C-Test für die türkischen Kinder mit Migrationshintergrund konstruiert wurde, spiegelt sich in den Ergebnissen wider. Der Schwierigkeitsgrad bei dieser Zielgruppe liegt im mittleren Bereich: Bei der explorativen Methode (Methode A) zwischen 37.4 und 49.8, beim *first suffix-Prinzip* (Methode B) zwischen 42.6 und 61.4, was den üblichen testtheoretischen Anforderungen entspricht. Dagegen deuten die Ergebnisse der türkischen Kinder auf einen niedrigen Schwierigkeitsgrad des C-Tests hin (mit der Methode A liegt P_i zwischen 69.5 und 73.6, mit der Methode B liegt P_i zwischen 65.6 und 73.9).

Die Ergebnisse der getesteten Gruppen (türkische Kinder aus der Schweiz und aus der Türkei) bestätigen, dass der C-Test mit dem *first suffix-Prinzip* (Methode B) ein durchaus zuverlässiges Instrument zur Messung der globalen Sprachfähigkeiten darstellt.

4. Schlussfolgerungen und Ausblick

- Wir stellten fest, dass man die Variable *Schulbildung der Vortestgruppe* (erwachsene L1-Sprechende) methodisch kontrollieren sollte, um die Ergebnisse interpretieren zu können.

- Um weitere aufwändige *Vortestuntersuchungen* zu vermeiden, sollte man mit den Erwachsenen mindestens 6 Texte prüfen, damit man davon vier bis fünf Texte auswählen kann.

- Für unsere Untersuchung erwies sich der *Einbezug der dialektalen Lösungen* in der albanischen Sprache als unabdingbar. Gehört aber die orthografische Kompetenz zum messenden Konstrukt, sollte die Hochsprache als einzige richtige Lösung akzeptiert werden.

- Die Ergebnisse des Vortests bestätigen, dass das *first suffix-Prinzip* als eine alternative Methode für die Konstruktion des türkischen C-Tests geeignet ist. Allerdings sollte das Prinzip mit weiteren Texten und mit größeren Stichproben getestet werden. Außerdem wäre es für die Erforschung des *first suffix-Prinzips* wünschenswert, diese neue Methode in anderen agglutinierenden Sprachen zu erproben.

Literaturverzeichnis

Arras, Ulrike, Eckes, Thomas & Grotjahn, Rüdiger. (2002). C-Tests im Rahmen des „Test Deutsch als Fremdsprache" (TestDaF): Erste Forschungsergebnisse. In Rüdiger Grotjahn (Hrsg.), *Der C-Test. Theoretische Grundlagen und praktische Anwendungen* (Bd. 4, S. 175–209). Bochum: AKS-Verlag.
Atteslander, Peter. (1995). *Methoden der empirischen Sozialforschung*. Berlin: Walter de Gruyter.
Baur, Rupprecht S. & Meder, Gregor. (1992). Zur Interdependenz von Muttersprache und Zweitsprache bei jugoslawischen Migrantenkindern. In Rupprecht S. Baur, Gregor Meder & Vlatko Previšić (Hrsg.), *Interkulturelle Erziehung und Zweisprachigkeit* (S. 109–149). Baltmannsweiler: Schneider Verlag Hohengehren.
Baur, Rupprecht S. & Meder, Gregor. (1994). C-Tests zur Ermittlung der globalen Sprachfähigkeit im Deutschen und in der Muttersprache bei ausländischen Schülern in der Bundesrepublik Deutschland. In Rüdiger Grotjahn (Hrsg.), *Der C-Test. Theoretische Grundlagen und praktische Anwendungen* (Bd. 2, S. 151–178). Bochum: Brockmeyer.
Buchholz, Oda, Fiedler, Wilfried & Uhlisch, Gerda. (1977). *Wörterbuch Albanisch-Deutsch*. Leipzig: Enzyklopädie.
Daller, Helmut. (1995). The academic language proficiency of Turkish returnees from Germany. *Language Culture and Curriculum, 8*(2), 163–173.
Daller, Helmut. (1996). *Migration und Mehrsprachigkeit. Der Sprachstand türkischer Rückkehrer aus Deutschland*. Frankfurt am Main: Lang.
Daller, Helmut & Grotjahn, Rüdiger. (1999). The language proficiency of Turkish returnees from Germany: An empirical investigation of academic and everyday language proficiency. *Language, Culture and Curriculum, 12*(2), 156–172.
Daller, Helmut, Treffers-Daller, Jeanine, Ünaldı-Ceylan, Aylin & Yıldız, Cemal. (2002). The development of a Turkisch C-Test. In James A. Coleman, Rüdiger Grotjahn & Ulrich Raatz (Hrsg.), *University language testing and the C-Test* (S. 187–199). Bochum: AKS-Verlag.
Gjinari, Jorgji & Shkurtaj, Gjovalin. (2000). *Dialektologjia*. Tiranë: Shtëpia Botuese e Librit Universitar.
Grotjahn, Rüdiger. (1987). How to construct and evaluate a C-Test: A discussion of some problems and some statistical analyses. In Rüdiger Grotjahn, Christine Klein-Braley & Douglas K. Stevenson (Hrsg.), *Taking their measure: The validity and validation of language tests* (S. 219–253). Bochum: Brockmeyer.
Grotjahn, Rüdiger. (1997). Der C-Test: Neuere Entwicklungen. In Monica Gardenghi & Mary O'Connell (Hrsg.), *Prüfen, Testen, Bewerten im modernen Fremdsprachenunterricht* (S. 117–127). Frankfurt am Main: Lang.
Grotjahn, Rüdiger.(2002). Konstruktion und Einsatz von C-Tests: Ein Leitfaden für die Praxis. In Rüdiger Grotjahn (Hrsg.), *Der C-Test. Theoretische Grundlagen und praktische Anwendungen* (Bd. 4, S. 211–225). Bochum: AKS-Verlag.
Grotjahn, Rüdiger, Klein-Braley, Christine & Raatz, Ulrich. (2002). C-Tests: an overview. In James A. Coleman, Rüdiger Grotjahn & Ulrich Raatz (Hrsg.), *University language testing and the C-Test* (S. 93–114). Bochum: AKS-Verlag.
Hengirmen, Mehmed. (2001). *Türkische Grammatik für Ausländer*. Ankara: Engin.
Hetzer, Armin. (1995). *Nominalisierung und verbale Einbettung in Varietäten des Albanischen. Eine Untersuchung zur Geschichte der albanischen Schriftsprache am Beispiel erweiterter Verbalprädikate auf areallinguistischem Hintergrund*. Berlin: Harrasowitz.
Lienert, Gustav A. & Raatz, Ulrich. (1994). *Testaufbau und Testanalyse* (5. Aufl.). Weinheim: Psychologie Verlags Union.

Olechowski, Richard, Hanisch, Günter, Katsching, Tamara, Khan-Shik, Gabriele & Persy, Elisabeth. (2002). Bilingualität und Schule – Eine empirische Erhebung an Wiener Volksschulen. In Walter Weidinger (Hrsg.), *Bilingualität und Schule 2. Wissenschaftliche Befunde* (S. 8–63).Wien: öbv & hpt.

Raatz, Ulrich & Klein-Braley, Christine. (1985). How to develop a C-Test. In Christine Klein-Braley & Ulrich Raatz (Hrsg.), *Fremdsprachen und Hochschule 13/14: Thematischer Teil: C-Tests in der Praxis* (S. 20–22). Bochum: AKS-Verlag.

Raatz, Ulrich & Klein-Braley, Christine. (2001). *CT-D4. Schulleistungstest Deutsch für 4. Klassen.* Weinheim: Beltz.

Schader, Basil. (2005). *Shqyrtime gjuhësore rreth kontaktit mes shqipes dhe gjermanishtes në Zvicër* (Linguistische Untersuchungen zum albanisch-deutschen Sprachkontakt in der Schweiz). Tiranë: Kristalina-KH.

Schader, Basil & Braha, Femzi. (1996). *Shqip! Unterrichtsmaterialien für Albanisch sprechende Schülerinnen und Schüler und für den interkulturellen Unterricht in der Regel- und Kleinklasse.* Stäfa: Verlag Lehrerinnen und Lehrer Schweiz LCH.

Schader, Basil & Haenni Hoti, Andrea. (2004). Potenziale mit Entwicklungsbedarf. Zu den verborgenen Früchten des albanisch-deutschen Sprachkontakts und zu Determinanten des Schulerfolgs albanischsprachiger Schülerinnen und Schüler. *Babylonia. vpod bildungspolitik. Dialogos. Sonderheft, 138,* 20–27.

Wittenberg, Reinhard. (1998). *Computerunterstützte Datenanalyse* (2. Aufl.). Stuttgart: Lucius & Lucius.

Language Testing and Evaluation

Series editors: Rüdiger Grotjahn and Günther Sigott

Vol. 1   Günther Sigott: Towards Identifying the C-Test Construct. 2004.
Vol. 2   Carsten Röver. Testing ESL Pragmatics. Development and Validation of a Web-Based Assessment Battery. 2005.
Vol. 3   Tom Lumley: Assessing Second Language Writing. The Rater's Perspective. 2005.
Vol. 4   Annie Brown: Interviewer Variability in Oral Proficiency Interviews. 2005.
Vol. 5   Jianda Liu: Measuring Interlanguage Pragmatic Knowledge of EFL Learners. 2006.
Vol. 6   Rüdiger Grotjahn (Hrsg./ed.): Der C-Test: Theorie, Empirie, Anwendungen/The C-Test: Theory, Empirical Research, Applications. 2006.

www.peterlang.de

Peter Lang · Europäischer Verlag der Wissenschaften

Ingrid Kühn / Marianne Lehker / Waltraud Timmermann (Hrsg.)

Sprachtests in der Diskussion

Frankfurt am Main, Berlin, Bern, Bruxelles, New York, Oxford, Wien, 2005.
230 S., zahlr. Abb. und Tab.
Wittenberger Beiträge zur deutschen Sprache und Kultur.
Herausgegeben von Ingrid Kühn und Waltraud Timmermann. Bd. 4
ISBN 3-631-54565-7 · br. € 42.50*

In der Diskussion zum Bildungswesen wie auch in der Zuwanderungsdebatte spielen Sprachtests momentan eine große Rolle. Fragen des Testens, der Testtheorie und der Testpraxis gewinnen damit – neben den bekannten sprachwissenschaftlichen und pädagogischen Aspekten – auch bildungs- und gesellschaftspolitische Bedeutung. Diese komplexen Zusammenhänge sind Gegenstand dieses Tagungsbandes zur internationalen Fachtagung *Sprachtests in der Diskussion*, die das Institut für deutsche Sprache und Kultur vom 14. bis 16. Oktober 2004 an der Universität Halle-Wittenberg veranstaltete.
Im Blickpunkt der Beiträge stehen neben den wichtigen deutschsprachigen Standardtests, wie TestDaF, DSH, Zertifikat, ZMP, Sprachstandstests, auch internationale Testbeispiele und -erfahrungen.

Aus dem Inhalt: Beiträge unter anderem zu: *start 1/2* · Zertifikat Deutsch als Fremdsprache · Zentrale Mittelstufenprüfung des Goethe-Instituts · DSH · TestDaF · ACTFL Oral Proficiency Interview · Sprachstandstests im Vorschul- und Primarbereich · Testsystem *TRKI* für Russisch

Frankfurt am Main · Berlin · Bern · Bruxelles · New York · Oxford · Wien
Auslieferung: Verlag Peter Lang AG
Moosstr. 1, CH-2542 Pieterlen
Telefax 00 41 (0) 32 / 376 17 27

*inklusive der in Deutschland gültigen Mehrwertsteuer
Preisänderungen vorbehalten
Homepage http://www.peterlang.de